股票大作手回忆录

埃德温·勒菲弗（Edwin Lefèvre） 著
许余洁 冯国亮 译

Reminiscences of a Stock Operator

中国人民大学出版社
·北京·

图书在版编目（CIP）数据

股票大作手回忆录/（美）埃德温·勒菲弗著；许余洁，冯国亮译. —北京：中国人民大学出版社，2018.7

书名原文：Reminiscences of a Stock Operator

ISBN 978-7-300-25932-1

Ⅰ.①股… Ⅱ.①埃… ②许… ③冯…Ⅲ.①股票投资-经验-美国 Ⅳ.①F837.125

中国版本图书馆 CIP 数据核字（2018）第 134420 号

股票大作手回忆录

埃德温·勒菲弗 著

许余洁 冯国亮 译

Gupiao Dazuoshou Huiyilu

出版发行	中国人民大学出版社		
社　　址	北京中关村大街 31 号	**邮政编码**	100080
电　　话	010－62511242（总编室）		010－62511770（质管部）
	010－82501766（邮购部）		010－62514148（门市部）
	010－62515195（发行公司）		010－62515275（盗版举报）
网　　址	http://www.crup.com.cn		
经　　销	新华书店		
印　　刷	涿州市星河印刷有限公司		
规　　格	170 mm×240 mm　16 开本	**版　　次**	2018 年 7 月第 1 版
印　　张	18 插页 2	**印　　次**	2021 年 4 月第 2 次印刷
字　　数	264 000	**定　　价**	59.80 元

推荐序一

我很高兴看到小许翻译的《股票大作手回忆录》译稿新鲜出炉。在我看来，这本股票投资经典是一部杰西·利弗莫尔从100年前的资本市场实战中提炼升华出来的具有世界普适性的哲学著作。书中的人物和内容，大家可以通过本书和相关历史解读来了解，我在这里就不赘述了。我想在这里介绍一下个人对我国金融市场制度尤其是股票市场的理解和看法。

我的主要任职经历在财政部和国家开发银行，经历了国债和国家开发银行政策性金融债的市场化改革过程，也经历了股市的起起落落。我认为，国债和金融债的市场化改革的成功经验，对于我们理解股票市场的问题，也是非常重要的。我把市场理解为交换和博弈的统一，而把制度理解为激励和约束的统一。这是我在这些年的学习和实践中总结出来的，我把这些思想提炼在近年来撰写的《经济学的元理论》一书中，这个理论相关内容我已经通过微信公众平台陆续发布，让我一方面可以和我在高校指导的博士和硕士研究生们进行定期交流，另一方面也可与业内专家们进行理论和实务探讨。我认为这个理论对于我们理解金融市场，特别是股票市场和债券市场都是非常有启发的。

中国股票市场的大多数问题都可以通过建立股市的指导思想和监管的架构来理解。股市在建立初期，在很大程度上是为了为国企解决融资问题，而不是作为产权市场发挥其资产配置和价格发现的功能。股民的赚钱逻辑和国企的融资逻辑之间的均衡，就会通过博弈来实现。理解博弈就要理解政治和经济市场的框架。

市场分为不同层次和不同层面，分为有形的市场和无形的市场。比如发行人和投资者之间的市场是一级市场，投资者之间的市场是二级市场。这是有形市场。监管者和市场参与者之间也存在博弈，因而也是一个无形的市场。很长时间以来，大家看中国的股市主要看基本面，也就是看宏观经济，这和任何发达经济体一样。逐渐地，投资者认识到在中国更重要的是看政策面和技术面。从长期来看，股市和基本面还有一定关系。但是从短期看，在大多数时候，股市和基本面都不是一致的，而是受政策面和技术面的影响，政策面和技术面与监管者有很大关系。

我认为，股市的问题可以从我下面要说的各个市场的交换和博弈的逻辑中得到解释。通常所说的制度既是博弈的规则，也是博弈的结果。博弈规则影响博弈结果。那么，在一个市场中的交换和博弈的结果，就是下一个市场的规则。我们可以将博弈的规则视为一级交换，将博弈视为二级交换。在经济学中，均衡是交换和博弈的共同结果。博弈规则怎样影响博弈结果？我认为有三个方面：第一是产权的确定，科斯定理对此做了很好的说明；第二是市场的准入；第三是定价规则。

中国的二级政治市场是委托代理关系。但是委托人是强大的垄断的，可以单独决定政策。在其他国家，委托人之间的博弈结果决定政策。同时，代理人和多个委托人之间的博弈需要很多社会交易成本，影响了他们之间的政治交换的结果，使得委托代理是均衡的而不是最优的。这样，代理人是否能够代表委托人就成了问题。在传统体制框架下委托人和代理人之间的交换并不是工资，而是权位。权位高了，合法和非法的收入都会增加。具体表现在：一是努力使委托人满意，使他们个人的政治交换得到成功，也就是得到提拔的机会；二是向委托人寻租，得到部门的利益。因此，很多年来，中国的政府部门的官员都在向中央寻租。其结果就是监管部门只对上级负责，而不是对市场负责。监管部门的业绩并不是按照市场的发展和市场参与者的满意程度来评价的，而是按照“不出问题”来评价的。由于激励和约束关系的不对称，产生了“道德风险”。

一级经济市场是市场参与者之间的交换和博弈的场所。这主要表现在监管部门和证券中介机构、股民之间的交换和博弈。监管部门把自己看作是证券中介机构的股东，可以任命证券中介机构的领导，这在信息不对称和监管部门高度参与市场活动的中国已经成为事实。监管部门把证券公司看成是自己的“亲儿子”，证券公司的管理层由监管部门任命。如果监管部门和证券公司合作对付股民，当然在短期内失败的就是股民了，也就是说，股民是一级经济市场的失败者。

股民的逻辑会受到一级政治市场影响。一级政治市场是民众和政治家之间的市场，民众是委托人，而政治家是代理人。如果一级政治市场是垄断的，委托代理关系就颠倒了。但是，市场的逻辑仍然存在。在这种情况下，股民就是通过一级政治市场进行博弈。因为一级政治市场是政治家和公众之间的博弈，也就是监管部门和股民之间的博弈。股民也不是没有手段，股民可以抛售，这会导致市场暴跌，监管部门就会感到压力。股民通过股市的下跌影响股市的融资功能，从而使监管部门重视股市，以便发挥其融资功能。这种情况循环往复，形成了市场惯例。这就是“政策市”的来源。

二级经济市场是股民之间交换和博弈的场所。一部分股民有知识、有手段，另一部分股民无知识、无手段。有知识、有手段的股民有更大概率成为赢家，而无知识、无手段的股民有更大概率成为输家。这可以解释为什么高频交易者、证券公司以及一部分高学历者会成为赢家。

理论界都在讨论监管部门如何做好监管的问题。他们假定政府和监管部门是无私的社会计划者，如果做不好，就是他们还不懂或者缺少相应的人才。这是一种天真的看法，当然也不是完全不对。其实，监管部门经常引进人才。比如，20 世纪 90 年代我们曾经把香港金融监管局的人才引进来，但在中国当时的体制框架下，他们还是无法发挥作用，因为不懂得现代金融的人、保守的人和寻租的人并不会听从他们的意见。有人认为，监管部门的人才危机不解决，中国股市的危机还会一波一波地到来。

监管者关注的究竟是市场的价格，还是市场的健康发展，这是成功与失败的关键。如果关注价格，就会导致政策忽冷忽热。投资者在市场中的投资是一个重要决策，政策的稳定性会使他们有合理的预期，对市场有信心，从而增加投资，资本市场的功能就可以得到很好的发挥。

改变投资者的基础是股市发展的重要条件。专业的机构投资者可以推动股市的健康发展。根据行为心理学，没有受过良好教育的股民具有更强的从众的“羊群心理”。相对成熟的理性投资者会有助于市场的发展。

这说明，我们在监管理念、架构和运行中都存在着一些问题。有些问题是世界各国都曾经发生过的，有些则有中国经济体制转型中出现的特点。中国股市发展的初期阶段出现各种问题，这是在前进的过程中不可避免的。但是只要我们认识到问题，努力去解决问题，市场就可以健康发展。

美国金融体系以资本市场为主，这一体系到目前为止被证明是比较成功的。危机以后，为什么美国经济比其他国家恢复得更快？主要是因为资本市场的效率，它使大量不同的资产流动起来。

小许最初找我时，和我聊得最多的是资产证券化，这也是我在国家开发银行时和大家一起做的一项重要的金融创新工作，我们在这方面有过很多交流。美国的资产证券化，是通过各种方式流转资产，重新定价，去杠杆的速度就快，很快就能轻装上阵。金融危机以后，投资者抛售其他资产，去购买美元资产，而不是购买其他资产。这恰恰说明美国的资本市场的效率高，大家愿意持有美元资产，以便随时可以变现，因为美元资产的流动性是最好的。

金融市场的作用有很多，其功能之一是降低交易成本。比如，货币代表人和人之间的信任，更重要的是它加速了资产的流动。金融市场的发展跟实物市场的发展遵循一样的规律，从专业化到降低交易成本。金融市场降低交易成本的方式是权利与义务关系的产品化、规格化和标准化。我们可以称之为证券化。比如，债券是债权的产品化，规格化和标准化让它更容易交易。标准化体现为有面值。原来一家公司的债务在市场上不好流通，变成债券就容易流通了。比如，在股权方面，股票是股权的证券化，证券化有标准后就容易交易了；在期货方面，期货就是远期的证券化，远期是合约，把合约标准化再交易就成了期货。由于有了这样的标准化、规格化才有了二级市场，因为相互之间方便交易了。有了二级市场，价格就成了一级市场的一种反射，为一级市场新的发行提供基准。没有二级市场就不能为一级市场定价，但是不标准化也就没有了二级市场。比如，期权是一种不确定性的证券化。掉期就是现期和远期、固定和浮动之间互换关系的证券化。之后发展到银行的资产证券化（ABS）和住房抵押贷款证券化（MBS）。现在来看，所有东西，只要有现金流，就可以证券化，也就是说，所有的资产都可以在市场中流动起来，使之标准化、证券化。

金融市场的发展规律，体现的也是专业化和客户细分的规律。例如，人们大规模地生产西服，生产出不同号的西服。这种规格化大规模生产会降低生产成本，增加产量，提高劳动生产率。金融市场中既有资本市场，也有银行中介。资本市场发展的方向一定是通过标准化、规格化、证券化向着效率更高、成本更低、流动性更好的方向发展。

这本书展示的是 100 年以前华尔街上的故事，其中，投资者结构和风气与我们今天的中国 A 股市场所表现出来的“散户云集、消息炒作、羊群效应”等特征一样。既然美国市场能走向成熟，我们也希望我国市场能走出当前这个不成熟的阶段。通过这篇序言，我想表达的就是，我国的股票市场未来必定能够走向有序规则与良性博弈，实现长远健康发展和提高资本市场效率。只不过，这个过程需要大量的志士仁人花时间和精力去研究探寻市场的真正规律和特征，包括永远不变的人性。

高　坚

2018 年 6 月于北京

推荐序二

很高兴看到中国人民大学出版社在《股票大作手回忆录》出版95周年之际，推出这本由中国人民大学毕业生着手翻译的佳作。这本书以股市操盘手的成败经历来阐述股票投资哲学，持续影响着金融市场上的投资机构，备受投资者推崇。许余洁和冯国亮两位博士翻译的这本书，展示的是100年以前的华尔街故事，其中投资者结构和风气与今天的中国A股市场所表现出来的“散户云集、消息炒作、羊群效应”等特征很相似。这本具有历史意义的回忆录是一个大时代的缩影，其中有不少格言和警句，阅读起来真是一种享受！

针对国内股票市场而言，借推荐此书之际，我想结合个人近期的研究思考，谈谈资本市场的财富管理功能。

我多次在会议场合明确总结过2015年以来我国的股市危机对应的原因，首要就在于我们赋予了市场太多功能，我们把它功利化了，以为这个市场可以解决碰到的很多问题，实际上这个市场没那么大功能。我认为，要明白市场是干什么的，市场只是一个财富管理市场，解决不了其他问题，赋予市场太多功能以后，它就会变形。

资本市场的核心功能是实现资产和风险的合理定价，其基础在于公平透明的交易制度。监管者没有推动市场发展的任务和目标，对信息披露和市场透明度的监管是世界各国市场监管者的核心职责所在。

一般而言，投资者关注的是股票价格的变化，学者关注的是这种价格变动背后的原因和逻辑。资本市场资产价格的定价不是静态的，净值、利润、现金流等都是股票定价的原始基础与起点，但不是其全部因素。总而言之，市场定价的主要因素与投资者的市场预期有关，与其他金融资产收益率变量有关，也与经济周期、产业周期有关。如果市场信息披露是充分的（这个假定非常难以实现），我们就认定市场的交易价格是合理的。也只能在两种情况下怀疑价格：信息披露不完整或市场被操纵。其中信息披露不完整既包括初始信息披露、公司信息披露，也包括市场信息披露、内部交易信息披露和虚假信息披露等。排除了内幕交易和操纵市场行为，我们就应该认定这个价格是合理的。这个理念非常重要，否则会找不到评价市场的基石与准则。从这个意义来看，我们要理性看待大股东或创始人股东的减持行为，除非有证据表明大股东的减持交易是在虚假信息披露下进行的，或者违背了约定的交易规则。如果市场真实完整地披露了信息，大股东在遵守减持规则下以一个适当的价格减持，那么一定意味着在他看来这个价格已经有某种泡沫化的成分，与其重置成本相比较，这个交易价格能为其获得一个溢价收益。大股东的减持行为在一定意义上有利于市场价格的理性回归。

从更深层次来思考，资本市场的存在究竟是为了什么？从全球市场来看，资本市场产生100多年来在各国都有非常蓬勃的发展。其内在的生存逻辑主要是金融需要具有对资产和风险进行定价的能力。若缺少这种能力，整个金融体系就是落后的，也就很难进行资产重组和存量资源的再配置，也就意味着这个金融体系没有财富管理的功能。在这个内生逻辑之下，资本市场的发展对任何一个国家金融功能的升级都具有重要的推动作用。特别是中国这样的大国，如果没有实现资产和风险市场化定价的资本市场，其金融功能就会停留在比较原始的状态，即主要为实体经济提供融资服务的初始阶段。

金融当然要为实体经济服务，不过融资服务仅属于初级层次。随着实体经济融资需求的提升以及提供融资的投资者财富的积累，整个金融服务是要升级的，要逐渐变成融资和财富管理并重，金融功能的发展重点则是使得整个金融体系的财富管理功能不断增强。一国金融工具或金融资产从融资服务到财富管理是金融体系功能转型升级的体现，这主要靠发展资本市场服务来完成，靠金融脱媒的力量来实现。

全球性的金融大国都有一个非常重要的特征，那就是人们收入水平提高以后，收入不仅要满足当前的消费及投资的无风险收益，还应满足在更高层次上收益与风险在不同水平相互匹配的财富管理需求。这就要求金融市场需要形成一种机制以实现收益与风险在不同层次上的平衡。资本市场恰恰提供了这种制度和机制安排。资本市场一个天生的功能就是财富的再分配，使社会财富能够流向可以更好地让财富为社会服务的机制。这也是社会金融体系发展的趋势。

当前，中国的财富分化趋势非常明显，较短时间内就发生了显著变化。实际上中国的百亿富翁中除了极少数外，多数都与资本市场有关系。我们需要通过一种完善的机制让财富实现再分配，变得至少在规则层面上是合理的，而不能有寻租机制。资本市场的效应必然会导致财富分化，但机会一定且必须是公平的。正如改革开放走市场经济道路，财富的分化也一定会出现一样。但在制度设计不公平或者公平制度缺失的情况下，这种贫富分化反而会更为严重，且会造成一定的劣币驱逐良币的恶性循环。因此制度设计一定要保证机会的公平。只要起点是公平的、信息是透明的，就要相信通过竞争后的结果。这对任何一个国家的制度设计都是极其重要的。同时，必须深刻理解并接受机会公平之后的现实。

总而言之，透明度是资本市场的灵魂，资本市场能否公平，能否存在下去，首先在于信息透明，有了透明度，市场才会有公平。反观中国资本市场，如今出现了一系列扭曲的现象，除了经济转型的影响之外，有一些政策法规等未能及时跟上，使得中国资本市场的发展表现出一些与现代资本市场不匹配的因素和特征。而国际金融中心一定是财富管理中心。财富管理要有高度流动性人才才肯来。因此，中国要从大国成为世界性强国，构建现代化的以资本定价机制为核心的资本市场已迫在眉睫。同时，在人民币国际化的进程中，要把人民币作为全球性的重要货币。若没有一个强大的资本市场和人民币的回流机制，人民币国际化将难以实现。

目前中国资本市场的监管层已理解了资本市场的核心功能，正在把握资本市场的灵魂。值得注意的是，资本市场与商业银行的核心元素不一样，商业银行风险控制的基石是资本充足，控制不良率。但资本市场最重要的是其透明度，如果对此缺乏深度理解，监管的重点就会出现偏差。监管就是监管，不应赋予监管者太多的监管以外的职责和功能，否则监管就会变形而不堪重负。监管者没有推动市场发展的任务和目标，监管者对于市场发展指数变动、市值管理和市场规模都没有直接责任。其责任就是保证市场公平，而保证市场公平的前提是提高市场透明度，所以对信息披露和市场透明度的监管，是世界各国市场监管者的核心职责所在。

通过这篇序言，我希望看到未来的金融监管改革者能够认识到，我国股票市场应该改变，从过去的以融资为主，到现在的融资和财富管理并重，再到未来的以财富管理为主，这对应了股票市场的金融功能升级，也是评判一个国家金融是否具有竞争力的最重要指标。中国金融发展的重点是资本市场，而不是机构，机构必须顺应市场的变化而变化。只有市场发展了，中国金融的功能才会改善，市场才会越来越多地向财富管理的方向演变。

吴晓求

2018 年 6 月于中国人民大学

推荐序三

金融市场不确定性中的确定

金融市场充满了不确定性。几百年来，市场的扑朔迷离和风云变幻不知折倒了多少独步豪杰，也不知成就了多少英雄好汉。到头来，在金融市场的舞台上，既有周期轮回的悲喜交加，也有一落千丈的凄凉悲怆，然而却鲜见屹立不倒的独孤求败。从 15 世纪股市在地球上出现以来，多少人试图预测市场的走势：从早期的占星术，到后来的技术分析，又到如今的大数据及人工智能；而又有多少投资者煞费苦心，试图破解其中的奥妙：从各种交易策略，到中高频交易，再到以行为科学为基础的交易模式，可谓无所不用其极。然而，市场依然深不可测，独往独来，我行我素。倒是一种种交易策略、一个个技术手段、一位位投资大腕不断地被更迭替换，而此情此景又一次次地周而复始。

美国跨世纪股票玩家杰西·利弗莫尔（1877—1940）就是这样一位独来独往的传奇式人物。利弗莫尔出生在美国的马萨诸塞州。在母亲的帮助下，他逃离了父亲想要他过的农场生活，14 岁便开始了股票投资的生涯。利弗莫尔的第一份工作是在著名的佩恩·韦伯商号那里为股票报价。在工作期间，他会运用一些计算预估每一只股票的价格走向，并在事后检验其是否准确。后来，在朋友的鼓励下，他开始了自己的股票交易人生，而这一次就一发而不可收。利弗莫尔在随后的股票交易生涯中，几度大起大落。1929 年“大萧条”之前，他的财富曾高达 1 亿美元，相当于当今的 10 亿美元以上。而在他

63岁自杀身亡时，其财富只剩下区区的500万美元。

利弗莫尔在他49年的股票投资生涯中，秉承了自己制定的一套交易原则。对他来说，这些原则是在充满不确定性的股票市场中的制胜法宝。利弗莫尔曾坦承：他的那些失败大都因为没有遵循自己的那些原则所致。利弗莫尔的传奇人生和交易手法后来被美国记者埃德温·勒菲弗（1871—1943）以故事的形式写成了《股票大作手回忆录》一书，该书迅速成为美国商业书籍的典范。该书自1923年出版以来，受到了一代又一代投资者的追捧，大约每十年就被再版一次，并被译为多种文字。值得庆幸的是，我的两位小师弟，许余洁和冯国亮最近把该书翻译成了中文，即将由中国人民大学出版社出版，从而中国的读者也可以有机会和利弗莫尔一起经历他的巅峰和低谷。

和所有投资者一样，利弗莫尔苦苦在扑朔迷离的股市当中找寻规律，试图有一天完全驾驭它。然而，即便像利弗莫尔这样叱咤风云的投资家，最终还是败在了充满不确定性的股市之下。在不确定性无所不在的同时，市场又有着惊人的确定性：这便是风险和回报之间的特定关系。美国一个多世纪的股市历史显示，股票的回报与所谓无风险债券（如国库券）的回报之间始终存在着一个风险溢价，有人估计其为3.5%～5.5%。所谓风险溢价不过是对投资者所承担风险的一种补偿，其大小可能因历史时段、行业划分或公司类型而有所不同。在债券市场上，这种确定性同样存在。据花旗银行本兹查威尔的测算，美国债市信用风险溢价的对数呈现为信用评级和累计违约率的线性函数；而信用风险溢价对其波动率的比率在不同信用评级之间呈常数状态。前者是说，债券的信用风险溢价忠实地反映了信用违约风险（概率）；后者则是说，每单位波动率的风险溢价并不因信用评级的不同而有所不同，从而不同信用风险的投资者都得到了与其风险相匹配的回报。

但困惑在于，不是所有的金融市场都表现出这样鲜明的关系。在日本，至少在早期，债券的收益率对风险的变化并不敏感。在我国，有研究显示，股市的风险溢价并不显著，甚至有倒挂的现象。尽管我国债券市场收益率与风险呈正相关的关系，但上述信用风险溢价与信用评级及累计违约率的关系，要么不存在，要么没有足够的数据予以验证。

长期看来，金融市场的收益和风险“质”的关系不应该受市场指数或组合选取的影响，也不该受经济周期的左右。的确，至少在成熟市场上，这两者的关系经受住了 20 世纪 20 年代“大萧条”的洗礼、二战之后的重建与繁荣、20 世纪 70 年代滞胀的考验，以及 20 世纪与 21 世纪之交互联网泡沫的破裂。除此之外，刚刚过去不久的全球金融危机和随后量化宽松的环境也没有改变这样的关系。它和有效市场假说之间没有不兼容，它与价值投资的理念也应该契合。能不能说，市场风险与收益之间的关系是成熟市场和待成熟市场间差异的标志？能否断定，这种关系是规范市场和欠规范市场相差的特征？可否定论，这也是理性市场和欠理性市场的分水岭？如果是，是什么决定了这样的差异？而这个差异会不会随着市场的成熟而逐渐消逝？

投资与投机

一个市场是以投资为主还是以投机为主，或许是上述差异存在的最重要的原因。什么是投资？何又谓投机？美国投资大师本杰明·格雷厄姆在其著名的《聪明的投资者》一书中提出了投资包含的三个密不可分的重要内容：其一，在投资之前，投资者必须对目标公司在一个理性的框架下进行充分的分析，从而对价值有足够的认知；其二，投资者必须保护自己免遭严重损失；其三，投资者必须争取足够的投资回报。而投机则是违背上述某一条件或多个条件的一种投资。应当说，投资者是在建立了对股票（或债券）价值的标准之后再去评判其市场价格；而投机者则本末倒置，把股票（或债券）的市场价格作为其价值判断的基础。投资者未必介意某只股票是否受到市场的热捧，他一旦认定其价值，便会买入并持有；而投机者常常随波逐流，让价格的走势主导自己的投资决策，像追涨杀跌就是其见证。对投机者来说，股票每时每刻的报价都关乎到他投资的盈亏；而对投资者而言，股票的价格一时一段的波动并不重要，因为投资者相信价值的最终实现。投机者对公司的关注是短期的，长则一年，短则数天、数小时、数分甚至数秒；而投资者所关注的是标的公司的长期表现，少则数月，多则数年、数十年。巴菲特有一句名言：如果你不准备拥有一只股票长达 10 年，你最好连 10 分钟也不要拥有它。

投资者即便寻求“战无不胜”的投资策略，也是围绕股票的价值去发掘和实施的。在美国股市发展的早期，有所谓的盈利与利率结合法、净流动资产法等，目的是寻求价值被低估的股票，一时成为投资者青睐的宝典。当代股票交易中所谓的多空交易和捉对交易也大都基于基本面的分析。

在该书创作的 20 世纪 20 年代，美国经济正处于空前的繁荣时期，但在繁荣的背后却隐藏着严重的危机。在 1929 年令人胆寒的“大萧条”发生之际，利弗莫尔在华尔街的豪华交易室里，指挥着几十个分仓下单，大肆做空，将 1 亿美元坐拥怀中，而当时美国全年的税收也不过才 42 亿美元。在这一年，他也因此被称为做空整个美国的人，登上了“华尔街之王”的宝座。

除了辉煌战绩，书中更多的是非常坦诚地记录了利弗莫尔所犯的各种错误。他在书中明确指出“亏损才是世界上最好的老师”，好比我们中国人常说的“失败乃成功之母”。失败并不可怕，可怕的是失败了却什么都没有学到，找不出自己的问题所在。利弗莫尔认为，犯错甚至重复犯错是人类的本性。比如，他提到曾经因为轻信他人和自我贪婪而面临满盘皆输的局面。如何对待人性中的弱点和易犯错误的态度，可以说是利弗莫尔教给投资者的最有用的东西，因为他始终会从错误和亏损中总结经验，积累和提炼了非常多的投资禁忌和原则，可供读者认真体会。

“耐心”这个词，在书中出现了不下 20 次。该书主人翁说得最多的就是耐心等待、继续观察。有时候他自己违背了这一原则，导致了非常糟糕的失败。优秀的投资者总是在耐心等待，等待着市场证实他们对大趋势的判断。一个人的判断可能很准确而清晰，但是在市场稍微发生变化的时候，他就有可能变得毫无耐心或者迟疑，即使这些变化都在他的意料之中。这也是华尔街上下百余年那么多人总是在亏钱的原因。从这个意义来说，并不是市场打败了这些投资者，而是他们自己打败了自己。

实际上，没有人能够将市场作为迅速致富的工具，也没有人能够战胜、征服市场。利弗莫尔告诉投资者需要着重考虑的是时间因素、情感平衡和耐心修炼。投资者切忌心存一夜暴富的赌徒心态和浮躁心理。作为市场的学生，投资者不能间断自我学习的过程，不要停止对市场的分析。利弗莫尔警告我们说："要记住，在市场本身的表现证实你的看法之前，不要完全相信你的判断。"

然而，投资者往往会忘记这样的警告，他们更看重的是技术层面带来的机会，由此制定的策略通常有违格雷厄姆投资的三原则。20 世纪 60 年代，在美国有所谓小股票策略之说，即每近年底时买入，次年 1 月抛售，此法一度屡战屡胜，被奉为获取超额盈利的手段。这是因为，很多投资者年底抛售赔钱的股票，以得到抵税的好处，而其他投资者如基金又希望锁定一年的业绩，不愿年底买入股票，于是就造成这一特殊的价格现象。但此策略随着更多投资者的加入，不久便失效了。而近年来有所谓的"5 月卖出随后离开（sell in May and go away）"的说法。20 世纪 90 年代，Motley Fool 公司推出了所谓的"愚人四股（Foolish Four）"，试图通过买入价格最低、分红最高的四只道琼斯指数的股票而击败大盘。但好景不长，此法仅短暂奏效便迅速夭折。多年来，我国股市中符合格雷厄姆定义的投资者可谓为数寥寥，而以赚快钱为目的的则大有人在。无论是待价而沽的坐庄者、联合上市公司、把控利好消息释放时机的"市值"管理者，还是趋之若鹜的散户投资者，都与格雷厄姆的投资理念相左。在投机者主导的市场，股票价格走极端的倾向明显，市值波动幅度大，缺少内在价值之锚，因而股市大盘无明显风险溢价也就不难理解了。

价值的发现

理性市场的核心在于对投资价值的发现。20 世纪 50 年代之后，现金流贴现（discounted cash flow，DCF）法逐渐成熟，为价值的发现奠定了牢固的基础，并逐渐被市场广泛接受。之后，风险量化方法的成熟，使价值估计和风险之间的关系在理论上得以建立。

从构成 DCF 法的两大核心内容——对贴现率的认知和对现金流的厘

定——来看，人类对其探索可以追溯到很久以前，一直和现代科学的建立保持着同步。人类对复利的知识可以追溯到公元前的巴比伦时代。到了 15 世纪，欧洲就有了如何建立复利表的详细描述。1558 年，让·特伦常特出版了有关复利的计算公式；而在此时，复利表被正式印刷出版。同一时期，荷兰数学家西蒙·史蒂芬在其著作中讨论了现值的计算和比较等一系列问题。

到了 19 世纪，美国铁路和通信的大发展把现金流的预测和求现带到了非金融领域。当时的土木工程师威灵顿、建筑工程师潘内尔等成了现金流求现计算的先驱。之后，经济学家马歇尔和费雪等人又进一步把 DCF 法加以提炼。20 世纪不确定经济学的诞生，又为 DCF 法在风险中的引入奠定了基础。与此同时，随着会计理论的发展，基于严谨会计准则的自由现金流的确定变得顺理成章了。可以说，今天 DCF 法在估值方面的广泛应用，正是得益于几个世纪以来理性思考的结晶。

理性市场和非理性市场的差异在根本上源于投资者认知的差异，与风险相匹配的长期稳定回报的获得最终也是认知的获得。非理性市场依赖的认知是表面的、现象的、缺少内涵一致的分析框架的；而理性市场依赖的认知是内在的、本质的、建立在内在一致及逻辑清晰的分析框架之上的。从这个意义来看，没有对价值认知的投资只能是投机。

然而，理性市场不等于没有非理性投资者的市场，投机者不等于不盈利。金融市场的奥妙在于，它是汇聚了投资者、投机者和套利者等在内的交易场所；也是容纳了各种交易理念、交易策略和交易手段的平台。然而，在貌似眼花缭乱、风云变幻的背后，市场的理性一面始终折射着最本质的经济法则，而产生理性的土壤就在于对投资价值分析框架持续的发掘、探讨、确立和修正。金融市场之魂在于有价值发现之锚，理性市场无非是理性投资者占主导地位的市场。

1984 年，在哥伦比亚大学举办了一场别开生面的关于有效市场假说的辩论。辩论的双方是哈佛大学著名的詹森教授和哥伦比亚大学教授格雷厄姆的得意门生、投资大师巴菲特。在反驳詹森的争辩中，巴菲特道出了一个令人惊叹不已的事实：多年来，在股市上创造最辉煌业绩的人竟然都是来自同一个师门，即都为哥伦比亚大学教授格雷厄姆的、坚守价值投资理念的学生们！对价值的追求可能解释了金融市场不确定性中的确定这样一个看似费解而又活生生存在的命题，而金融市场的强大生命力也就孕育在这样一个命题之中。因而，理性投资者的大批出现和成长才是金融市场成熟的根本。

范希文

2018 年 6 月

译者序

《股票大作手回忆录》这本书已有多个中文版本。所以，当中国人民大学出版社高晓斐老师表示希望我来翻译时，我的第一反应是为什么还要再出译本。中国人民大学出版社明确希望在本书出版 95 周年之际（也就是 2018 年），推出一款有如武侠小说那样的章回体形式的版本，最好是用诗词作为每章的标题，为读者们重新演绎这个闻名于世的股票大作手传记故事。鉴于此，我邀请刚从华盛顿回国工作的冯国亮博士一起翻译。我们二人又同是中国人民大学校友，算起来他是我的师弟，共同语言甚多。在翻译的过程中，我们对待本书翻译的每一个细节都如履薄冰、反复推敲。

本书首次出版于 1923 年。出版前，相关章节于 1922 年在《星期六晚间邮报》上连载发表。作者以拉里·利文斯顿之名，描写主人翁杰西·利弗莫尔的股市生涯，描绘了他在美国股市上数十载叱咤风云的雄才大略和多次大起大落的历史画卷。作者埃德温·勒菲弗是一名美国记者、作家和政治家，在目睹美国股市与群众的疯狂之后，希望能够撰写一本有别于股市报道的书，道明最真实的股市现场。利弗莫尔一直以来沉默寡言、冷静明智，这与勒菲弗敢言真相、分析敏锐的特质一拍即合，最终成就了畅销近一个世纪的经典回忆录，勒菲弗也成为红极一时的传记作家。

利弗莫尔被认为是著名的华尔街大空头、百年美股第一人以及举世公认的投机天才。有关他的书主要有两本，其一是他本人写的《股票大作手操盘术》，其二就是放在读者们面前的这本书。从历史影响和价值看，本书远远高于主人翁自己写的《股票大作手操盘术》(1940年首次出版)。下面，我们通过一些故事来简要了解他在股票市场上的主要“战绩”。

1907年10月24日，利弗莫尔达到人生第一个事业高峰。在当日市场崩盘中，他通过做空狂赚100万美元，以至于当时出手力挽狂澜的金融泰斗J.P.摩根先生也不得不请他高抬贵手，放市场一马。利弗莫尔次日反手做多，最终结果是斩获300万美元，“华尔街大空头”之盛名由此确立。

1914年，利弗莫尔打了一个漂亮的翻身仗，成就了一生中最为辉煌的股市经典存亡战。在经历了第三次破产后，利弗莫尔背负数百万美元债务，又遭遇了美国经济连续4年萧条，资本市场毫无起色，很多人都认为他山穷水尽、再无翻身可能，最后只有一家券商承诺为他提供一笔500股额度的信用支持。当时，这是他唯一一次扣动扳机一击命中的机会，必须一气呵成看清大盘、选对股票、抓住时机、拿出勇气，不能犯任何错误。否则，他只能彻底破产，然后和99.99%的人一样，永远离开资本市场。1914年，美国股市正处于4年经济衰退重压下的行情，操盘难度难以想象。经过6周的漫长等待，他成功地扣动了扳机，耐心得到了补偿，还清了多年债务，增大了操盘本金，实现了辉煌与精彩。但正如利弗莫尔所说，这也是他所经历过的最折磨人的6周。在这次交易中，他判断准确。虽然略有风险，但是这次战役后，他操盘开始得心应手，不再是以前那个任人摆布、错误百出的操盘手。他轻松上阵、判断犀利，加上冷静思考、服从经验，利弗莫尔开始沿着正确的道路前进 。

在本书创作的1922年，美国经济正处于繁荣时期，但在繁荣的背后却隐藏着严重的危机。在1929年，至今令人回想起仍然胆寒的“大萧条”发生之际，利弗莫尔在华尔街的豪华交易室里，坐镇指挥大肆做空，将1亿美元坐拥怀中(当时美国全年税收约为42亿美元)。他因此被称为做空整个美国的人，也被称为“华尔街之王”。

除了辉煌的战绩，书中更多的是坦诚地记录了利弗莫尔所犯的各种错误。他明确指出“亏损才是世界上最好的老师”，好比我们中国人常说的“失败乃成功之母”。失败并不可怕，可怕的是失败和亏损了却什么都没有学到，找不出自己的问题所在。利弗莫尔认为，犯错甚至重复犯错是人类的本性，比如他提到曾经因为轻信他人和自我贪婪而满盘皆输。对待人性中的弱点和易犯错误的态度，可以说是利弗莫尔教给投资者的最有用的东西。他始终会从错误和亏损中总结经验，积累和提炼投资禁忌和原则，供读者分享。即便他曾经破产好几次，但是没有哪次亏损让他一蹶不振。不论在什么恶劣的环境下，他都坚信自己还有机会，而且绝对“不二过”。

在翻译并反复品读本书的过程中，我们最大的体会是：金融业是一个人性产业，大势比技术重要，朴素比技巧重要，耐性好过狼性，善良高于聪明；金融投资并不只是单纯的技巧或学问，更重要的是看清浩浩潮流趋势，不断磨砺坚毅品质、完善工作哲学；投资者最重要的事，则是不断修炼心灵境界，譬如研判市场整体趋势而不是追求个股价格起伏。

本书语言平实、情节紧凑、画面生动，我们能够在阅读中充分感受到主人翁利弗莫尔的缜密逻辑及诚恳叙述。同时，书中有很多当年华尔街动人心魄的故事，随处可见主人翁有感而发的颇具哲理意味的警句，这些警句对我们未来的人生道路都有很大的启示，我们作为译者已经深感裨益良多。原著内容总共 24 回，按照出版社的要求，我们为每章加了一个“七言诗”版本的标题，力图概括本章的主要内容和思想。此外，为了方便读者理解 100 年前的美国市场，我们特地对应配上译者自己给出的注释，只希望与作者和本书主人翁这两大高手一起铸造经典，以飨读者。

中国人民大学出版社找到我的时候，是 2015 年夏，恰逢 A 股发生重大动荡。我和冯国亮博士都在证监会从事资本市场相关的政策研究工作。在工作之余，我会进行一些诗词创作，用笔名坚持发表文章和写读书笔记，有幸被校友和金融圈的老师及朋友们广为传阅。再加上这几年在财经类出版社与老师、朋友们合著了多部资产证券化相关的作品，翻译了几本基金领域和区块链方面的著作，因此自己不知不觉中已被出版社“盯上”。由于译者自身水平有限，其中不足之处，请读者们明鉴和批评，我们会持续“修炼”和改正。我们没有谱写好出版社要求的“章回体”，最多只敢说是努力做了一次尝试。

最后，在本书的翻译过程中，我们收获了来自各个方面的友谊和信任，感谢为我们作序推荐的业内前辈和老师们，感谢提供无私帮助的各位朋友。

是为译者序。

许余洁

2018 年 6 月于北京金融街

目　录

第一回　后生记数读行情　作手少年已成名

从文法学校毕业后，我就到一家股票经纪商号①工作了，岗位是股票报价板誊写员。我对数字很在行，在学校的时候，一年之内就完成了三年的数学课程，而且特别擅长心算。作为股票报价板誊写员，我的职责是在客户室报价板上更新报价。印象中，有个客户总是坐在报价板前，喜欢大声地喊出价格。但他们喊的速度总是快不过我更新的速度，我毫无压力地记住了所有的数字，没碰到过一点儿麻烦。

办公室有很多雇员，我很快就跟他们做了好朋友。但是工作职责所在，不允许我说太多话。尤其是在市场火热期，我得从早上 10 点一直干到下午 3 点。在这段工作期间，我基本没空去跟他们聊天。

但是繁忙的市场交易并没有阻止我认真思考工作的意义。在我看来，不管每股值多少钱，这些报价并不代表市场的价格，而是纯粹的数字。我不否认报价总是在变化，但这肯定暗含了很重要的事情。我唯一感兴趣的是报价的变化；至于它们为什么变化，我既不清楚，也不关心，更不会去思考。我观察到的仅仅是它们在变化。这就是我每天 5 个小时外加周六 2 个小时所思考的一切：这些数字总是在变化。

---

① 商号：当时美国的商号类似于现在国内证券公司的营业部，是普通散户进行交易的地方。——译者注

这是我一开始对价格波动产生兴趣的原因。一是我善于记住数字，清楚地知道在股价发生波动的前一天，价格是如何细微变动的。二是我热爱心算，很容易就完成观察和总结。

我注意到，在上涨或者下跌之前，股价易于展示出某种惯性。同样的例子反复出现，我积累了很多历史信息，可以进行分析、学习。我当时只有 14 岁，但是脑海中积累了几百次类似案例后，我发现可以检验一下这个猜测的准确性。于是我尝试把当天的行情跟历史股票走势做比较，没过多久，我就开始预测股价的波动。正如我刚才说到的，预测的唯一引导就是股价的历史信息。我脑子里始终存储着这些信息清单，会寻找跟清单波动匹配的股票，然后准确地定位它们。我想读者们应该知道我的意思。譬如说，你发现此时买入某只股票比卖出的获利要好。假如股票市场上正在进行一场战争，而交易记录带就是指挥官的望远镜。十次战役，你有七次可以依赖它。

我得到的另外一个教训就是：华尔街无新事。投机行为就如同喜马拉雅山脉一样古老，股市上今天发生的事情，以后会发生，而且将来还会发生。我永远不会忘记这一点，而且真正记住了它们何时以及如何发生。我记住这些事情的方式，也是把经验内生化的过程。

我超级痴迷炒股，也热衷于预测股市起伏。鉴于此，我决定写本书，记录下自己所有的观察。这本书并非编造虚幻交易，不会让读者冒着“一夜回到解放前”的风险大赚或亏损几百万。相反，这本书分类记录了我的成败经历，论述了股价波动的决定性因素。我用这些因素来检验过去的记录的精确性以及判断的正确性。

假设我研究某只活跃的股票，记录它的日内波动情况，发现这只股票此时的表现正如历史上它每次突破 8 个或 10 个点之前的情况。然后我会匆匆记录下这只股票在周一的价格，同时回忆起它在周二和周三的股价走势。最后，再通过交易记录带的实际走势进行对比。

这就是我对交易记录带上的信息产生兴趣的过程。我看到股价波动，就会追溯脑海中这只股票历史上的上升或下跌。当然，股价波动总是有原因的，只不过交易记录带并不会自己表明这种原因为何，因此波动是不会自我做出解释的。14 岁的时候，我不会问交易记录带股价波动是怎么回事，如今我 40 岁了，也不会去问它。今天一只股票波动的原因有可能两三天没法弄清楚，也有可能几周、几个月都弄不清楚。但这又有什么大不了的？你和交易记录带的爱恨情仇是今天产生的，而不是未来产生的。所以你可以花很长的时间去弄明白波动的原因，但是你必须迅速行动起来，否则就被市场甩在后面了。我经常看到这种事发生。你或许还记得空心管业（Hollow Tube）这只股票，在某天整个市场上涨的时候，它却跌了 3 个点，这是事实。然后在随后的周一，你发现原来是高管决定不派息了，这就是原因。高管都知道应该怎么去交易：就算不去卖股票，至少也不应该去买。这里没有什么内幕交易，也没有原因去解释它为什么不应该突然下跌。

在随后的 6 个月里，我继续写着记录本。即便下班之后，我也在回顾股价信息，迅速记下我需要的数字，然后研究它们的变化，寻找各种重复性以及行为的平行性，进而学习到该如何读懂交易带。但当时我并不是有意识、系统性地去做这件事的。

直到有一天，转折性的事件发生了。一个比我年纪略大的办公室雇员找到我吃午饭的地方，悄悄地问我还有没有钱。

我问他："你为什么想知道我有没有钱？"

他说，"是这样的，我看到伯灵顿（Burlington）公司这只股票有投资机会，想试试，看看有没有人愿意跟我玩一下。"

我问："你说玩一下，是什么意思？"对我来说，只有那些富有的顾客才会去玩玩股票。为什么呢？因为要玩这种游戏，你得花几百甚至上千美元。打个比方，如果一个人有私人马车，那么他的私人马夫得能戴得起丝绸帽子。

他说："我的意思就是，玩玩股票。"

我问："那你有多少钱？"

"你需要多少钱？"

他答："嗯，我可以用 5 美元买入 5 股。"

我接着问："那你打算怎么玩？"

“我给商号一些利润，它就允许我借钱。我全部买入伯灵顿公司股票。股价肯定会涨的。这事就跟捡钱一样毫无风险而且把握十足。我们分分钟就可以翻倍了。”

“稍等!”我对他说，然后掏出了做记录的小本子。

我对赚钱翻倍这事不感兴趣，但是对他提到伯灵顿公司的股价会涨这事很感兴趣。如果他说的没错，小本子记录的东西应该能证明这一点。我看了一下，的确是！根据我的图形，伯灵顿公司这只股票的表现一如它以前要涨起来的走势。在此之前，我这辈子从来没有买卖过任何东西，也从来不像其他男孩一样喜欢赌博。但是这一次，我发现了一次伟大的机会来检验自己理论的准确性，以及检验我对股价预测的热爱。毕竟，如果我的计算结果实用性不强，那就没有吸引别人的价值，这会沉重打击我做研究的积极性。我把所有钱给了他，他带着我俩所有的钱去了附近的一家商号买了一些伯灵顿公司的股票。两天后卖出套现，我赚到了 3.12 美元。

第一次交易后，我开始在商号里靠自己的智慧做投机交易。我利用午饭时间去商号买卖，但是在我看来，买和卖几乎没什么不同之处。我按照一套体系来做交易，并不靠个人喜好或者备用方案。我的交易知识就是这套体系的算法。我的这套算法在商号里可以运行良好，因为在商号里，交易股票近似于赌股价的波动，这些交易信息一旦被印在记录带上，就意味着股价反映出那一刻的成交价格。

没过多久，我在商号里就赚了一大笔钱，这笔钱比我的工资多很多，所以我决定从商号辞职。朋友们都反对这事，但是他们看到我赚的钱后也不好再说什么。毕竟我只是个小孩，办公室的工作给的工资的确不高，我靠自己的本事赚的反而多很多。

在我 15 岁的时候，我赚到了人生的第一个一千美元。除了之前带回家的工资，我把这几个月以来在商号里赚的钱放在母亲面前。母亲捧着这些让人尖叫的绿色钞票，让我全部存进储蓄银行，以防止我抵御不住诱惑乱花掉。她说从来没有听说过谁家 15 岁的小孩能赚这么多钱，所以感到忐忑不安。但是我并没有想太多，唯一想的就是如何保持我的图形在股市上的正确性。我追求的乐趣是用资金来证明我的脑子是对的。如果我用 10 股股票的业绩可以证实自己的判断是正确的，那么交易 100 股就证明我是 10 倍的正确。那么问题来了：我需要更多的勇气来做这件事吗？绝对不需要！如果我只有 10 美元，就全部拿它来做风险投资，这比我存了 100 万美元、再用另外的 100 万美元来做风险投资更加勇敢。

无论如何，在 15 岁的时候，我就开始靠股市谋生了。我从较小的商号开始，在这种地方，一个人一次交易 20 股就有可能被认为是化装后的约翰·盖茨①（John W. Gates）或者 J. P. 摩根②（J. P. Morgan）这样的富翁。那时的商号几乎不会抢劫它们的客户，它们也不需要这么干，因为有其他的方式来榨取客户的财富，哪怕它们的客户对股价判断十分正确。这门生意简直是超级暴利。恕我直言，只要商号还在运作，股价波动就可以吃掉大部分利润。对它们来说，要吃掉客户利润的 75%，并不需要太大的波动。同样，没有骗子会再次掺和进这个游戏，要不然就不会有任何交易。

我没有合作伙伴，而是独自经营这门生意，反正这就是一个人的生意。想一想，我不就是靠自己的脑袋吗？股价要么就按照我计算的方式波动，要么就按另外一种方式运行。要是前者，我不需要任何朋友或者合伙人的帮助；要是后者，更不会有人站出来帮我。因此，我觉得不需要把我的生意告诉其他人。当然我也有朋友，但是我的生意始终是一个人的生意。这就是为什么我总是一个人弄潮股海。

没过多久，这些商号就发现我赚的钱比它们多。结果，当我再一次走进这些商号掏出保证金的时候，它们只是看了看并没有伸手去拿钱，而是告诉我这事到此为止。它们居然还给我起了个绰号：少年狙击手。为此，我不得不从一家商号换到另外一家，也不得不用个假名字。在这些商号里，一开始的时候，我从小交易量玩起，譬如十五或者二十股。当它们开始怀疑的时候，我就故意输钱，这样好给它们下套。当然没过多久，它们就发现被我赚走的

① 约翰·盖茨，1855—1911，美国黄金时代的工业家。——译者注

② J. P. 摩根，1837—1913，美国史上最著名的金融家。——译者注

钱太多了，于是就驱赶我去其他商号，而且不允许我再打它们老板腰包的主意。

在一连交易了好几个月后，如果它们把我拒之门外，我就会下决心从它们那里赚更多的钱。有家商号的连锁店遍布全城，譬如在酒店大堂和附近的镇子。有一次，我走进它的一家酒店连锁店，问了它的经理几个问题后就开始交易。结果，就在我用“利文斯顿（Livingston）式操盘法”交易一只换手率比较高的股票的时候，他接到了总部的电话，问是谁在操作那只股票。经理向我转达了总部的问题，我告诉他我是来自剑桥的爱德华·罗宾逊（Edward Robinson）。他把这个喜讯告诉总部主管，但是电话的那头又问我长什么样。经理又向我转达了这个问题。我告诉他，“告诉你的老板，我是个又矮又胖的人，黑头发，胡子拉碴。”但他没听我的，而是如实向上级描述了我的外貌。电话那头的人听完后又对经理说了几句，结果经理脸涨得通红挂掉了电话，然后告诉我一定要狠狠地敲他老板一笔钱。

我礼貌地问了问：“他跟你说什么了？”

经理说：“他说，‘你这个白痴加笨蛋，我有没有告诉你不要和拉里·利文斯顿做生意？你这么轻易地就让他从我们这里赚走了700美元！’”但是接下来，他也没有告诉我电话里说的其他内容。

我接着又去其他分支机构尝试交易，但是大家都认识我了，都不欢迎我去那里赚钱。更有甚者，都不让我进去看报价，除非有职员给我网开一面。我也试着把交易分散到多次交易中以拉长投资期，但即便这样它们也不允许我去店里炒股。

最后，只有一家店还对我敞开大门。那家店规模最大，实力也最雄厚，公司名称叫作“国际股票经纪公司”（Cosmopolitan Stock Brokerage Company）。

国际股票经纪公司的评级是A1，生意规模巨大，分支机构遍布新英格兰地区的每一个制造业小镇。它允许我在店里做交易，接下来的几个月我不断买卖股票，有赚有赔。但是，最后同样的事情还是发生了。但它并没有像其他小商号一样直接把我扫地出门，原因并不是因为它遵守运动员的竞赛精神，而是因为它知道这么做会背上恶名，人们会说这家公司仅仅因为一个家伙赚了点小钱就不让他继续玩下去了。它玩了一把更阴的：它让我先交 3 个点的保证金，又强迫我交 0.5 个点的佣金，后来涨成 1 个点，最后又变成 1.5 个点。这简直就是抢劫！为什么这么说？很简单！假设美国钢铁（Steel）[①] 这只股票现在 90 美元卖出，然后你买入。你的票据上通常会这样写：90-1/8 买入 10 股美国钢铁。征收 1 个点的保证金，意思是股价跌破 89-1/4 时，你就会被自动强制清仓。在商号里面，顾客并不会被反复要求增加保证金，或者被迫告诉他的经纪人去卖掉所有的股票。

但是国际股票经纪公司通过强行征收高费率，就可以很不公正地赚钱了。也就是说，我以 90 美元的价格买入股票，我的票据上会这样写：91-1/8 买入美国钢铁。我买入后，股价上升了 1.25 个点，如果我当时平仓那就要亏钱了。而它勒令我接受 3 个点的保证金，也就是相当于把我交易的能力降低了 2/3。但是没办法，这是当时唯一能接受我去做交易的地方，我不得不接受它的条款，否则就得退出这一行。

毋庸置疑，我经历过跌宕起伏，但是总体来说还是市场上的赢家。然而，国际股票经纪公司并不满足于对我现有的盘剥，虽然这种盘剥已经很过分了。他们又尝试其他方法来压榨我，但并没有得手，因为直觉告诉我该撤了。

如前面所提到的，国际股票经纪公司是我最后还能做交易的地方。它是新英格兰地区最富有的商号，而且对交易不做限制。在每天都去他们那儿的个人客户中，我是最有钱的。它的办公室装修华美，而且有其他地方见不到的最大、最全的报价板。这块板子延伸到和整个大厅一样长，任何能想象到的东西都在上面被报价。我这里指的是在纽约和波士顿交易所的股票，在纽约、芝加哥、波士顿和利物浦交易的棉花、小麦、生活用品和钢铁等。

---

① 纽约市场中早期的商人来自欧洲各地，当时西班牙还是贸易霸主。来自不同国家的商人交易通用的是西班牙银币，这种银币俗称 8 块币（pieces of eight），因为西班牙银币在美洲总量有限，面额较大，为了增加小额支付能力，常把一个银币切 4 刀，变成 8 块。纽约证券交易所成立时，尽管在美国市场上美元为法定货币，贸易还是常以 1/8 为最小单位，所以股票报价采用了 1/8 为最小单位，2 个 1/8 就是 1 个 quarter，即 0.25。——译者注

这里你需要了解一下商号是怎么交易股票的。首先你把钱交给它们的店员，告诉他你是想买还是卖。然后他看看股票交易带[①]，或者报价板，找出最后的价格。他同时也会把时间写在票据上，这样票据读起来就可以像经纪人的报告一样：在某天某时某只股票的某一价格，你买了还是卖了某只股票多少股，然后它们收了你多少钱。当你想要结束交易的时候，你再去找到商号的店员，然后告诉他。他会再次拿到最后一个价格，如果这只股票交易不活跃，他会等到交易带上出来的下一个报价，他在票据上写下股价和时间，确认完毕后交给你。你再跑到出纳员那里兑换出你想要的数量。当然，如果市场风云突变，行情对你不利，譬如股价超过了你的保证金设定的限制，你的交易就会被自动平仓，而票据的价值就只是一张纸了。

在不正规的商号里，投资者每次得至少交易 5 股，而票据上的颜色会因为买或卖而略有不同。在牛市的时候，商号就很难赚钱，因为所有的客户都押注牛市而且猜对了，这个时候商号只能收取买卖的佣金。譬如单据上写了你每股 20 美元买入，因此显示“20-1/4”，这就是说你赚的每一个点只能收获其中的 3/4。

国际股票经纪公司是新英格兰地区最好的经纪公司，服务成千上万的老主顾，但是我是它唯一害怕的人。咄咄逼人的费用或者 3 个点的保证金都没有减少我的交易。只要在它允许的范围内，我就不停地买卖。有时候我一次能交易 5 000 股。

下面我讲一个经历。某天，我要进行做空 3 500 股美国糖业（Sugar）的交易。我持有 7 张巨额的粉单票据，每张 500 股。国际股票经纪公司留下巨大的空白以备增加保证金用。当然，商号们基本不会要求过高的保证金。原因在于客户缴纳的保证金越少，就越容易被强制平仓，这样它的利润就越多。在小型商号里，如果客户要用保证金来做交易，它就会开一张新票据，以此为依

---

① 本书记载的股票交易时代还没有电脑，只能通过电报传送市场报价信息等，公示在行情报价板上，还会有专人念读。股票交易带存在于 19 世纪 70 年代至 20 世纪 70 年代，是早期使用的电子通信媒介，通过电报线把股票的价格等信息传递过去。股票交易带是一条长长的纸带，通过自动报价器打印出来，上面印着公司的字母代码、交易价格和交易量。

据收取佣金。这时，股价每跌 1 个点，它只会给你其中的 3/4，因为卖出时，它把新增保证金看成是一笔新的交易，这样就可以有机会利用强平压榨客户。

接着说，那一天我记得我总共交了超过 1 万美元的保证金。

我积累到人生的第一个 1 万美元的时候，只有 20 岁。你也许听说过我母亲。随身携带 1 万美元现金这事，除了老约翰·洛克菲勒（John D. Rockefeller）先生，别人不会这么干。而我母亲经常告诉我要知足，得干点正经营生。我有段时间特别累，得说服她，让她知道我没有在赌博，而是靠股价波动来挣钱。所以 1 万美元在她眼里就是一大笔钱，而在我眼里就只是有了更多的保证金可以玩得更大而已。

我已经写了一张卖空美国糖业的票据，3 509 股，价格是 105-1/4。交易室里有另外一个人，亨利·威廉斯（Henry Williams），他做空了 2 500 股。以前我经常坐在股票交易带边上，直接把报价喊给报价板男孩。此时，价格就会如我预期的那样开始波动。突然，股价下跌了好几个点，然后在进一步下跌前稍做休整喘了口气。当时整个市场比较平和，所有的一切看起来都是蒸蒸日上的。但就在那一刻，我开始厌恶美国糖业股价反复调整的路子了，而且感觉不对劲，觉得应该清仓离开市场。没过一会儿，美国糖业的卖出价变为 103 美元，这是当天的低位，而我的不确定感开始变强：肯定是什么地方出错了，但是我却没法精准地想出来。如果有大事发生了而我却不知道原因在哪，那我就出于保护自己的原因讨厌它。当时就是这种情况，而我应该尽快离开市场。

我这个人从不也不喜欢盲目行事。即使是在孩童时，我也知道必须做有把握的事情。这次就是这种情况，我没法给自己找个理由来解释这是怎么回事。这种感觉让我极度不舒服，自己都有点儿撑不住了。我叫了一个熟人过来替我，他叫戴夫·怀曼（Dave Wyman）。我对他说："戴夫，你来替我干点事。过会儿你再喊美国糖业股价的时候，稍微等一会儿，记住啦?"

他答应了，然后我把股票价格收报机给了他，这样过会儿他就可以找报价员喊价。我带着 7 张美国糖业的单据走向了柜台。在柜台那里，一个店员会接过单据，标记一下说明交易已经完成。但是我自己真不知道为什么一定要离开市场，所以就站在那，依靠着柜台，攥着票据好让店员看不到。很快，我就听到发报机的滴滴声，然后我就看到了这个叫汤姆·伯纳姆（Tom Burnham）的店员迅速地扭过头开始认真地听。接着，我感觉到诡异的事情快要发生了，不能再等了。就在那时，戴夫·怀曼开始喊“美国糖——”但是还没有喊完报价的一刹那，我迅速地把票据扔在了店员的面前，吼道“快完成我的美国糖业交易！”店员不得不根据最后的报价来结束我的交易。戴夫最后喊的报价又是 103 美元。

根据我的计算，美国糖业的股价现在应该已经低于 103 美元了。看来我的整个操盘套路出了问题。我感到已经陷入周围的人给我设置的陷阱里。就在那时，发报机疯一般响起，而我注意到汤姆·伯纳姆并没有标记我扔给他的票据，仍然还在听着滴滴声，似乎在等待什么事情。我朝他大吼：“喂，汤姆，等什么？快给这些票据标记 103 美元！麻利点儿！”

房间里的每个人都听见我大吼了，朝我俩这边看了过来，交头接耳地问发生了什么事。你要知道，国际股票经纪公司号称从不耍赖，因此在没有征兆的情况下，发生挤兑时商号跟银行一样恐怖，没任何差别。如果有个客户开始挤兑，其他人会迅速跟进挤兑。所以汤姆看起来很生气，但还是走过来在我的票据上写着“103 美元成交”，然后把 7 张票据扔回给了我。当然，他脸色难看死了！

这么说吧，从汤姆的柜台到出纳员的柜台距离不过 8 英尺，但是我还没到出纳员那里，就听到戴夫·怀曼在狂热地吼叫，“该死！美国糖业，报价 108 美元！”但是为时已晚，我狂笑一声，然后吼向汤姆，“我的老乖乖，是不是火候差了一点点？”

当然，这是个小阴谋。我和亨利·威廉斯总共做空了 6 000 股美国糖业。要不是商号握着我和亨利的保证金，我俩能做空更多，或许有 8 000 或者 1 万股。但假设谁有 2 万美元的美国糖业股票保证金，那么就足以在纽约证券交易所玩弄整个市场，将我俩扫地出门。在那个时代，只要商号发现它的客户同时看好某只股票，那么商号就会找些经纪人把股价拉下来，强行平掉多头的仓位。这不会花商号多少钱，但是却能狂赚一大笔。

这就是国际股票经纪公司如何操作从而搞定我、亨利·威廉斯以及其他做空美国糖业的投资者的。它在纽约证券交易所的经纪人把股价拉到 108 美元，然后疯狂砸盘，这样亨利和其他投资者就被消灭了。只要市场莫名其妙地狂跌但是又紧接着涨起来，那时的报纸就会给这起个名字叫“商号驱动型行情”。

搞笑的是，国际股票经纪公司压榨它的客户 10 天后，一个纽约的高手又从它那里赚了 7 万多美元。这个人在当时来看是个大人物，而且还是纽约证券交易所的会员，曾经在 1896 年的股市大恐慌中作为空方一战成名。他从来都是跟交易所的规则对着干；这些规则会使得他利用同伙来赚钱变得比较困难。有一天他突然想到：如果他把商号的非法所得给赚过来，那么交易所和警察局都不会找他麻烦。于是他策划了一次活动，找到了 35 个人假扮客户，然后把这 35 个人派到交易大厅和其他分支机构，约定在某天某时都买入事先约定好的某只股票。他们的目标是偷偷赚钱。这个人散布该只股票的利好消息，再跑到交易大厅，在交易员的帮助下抬高股价。只要认真挑好合适的股票，把一只股票的价格炒高 3～4 个点不是什么难事。他的小伙伴们根据约定再把钱提出来。

其中一个人告诉我，这个家伙净赚了 7 万美元，他的小伙伴们除了获得费用外还拿到了其他收入。这个家伙在全国其他地方用同样的方法屡试不爽，惩罚了在纽约、波士顿、费城、芝加哥、辛辛那提和圣路易斯的大商号们。他最喜欢的一只股票是西联汇款①，因为操纵这样一只半活跃的股票上下波动几个点太容易了。他的小伙伴们先在特定价格买入，赚到 2 个点后卖出，再做空，又赚了 3 个点。顺便说一下，我有一天读到一则报道，说这个人死的时候穷困潦倒。如果他 1896 年就死了，估计纽约的每份报纸都要给他一个头条专栏。然而最后，他的死讯只是刊登在第五版的两行字。

① 西联汇款的英文名为 Western Union，是世界上领先的特快汇款公司，迄今已有约 150 年的历史，它拥有全球最大最先进的电子汇兑金融网络，代理网点遍布全球近 200 个国家和地区。——译者注

第二回　纽约出师损失频
投机受挫艺未精

国际股票经纪公司发现，即便用 3 个点保证金和 1.5 个点的佣金也搞不定我，决定使用违规手段。再后来，它直接不让我去那儿做交易了。在那一瞬间，我决定去纽约发展。在那里，我可以在纽约证券交易所（简称“纽交所”）会员的办公室里做交易。我之所以不考虑波士顿的分支机构，是因为那里报价还得靠电报机，而我更喜欢接近交易核心。于是在 21 岁的时候，我怀揣 2 500 美元的所有身家来到了纽约。

之前提到过，我 20 岁的时候赚到了 1 万美元，后来靠投机美国糖业股票又赚了 1 万多美元。说实话，虽然我不是百战百胜，但是交易策略还算是完美，整体来看赢多于输。如果一直坚持这个交易策略，我估计有 70%的概率对市场的判断是对的。反之，不坚持这些策略的时候，我常常被市场打败。因此，只有确定历史波动印证了我的策略时，我才去市场拼搏。我做了这么多交易，也有过千钧一发的时刻，但我不一定每次都知道。这一点也恰恰是华尔街上很多人失败的主要原因，尽管这些人比普通人的地位要高。要知道，普通的笨蛋往往在任何时候任何地点都在做错误的事情，而华尔街上的笨蛋则认为他必须每时每刻都在交易。毕竟，没有人总是会有充足的理由每天都买卖股票，或者有丰富的知识做出英明的决策。

我在这里可以现身说法。平时可以依靠分析交易记录来挣钱，但是一旦犯了哪怕很微小的错误，我就要赔钱，毕竟我也不是神仙。在我面前树立着一个巨大的报价板，股票价格收报机不停地运转着。天下熙熙，皆为利来；天下攘攘，皆为利往。人们不停地交易股票，然后盯着自己的票据，看是赚钱了还是它们变成了废纸一堆。我的理性让追求刺激的渴望所取代。在商号里，保证金不多的人最好别玩多头，因为很容易被扫地出局。不顾实际情况限制而一味地追求持续交易，是华尔街上亏钱的主要原因，即便是专业精英也不例外，他们总感觉每天必须得赚钱回家，就好像这是在赚日常工资一样。记住啊，当时我可是个青少年，那时还没足够的经历去领悟 15 年后才明白的那些所向无敌的道理。有一次，在等待了漫长的两周后，我终于发现了一只股票。在我认为可以安全买入之前，它足足涨了 30 个点。如果我判断失误的话，就得赶紧把亏损补回来，因为我承受不了鲁莽交易的代价。因此，要判断正确，就得学会等待。这次经历发生在 1915 年，是个漫长的故事，回头我再找个合适的机会讲讲它。现在我继续讲风光了几年之后，自己是如何让这些商号们赚走了大部分的血汗钱的。

我睁大了双眼警惕地看着广阔的世界，开始进入股海驰骋！当这一切开始的时候，一个股票操盘手往往要靠自己与很多厉害的敌人做斗争，这种情况并不是我人生中唯一一次。我带着 2 500 美元来到纽约的时候，这里的商号的伙计们没有一个值得信赖，虽然证券交易所和警察居高临下地盯住他们。毕竟，我是要找一个地方来做交易，这个地方唯一的交易限制应该是看筹码大小。在老家，我没有太多选择的余地，而且也不期望在那个地方待一辈子。在我事业起步的时候，主要的难处是找到一个不需要担心交易公平性会被玩弄的地方。所以我就找到了一家在我老家有分支机构的纽交所公司。在老家的分支机构里，我认识它的一些店员。他们很久没做什么业务了，而且我也不喜欢其中的一个合伙人，所以我没待多久就走了。接下来我就去了富尔顿公司（A. R. Fullerton & Co.）。估计有人把我之前的经历告诉了公司里的人。之所以这么说，是因为没多久，他们就开始叫我“少年交易员”。我看起来比较年轻，这在一定程度上影响了别人是如何看待我的，但是这也正好激励我要为自己奋斗，因为总有人试图看我年轻就开始打我的主意。商号的伙计们看到我这么个小孩，经常臆想，这只是个走运的傻小子。当然反过来讲，这也就是我经常打败他们的唯一原因。

然而，不到6个月我就破产了。我向来交易活跃，而且享有“常胜将军”的美名，支付给商号的佣金都让人咂舌。每次交易开始没多久，我就满仓运营了，接着就开始输钱。我交易向来谨慎，但是却亏到破产，这是为什么？我来告诉你原因：在商号赚到钱的巨大成功，让我误以为可以把其中的经验照抄到经纪人那里！

我的赚钱秘诀只能在商号里面奏效。在商号里面，我可以即时对赌股价波动，也可以心无旁骛地研读股票交易单。当买入股票的时候，我可以看到竖在面前的报价板；在买入之前，我可以清楚地知道即将支付的股价。而且我还可以及时卖出，这得益于自己行动如闪电，可以迅速地抓住机会或者控制损失。举例而言，假设我可以十分确定某只股票要涨至少1个点。然而，我不用着急赚钱，因为我既可以用1个点的保证金来迅速赚2倍的钱，也可以只赚半个点。一天交易一两百股，日子就可以过得其乐悠悠。

这种策略也有个麻烦，就是即便商号家底丰厚可以忍受巨大损失，但它凭什么就得这么干？它绝对不允许自家商号里有个能一直赚钱的客户。

结果，在商号里总结的完美策略，在富尔顿公司的办公室里并不适用。在那里我沦为鱼肉了。譬如股票交易单上的美国糖业股价是105美元，而且我瞅准了会有3个点的跌幅。但实际上，当股票收报机在交易单上输出105美元的时候，交易大厅的真实价格已经变成104或103美元。当我把卖出1 000股的订单发给富尔顿公司在大厅的交易员时，股价估计已经跌到更低了。除非它的工作人员发送实际成交报告，否则我没法知道这1 000股股票的价格是多少。结果，同样的交易在商号里我能赚3 000美元，但是在交易大厅里我赚不到一分钱。当然，我说得有点离谱，但是事实无法改变：富尔顿公司办公室提供的交易带时效性太低，但当时我却没有认清这一点。

雪上加霜的是，如果单子太大的话，我的卖出操作会进一步压低股价。在商号里，我压根不用担心自己的交易对市场的影响。在纽约，这个游戏玩法完全不同，导致我不停地亏钱。而我亏钱的原因不是操盘手法太合法，而是纯属盲目操盘。有人曾经点评，说我是个很好的交易带研究员。但是即便成了交易带专家，也没法挽回我的损失。如果我在交易大厅做交易，估计还能赚点钱。毕竟在一大堆交易员中，我能面对即时的情况随机应变。不过我也得承认一点，考虑到我现在交易量以及自己交易量对股价带来的影响，交易大厅系统同样会搞懵我。

简而言之，我没有真正搞明白股票投机的操盘。我只是懂了一点儿皮毛，虽然这点儿皮毛很重要，我一直以来受益匪浅。但是既然像我这样的人都遭受损失，那么那些新手们赚钱的概率又有多大呢？

没过多久，我意识到自己的操盘手法的确出了问题，但是没能找出问题在哪儿。有时候我的策略运转得特别好，但紧接着就失效了，亏得一无所有，而且打击接踵而来。你们要知道啊，我当时仅仅 22 岁，这不是说我当时故步自封因而不知道错在哪儿，而是说在那个年龄没有人会通晓一切。

因为保证金规定的限制，我不能随心所欲地在股市做交易了。但办公室的人们对我很不错，特别是老 A. R. 富尔顿先生（A. R. Fullerton）和公司其他人一如既往地对我特别好。活跃交易 6 个月之后，我终于亏得分文不剩，还欠了公司几百美元。

彼时，我只个青少年，来到纽约之前从来没有离开过家乡。我破产了，但是自己清楚地知道并不是我这个人出了问题，而是我的玩法出了问题。我不清楚自己是否变平庸了，但是很清楚自己从来没对股市失去兴趣。我从不对着股票交易带喋喋不休，因为对股市发脾气不会带来任何好处。

我当时迫不及待地想再次交易，就直接去找老富尔顿先生，对他说，“恕我冒犯，富尔顿先生。不知您可否借我 500 美元？”

他问我，“你干什么用？我倒是有些闲钱。”

他紧接着问，“快告诉我你打算干什么用？”

我告诉他，“当然是当保证金用。”

他皱了皱眉头，问道，“你只要 500 美元？你是否晓得他们让你交 10%的保证金，相当于每交易 100 股就得有 1 000 元钱？与其借钱，我觉得倒不如给你点贷款。”

我回复道，“那算了，我不想要贷款，因为我已经欠公司不少钱了。我要的就是找你借 500 美元，这样我就能出去干一圈再回到这里来。”

老富尔顿先生继续问，“你打算怎么办？”

我告诉他，“我打算去商号里做交易。”

他说：“就在这里交易不行吗？”

我说：“不行，在这个办公室里，我不一定能赚钱，但是在商号那里我很有信心可以赚到钱。我很熟悉那里的玩法。更何况我现在有个直觉：我刚刚知道自己哪里出错了。”

他最后给我钱了，紧接着我就离开了这家公司。在那里，他们口中的“恐怖少年”折戟了。我没法回到老家重操旧业，因为那里的商号不会让我交易。在纽约炒股当然没有任何问题，毕竟这里无时无刻不在做交易，而且有人告诉我在百老汇和新街那里有不少商号。但是这些都不是我想要的。经过一番思索，我决定前往圣路易斯[①]。此前，我听说过有两家公司的生意遍布整个中西部，在无数的小镇都有分支机构，并且每年获利颇丰。据说东部地区的公司没有一家能赶得上这两家的交易额；而且它们大门敞开，顶尖操盘手毫无顾虑地在它们那里交易。甚至有人告诉我，其中一家公司的老板是商会（chamber of commerce）的副总裁，但是商会并不在圣路易斯。总而言之，我带上了 500 美元踏上征程，打算赚到钱后再回到纽交所的富尔顿公司，交上交易保证金继续炒股。

到了圣路易斯后，我找到一家旅馆，洗漱干净，接着找到一家商号。之前提到的两家大型公司，一家叫作多兰公司（J. G. Dolan Company），另外一家叫作特勒公司（H. S. Teller & Co.）。我知道它们不是我的对手，但仍然决定安全、仔细、保守地做交易。我的顾虑之一是有人会认出我，然后把我踢出去。毕竟全国的商号都听说过“少年交易员”的故事，而它们就跟赌坊一样，搜集各种专业人士的八卦。多兰公司比特勒公司稍近一点，我就从这家入手。我的期望很低，希望在他们把我赶走之前能做几天的交易。这家商号真是个宽敞明亮的地方，至少有几百号人都在盯着报价板。我十分开心，心

① 圣路易斯位于美国中部地区，是中部的核心城市之一。——译者注

想这么多人，估计是没有人能发现我了。站在报价板前仔细研究后，我终于发现了一只股票，可以先买点试试行情。

我四下看了看，找到了订单职员窗口的所在位置。在那里，投资者交钱后，就可以拿到股票交易票据。那个职员也看到我了，于是我走了上去问了问，“这里可以交易棉花和小麦吗?”

他说，“没错，小朋友。”

“那能买卖股票吗?”

“只要有钱，你就可以随便买卖。”

“嗯嗯，那我知道了!”我像个吹牛的小孩一样说道。

“看样子，你手里有钱哟?”他微笑着说。

我眯着眼问，“100 美元可以买多少股股票呢?”

“100 股!”

“我当然有 100 美元；不过我还有 200 美元!”

“天啊!”他说道。

我板着脸说，“快给我买 200 股股票!”

他也板起脸来说，“200 股哪只股票?”毕竟这可是正经业务了。

我看了一下报价板，然后告诉他“200 股奥马哈（Omaha）公司股票!”

“没问题!”他拿过我的钱数了数，然后给我写了票据。

“怎么称呼你?”

“霍勒斯·肯特（Horace Kent）。”我说。

他把票据递给我，我就走开了，找了个地坐下来，等着股价上涨。

我动作迅速，那天做了好几笔交易。第二天，我又做了好几笔交易。两天后，我赚到了 2 800 美元，内心祈祷它们可以让我交易完一周。按照这个赚钱速度，我估计能赚不少钱，然后就可以光顾另外一家商号了。幸运的话，几天后我就可以带着厚厚一叠钞票风风光光地回到纽约大干一场了。

第三天的早上，当我羞羞答答地走到窗口，打算买 500 股 B. R. T. 公司股票时，店员对我说，“肯特先生，我们老板想会会你。”

我心想坏了，但还是故作镇静地问道：“他见我有何贵干?”

“我不晓得呀!”

“他在哪儿?”

“在他的私人办公室。这边走。”他指了指一扇门，然后我就走了进去。多兰（Dolan）先生就坐在桌子旁，对我挥了挥手，“坐，利文斯顿先生。”

他指了指一把椅子。我最后的希望也化为泡影。真是不知道他是如何发现我的；可能是从旅馆登记处了解到的。

我问他：“你找我有何贵干?”

“小子，你听着。我现在没对你做不利的事情，对不对?”

“嗯，这倒是。”

他身材魁梧，从旋转椅里站起来，对我说，“利文斯顿你过来一下。”然后他走向了门口，打开它，然后指着大厅里的客户对我说：“你看到他们了吗?”

“看见什么?”

“那帮家伙们！小子你瞅瞅他们，足足有三百多个！这可是三百多个笨蛋！他们养活了我和我的家人，你明不明白？我两周内从他们那里赚的那些钱，你来了之后，两天之内赚得比这还多！臭小子，这对我来说，可不是做生意的办法！但是我控制住自己，不做对你不利的事。不论你现在从我身上赚了多少钱，我坦然接受。但是你不能再赚了！以后你胆敢再踏入这里一步!”

“为什么？我……”

“到此为止，你什么也不用说了！前天我就看见你进来了，我不喜欢你的模样。没有无缘无故的恨，可我就是不喜欢，觉得你就是个瘟神。我把那个愚蠢的店员叫了进来。”这时他指了指那个心怀内疚的店员，“然后我问了问你是怎么操盘的，他如实回答。我告诉他，我不喜欢那个人的德行，而且长得跟瘟神似的！结果那个猪脑子居然告诉我，‘老板呀！什么瘟神！他的名字叫霍勒斯·肯特，就是个喜欢穿长裤的小屁孩。但是他运气好，一直判断得很准确。’然后，我就让他回去工作了。结果这个笨蛋居然让我损失了2 800美元！我也不打算收拾你，但是，这里对你来说可不再安全了。”

我开口了，“至于吗?”

他接着说道：“利文斯顿，你给我听着！我听说过你的故事。我是靠这些笨蛋们赌股市来赚钱的，而你不是他们中的一员。我立志当一个好的运动员，发挥公平竞争的精神，所以你从这儿赚的钱，一笔勾销，我不会为难你。但是你要是继续在我的地盘上赚钱，我就是笨蛋了，就别怪我对你不客气了。现在我知道你是谁了，所以赶快从这里滚蛋，臭小子！”

于是，我带着从多兰公司赚的 2 800 美元离开，前往特勒公司。特勒公司的商号在同一个街区。特勒（Teller）先生很有生意头脑，靠着很多的交易分号赚得盆满钵满。我打算光顾他家商号，但是有一件事拿不定主意：我应该一开始玩得谨慎点儿再慢慢增加交易量好呢，还是单刀直入上来就玩大的好呢。毕竟我得考虑到这家分店有可能不到一天就把我赶出局。如果我从它这里赚大钱，它对待我肯定会变得更加狡黠而利落。譬如说，我打算买入 B. R. T. 股票，原本可以赚 4～5 个点。但是，如果它开始怀疑我，或者大批客户都做多这只股票，那它就不让我参与交易了。思前想后，我决定交易碎片化，一开始先玩小的。

这家商号不如多兰公司面积大，但是胜在富丽堂皇，而且客户显然是更富有的阶层。我走到交易大厅，决定先买 1000 股 B. R. T. 股票，所以走向了交易窗口问店员，“我要买些 B. R. T. 股票。你们的交易上限是多少?”

店员说，“我们不设上限；只要你有钱，爱买多少算多少。”

我说：“那就买 1 500 股吧！”说着，我就从口袋里摸出几卷钱，而店员开始写票据。

然后我看到一个红头人物把店员从柜台推到一边。他靠着柜台对着我说：“利文斯顿先生，这么说吧，你赶紧滚回多兰公司。我们不想和你做生意！”

我说：“我就只是等到拿到我的票据，而我只买了一点点 B. R. T. 股票。”

他说：“你休想从这拿走票据！”其他的店员都跑到他身后盯着我看。他接着说，“以后也休想来这里做生意。我们绝对不会接受你的生意，明白吗?”

大发雷霆或者试图争辩于事无补，所以我就回到旅馆，付了账单，坐最早的一班火车回到了纽约。人生艰难呀！我本想赚回点真金白银，可是特勒公司压根不让我做哪怕一次交易。

回到纽约后，我还了富尔顿先生的500美元，然后用剩下的钱重操旧业。日子有好有坏，但总体来说比不赚不赔要好多了。毕竟，我没多少东西可以再去学习了，只是我悄悄做了一些改变：在来富尔顿办公室做交易之前，我做股票投机的时候已经学会了多琢磨琢磨。我就和那些喜欢玩字谜的人一样，在周日增版的报纸上找那些填词游戏。我原以为与商号的恩怨就此结束，但是看来我错了。

回到纽约没多久，一个“老油条”溜进了富尔顿办公室。他认识富尔顿先生。有人说他俩曾经共同拥有过一队赛马。我被引见去见麦克德维特（McDevitt）老先生，他正在跟一群人讲在圣路易斯经历的一个骗局，以及他是如何对付一群诈骗犯的。他告诉大家，其中的领头大哥是个商号的老板，名字叫特勒。

我问道，“哪个特勒？”

“哦，叫H. S. 特勒。”

“我知道这个混蛋！”

“这个家伙的确不怎么样！”

“何止不怎么样！我跟他还有笔旧账没算呢！”我说。

“此话怎讲？”

“我想要通过做空股票赚钱，唯一的办法就是从这些商号口袋里想法子。那会儿在圣路易斯的时候，我没法动他；但是早晚有一天他会落在我手里。”接着，我把在圣路易斯的悲惨经历讲给麦克德维特先生听。

老麦克德维特接着对我说，“那太凑巧了！他打算把业务扩展到纽约，但是没搞定，所以他就在霍伯肯①开了个店铺。我听说它不限制交易额，而且这家商号让隔壁的直布罗陀巨岩（Rock of Gibraltar）公司看起来像只苍蝇一样。”

我以为他说的是个交易厅，“那是个什么样的地方？”

① 英文为Hoboken，为曼哈顿对岸的新泽西城市，中产阶级的聚集区。——译者注

麦克德维特告诉我，“是家商号!”

“它开始营业了吗?”

“肯定开张了。我碰见好几个老伙计，他们都这么跟我说的。”

“这都是道听途说啊！你能实打实地确定一下它是否在营业吗？最好还能打听一下它允许一个人最多交易多少!”

“这样吧，小伙子！我明天亲自去一趟打探一下情况，再回来跟你说说吧。”麦克德维特告诉我。

他说到做到，去打探了一圈，然后跟我讲了一下情况。看起来特勒的确要在霍伯肯地区大规模开展业务了，对所有的交易业务全盘接受。这是周五的事情。整整一周，市场都在往上走。虽然这是25年前的事情了，但我依然记得清清楚楚。当时大家都知道，周六的时候银行资产负债表的超额准备金项下滑较大，所以大户交易室的人会用这个由头来搅动市场，把一些承受力较差的投资者震荡出局。所以经常能够看到交易的最后半个小时，投资者交易最频繁的股票会出现剧烈反应。不出意外，这些股票也可能是特勒公司的客户大量做多的股票，所以商号乐于看到做空交易。这可是绝无仅有的把笨蛋们压榨两次的机会，赚1个点利润简直就是分分钟的事。

第二天周六的早上，我驱车赶往霍伯肯，找到特勒商号。它有个巨大的客户室、美轮美奂的报价板、威风凛凛的店员和一队穿灰色制服的警察。大约有25个客户在里面。

我直接去找经理聊天。他问我有什么可以为我效劳的，我说暂时没有什么事。他接着说，通过正规方式，靠着押宝概率，一个人就能赚很多钱；你也可以去赌上全部身家，然后分分钟赚几千块钱；这比精心挑选几只股票持有很多天后再高位减仓容易多了。他又告诉我，在股市里赚钱是多么安全，仅仅依靠正常的经纪人买进卖出，就有很多客户在这里赚了大钱，以及一个人只要敢大笔交易，就可以比普通人赚得多之类的鬼话。他肯定以为我就是冲着交易室来的，希望我这匹嫩马在溜掉之前，把全部身家都拿出来买股票，所以一本正经地告诉我，周六12点就要闭市了，所以要抓紧时间交易；这样的话，整个下午我就可以腾出时间来干其他事情了。如果选对股票的话，我就可以带着一笔巨款高兴地离开了。

我故意装作不相信他，结果他就来劲了，不停地哄我入市。我看了看表，是 11 点 5 分，于是就说，“好！那我就买点儿股票吧！”然后就开始给他写订单，列好各种股票。我给了他 2 000 美元，他高高兴兴地接过来，然后告诉我肯定要赚疯了，而且希望我以后多多光顾！

事情正向我所预料的方向发展。交易员开始打压股票，接着价格狂跌。在交易员平仓的最后 5 分钟股价上升时，我完成交易。

总共赚到了 5 100 美元，我全部取现。

我告诉经理，顺便把我的票据给他，“我真是太高兴了，今天能光顾这里真是太走运了！”

他告诉我，“哎，不过今天我没法把所有的钱给你。这会儿我的现金不够，这样吧，下周一在这里，我把钱再给你？”

我说，“那也行，但是你首先得把我扔进去的 2 000 美元还给我。”

“你得让我留点儿给其他投资者做现金结算吧！除了给你 2 000 美元，最后剩下多少都给你。你在这等着，我把其他票据先给兑付了。”所以我等他把其他人的票据都给兑付完。我心里有底，知道自己的资金是安全的，毕竟特勒公司是不会赖账来毁掉一门好生意的。如果它这么干的话，我会把它全部的钱都给赚走。我拿到了自己的 2 000 美元和额外的 800 美元，这是商号所有的钱了。我告诉经理下周一早上见，他对天发誓说到时候钱一定到位。

我周一的中午 12 点到达了霍伯肯，发现有个人在跟经理聊天，而我在特勒的圣路易斯分号见过那个人。在那个分号里，特勒要赶我回多兰公司。我一下子意识到，肯定是经理给母公司发电报说了原委，接着母公司就派了一个人过来调查怎么回事。骗子可真是不会相信任何人。

我告诉经理，“我来拿剩下的钱！”

圣路易斯的那个家伙问，“就是这个人吗？”

经理说是的，然后从他的口袋里掏出一叠钱。

圣路易斯的家伙说，“打住！”然后转向我，“利文斯顿先生，我们有没有告诉过你以后不想跟你做生意了？”

我告诉经理，“先把钱给我。”然后经理给了我两张一千美元、四张五百美元、三张一百美元的钞票。

我问圣路易斯那家伙，“你想说什么?”

“我告诉过你，以后不要在我们的商号里做交易!”

“我晓得，所以我才来到这里!”

“那好，以后不准再来了！赶紧滚蛋!”他朝我大吼大叫，接着私人警察走了过来。圣路易斯那家伙指着经理大喊，“你这个白痴应该长点脑子，这样就不会被这个人给设计了！他就是利文斯顿!”

我告诉圣路易斯那家伙：“你给我听清楚了，这儿可不是圣路易斯，你不可能把我所有的票据给取消了，这是你老板对付‘贝尔法斯特少年’的那一套，我门儿清!”

他变得狂怒，“你赶紧给我滚蛋！这里是不会再让你做交易的!”

我告诉他，“如果我不能做交易，这里的其他人也不会再做交易了！你们那一套鬼把戏在这里玩不转!”

这下子，圣路易斯那家伙迅速地降低了声调。

他迅速软绵绵地说，“老伙计，你得讲道理呀！帮个忙吧！求求你了！我们根本没法儿天天这么亏损呀！而且老板要是知道了是你干的，肯定能上房揭瓦！大发慈悲吧，利文斯顿!”

我许诺说，“我当然可以走啊。”

“你肯定是讲理的。老天爷呀，您赶紧走吧！求求您给我们一条生路，我们可是初来乍到呀!”

“放心吧，下次我再来，再也不会看你这种神气活现的表情。”说完，我就走了，留下他在唾沫横飞地对经理训话。考虑到他们在圣路易斯对待我的方式，这次我必须从他们那里狠狠地刮点油水才走。我本意不是出名或者把他们搞垮。等我回到富尔顿办公室，我如实地告诉了麦克德维特老先生。然后我问他，能不能以后他去特勒商号替我做交易，先从20～30股交易做起，跟那儿的人熟识。等到一个绝佳的机会到来时，我就给他打电话，他再大举进入。

我给了麦克德维特 1 000 美元，他就去了霍伯肯那家分号，照我说的去做，很快就成了常客。机会来了！有一天，我看到了一个绝佳的机会，就告诉老麦赶紧卖掉手上所有的股票。付给老麦佣金和其他费用后，我净赚 2 800 美元；但是我怀疑老麦趁机把自己的钱往里放了点。此后不到一个月，特勒就关掉了霍伯肯分号。那几天，警察可是忙死了。尽管我只交易了两次，但是它还是撑不住了，在股票还没调整到用一个点就可以把投资者扫地出门的时候，整个市场变成了一个超级大牛市。所有的客户都做多，疯狂赚钱，做金字塔交易。商号此时遍布全国各地。

游戏规则变了。在老式的商号里做交易的确比在富丽堂皇的经纪人办公室有优势。举个例子，当利润突破了关键点位时，你的订单就自动平仓，这是最好的止损订单。你的损失不过是付出的保证金而已，即使订单没被执行，你也不会有多大的风险。如此种种。但是在纽约，商号从来不会像传说中的西部同行一样允许顾客自由交易。在这里，它们习惯锁定特定股票的利润为两个点。美国糖业和田纳西煤铁公司就是这一类。即使它们的股价能在 10 分钟之内爬升 10 个点，但一张票据最多只可以赚 2 个点。它们知道，不这样做，顾客就会有很大的胜算：只要能容忍亏损 1 元钱，就有可能赚到 10 元钱。所以在某些时候，所有的商号包括那些最大的在内，都不会接受特定股票的订单。在 1900 年的选举日前夕，麦金利[①]（McKinley）胜出似乎大局已定，纽约没有一家店铺允许顾客买入股票。麦金利的胜算概率是 3∶1，在周一买入股票的话，你就可以赚 3～6 个点。人们也可以赌布莱恩[②]（Bryan）会赢，买入股票，同样可以赚钱。结果在那天，所有的商号都不再接单。

要不是因为它们拒绝接单，我估计交易永远不会停下来。也就是在那时，我才知道，股票投机的玩法远远要比猜波动几个点深奥得多。

---

① 1900 年，麦金利以前所未有的票数赢得了总统大选，并于 1901 年 3 月 4 日就职，开始了他的第二届总统任期。6 个月过后的 9 月 14 日，总统威廉·麦金利遇刺离开了人世。——译者注

② 布莱恩，1890—1895 年为民主党参议员。他主张以金银复本位制为美国的财政政策的政纲，1900 年以反帝国主义、反托拉斯为政纲，第二次参加总统竞选，再度为麦金利所败。1908 年竞选中又败于 W. H. 塔夫脱。——译者注

第三回　起落涨跌酬训教 赔光铩羽散财归

人这一辈子要经历很多，才会慢慢地从失败的教训中学到人生道理。俗话说，凡事都有两面性，但在股市里却只有一面性。这一面，既不是做多，也不是做空，而是要做对。我在股市投机这么久，花了很长的时间才掌握了各种技术，但是花的时间最长的却是把一般交易原则烙印在脑海里。

在华尔街上，经常有人夸耀自己曾经的传奇操盘经历，特别喜欢用赚到的美元数字来佐证自己的眼光是如何精准。不可否认，这些魔鬼赌徒的确赚到过几百万美元，毕竟要成为这种类型的股市狙击手，难度并不大。我打个比喻，这很像古老传说里那些第二天要去参加决斗的勇士。

勇士的副手问他："你的射击能力怎么样？"

勇士说："呵呵，我可以打中二十步之外玻璃瓶的瓶颈。"说罢一脸谦虚。

副手毫无表情地回应道："那听起来不错。但是这个瓶子上有一把上膛的手枪正对着你的心脏，你还能打中瓶颈吗？"

所以，要佐证自己对市场的看法，我就得用真金白银去投资。过去的损失教会了我一个道理：在完全确定自己不会退却前，千万不要开始做交易；如果做不到勇往直前，那就按兵不动。这么说并不是在判断有误的时候还去硬扛着不止损，而是说不要因此做出错误的决定。回顾我这一生，自己犯了很多错误，但是从亏损中我总结经验并积累了很多投资禁忌。所以即便曾经破产好几次，但是没有哪次的亏损让我从此一蹶不振。否则，读者就看不到我现在的回忆录了。不论在什么恶劣的环境下，我都坚信自己还有机会，而且绝对不会两次犯同一个错误。在这一点上，我对自己很有信心。

如果想要通过炒股来赚生活费，那你一定要相信自己和自己的判断，所以我从来不去相信所谓的小道消息。举个例子，如果我买股票的依据是史密斯（Smith）先生告诉我的消息，那么卖出的时候也得听史密斯先生的消息，自己就得完全依赖他。那要是万一卖出机会来临时，他去度假了怎么办？所以，读者们，没有人能靠别人给的消息赚到大钱。回顾往昔，我可以告诉你们，靠小道消息远不如靠自己的分析赚钱多。我足足吃了5年的亏才知道，一定要十分有智慧地操盘才能赚大钱。

这里我估计要让读者们失望了，因为我并没有很多传奇的经历。到今天为止，我学会股票投机的过程并不是外人想象的那么富有戏剧性。在这个过程中，我破产了好几次，每次都很痛苦，而我亏损的经历，跟华尔街上其他人亏损的经历并无二致。投机是一项艰苦而冒险的工作，投机家必须时时刻刻地保持工作状态，否则很快就会被市场扫地出门。

在富尔顿公司的经纪人办公室，我的工作其实很简单：从另外一个角度看投机。早在富尔顿公司折戟之后，我就应该认识到这一点。但是当时的我并不知道这场投资游戏里还有很多知识有待探索，未知领域远远大于在商号里的那点内容。在商号的时候，我只是打败了商号，却以为自己打败了整个市场。但是，在商号里培养出的交易带研读能力和数字记忆能力却是很宝贵的，我很快就掌握了这两种能力。我的早期交易员生涯之所以很顺利，全靠这两种能力而不是靠自己的思考和知识所赐，因为那时我的思维还未接受训练，自己无知而自大。富尔顿经纪人办公室的经历教会了我要看透股票投机的本质。而我也为学到这个教训付出了沉重的代价。

我清楚地记得到达纽约的那一天。之前因为商号拒绝我在它们那里做交易，所以我就得去寻找一家名气更大的经纪公司。我刚入行时认识的一个兄弟此时正在给哈丁兄弟（Harding Brothers）公司工作，这家公司是纽约证券交易所的会员。就在到达纽约的那天早上，我就在这家公司开了一个账户，准备开始做交易。

在经纪人办公室里，我照搬在商号里学会的交易技巧。在商号里交易时，我只需要赌对股价波动就能赚到钱，收入虽然少但很稳定。在纽约，没有人主动告诉我这两种交易方式的区别。要是有人告诉我商号的炒股方法是有问题的，那我早就去试试了。如果判断失误，一件事就能让我相信自己的确出错了，那就是亏钱。所以赚钱的时候，我才是判断正确的。这就是投机的本质。

那个时候的市场真是投机者的乐园，市场交易十分活跃。这很容易让身在其中的人如鱼得水，我在那里也立即感受到了家庭般的归属感。立在我面前的是十分熟悉的旧时报价板，大家操着同样的语言，正如我 15 岁工作时的那样。同样的一大堆人围着报价板，或者拿着票据喊着价格，或者对市场行情议论纷纷。交易机器是正如我过去习惯用的那种，市场气氛正如我在伯灵顿公司第一次赚到 3.12 美元的时候那样。此外，那儿还有一成不变的价格收报机，高度类似的交易员，以及一模一样的股票投机游戏。你可要记住，我那时只有 22 岁。我自以为知道了所有的游戏玩法。年轻气盛的我认为，我凭什么不是所向无敌的呢?

我瞅了瞅报价版，发现有只股票很合我的胃口。它的表现符合我的逻辑，所以我就在 84 美元的价位上买了 100 股，不到 1 个半小时，我就用 85 美元的价格卖出。接着，我又发现了我喜欢的另外一只股票，重复了刚才的操作；结果在很短的时间内，我就赚了 0.75 个点。出师大捷，哈哈，对不对?

下面是我这一辈子都值得铭记的一刻：作为纽交所知名经纪人办公室的顾客的第一天，我交易了 1 100 股股票，买进卖出。那天交易的净收益是负的，亏了整整 1 100 美元！也就是说，初涉纽交所，我就损失了筹码的一半。当时的行情，不少交易员赚了很多钱，而我却亏损了 1 100 美元。

这没有打击到我，因为我看不出自己哪里出错了，也不知道自己的知识盲点。我反思了一下下单过程，十分正确及时，并没看出有什么不合适。这种情况，放在国际股票经纪公司交易的话，我至少也是不赚不赔。看来这一次纽约证券交易所的机器并没有正常运转，瞬间蒸发的 1 100 美元让我总结出这个结论；而只要机器能恢复正常运转，那我就没有必要去担心太多。22 岁的小伙子身上的无知并不是什么致命打击。

几天后，我终于意识到不能用商号的炒股方式交易了，现在的价格收报机已经不再像以前一样运转了。但是在行动上，我却放任自己继续按照老方式交易，事业没有到达谷底之前我是没法觉悟的。在这个过程中，我既经历过好日子，也品尝过坏日子，直到被彻底赶出局。回顾这段时期，我曾经到老富尔顿先生那里借了 500 美元前去圣路易斯闯荡；当从圣路易斯回来的时候，我又带着从商号赚的钱进入了纽约证券交易所。

自此之后我玩得更加细心，有一阵收益有所回升。身处简易的环境，我过得很不错，不停地结交朋友，日子过得爽歪歪。那个时候我才不到 23 岁，孤身一人在纽约，口袋里却装着不费吹灰之力赚的钱，并且自我膨胀，认为自己完全了解新的游戏该怎么玩了。

在交易大厅里，我充分考虑到了交易厅下单在实际执行中存在的时间缓冲，行动十分谨慎。但是我依然痴迷于研读交易带，而忽视了学习投机的基本原则。只要一交易，我就不能认识到自己的问题所在。不识庐山真面目，只缘身在此山中。

接着，我们进入了 1901 年的超级牛市，我狠狠地赚了一大笔；当然，“一大笔”只是针对毛头小伙的我而言。读者们大概还记得那个时代吧！美国进入了前所未有的繁荣昌盛时代，不仅有了千古未有的工业巨头兼并和资本市场并购，而且出现了公众疯狂购入股票的现象。在以前我听说过的繁荣时代里，华尔街上的那些人也不过是吹嘘一天交易了 25 万股，而那时证券日成交量也不过是 2 500 万美元。但是到了 1901 年，我们进入了日成交 300 万股的时代。每个人都在赚大钱，钢铁巨头们也加入了股海阵营，这些百万富翁们对钱的追求不会比水手对美酒的喜好差多少。他们要满足自己赚钱的欲望，必须到股海驰骋。我们曾经有过华尔街上的巨富，如约翰·盖茨，享有“敢不敢赌 100 万”的美名，还有他的朋友约翰·德雷克（John A. Drake）和洛亚尔·史密斯（Loyal Smith）等；传说中的雷德-里德-摩尔（Reid-Leeds-Moore）三人组，他们卖掉了持有的美国钢铁的股份，然后投身资本市场，买了泛罗得岛铁路系统的大部分股票；还有施瓦布（Schwab）、弗里克（Frick）和菲普斯（Phipps），以及匹斯堡（Pittsburgh）财团；更不用提许多折戟股海但是在任何一个时代都本应该被称为伟大的投机者的人们。随便一个人都可以在股市上冲锋陷阵、买卖股票，基恩（Keene）先生就创造了美国钢铁股份的交易市场，而一个经纪人在短短的几分钟内就可以卖出 10 万股股票。这是多么伟大而辉煌的时代！更厉害的事情是，股票销售不用交资本利得税！赚钱之疯狂，根本不可能给你留下一丝时间来思考！

但是，在同一时刻，我也会听到一些冷静的睿智之言，譬如一些老投机者经常说，除了他们，市场上其他的投资者都快疯了。但事情的另一面是，除了他们，市场上所有的投资者都在赚大钱。我也不傻，知道凡事都有个度，任何股票的疯狂炒作肯定会有个尽头，然后就开始转为空头。但每次转为空头后，只要我一卖出就开始亏钱，要不是每次我跑得快，估计亏损得更多。我不停地寻找股价调整的机会，手法谨慎。在做多的时候赚钱，在做空的时候保持少量出货节奏。所以整体来说，虽然大盘繁荣，但是我赚的钱却只跟操盘技术相关，而跟市场大势无关。特别是考虑到我还是个小青年的时候就已经重仓操盘，所以我没有把赚钱和大势两者联系起来看。

有一只股票我从来没有沽空过，股票的名字叫作北太平洋铁路公司①。我顺手拿来了股票交易带开始研读，一番考察后发现，在大部分的股票买入基本陷入了停顿的时候，北太平洋铁路公司这只股票看起来很有上涨突破的潜力。此时，市场上都知道这家公司的普通股和优先股都被库恩-洛布-哈里曼（Kuhn-Loeb-Harriman）财团②逐步持有了。当时，我力排众议，反对办公室里每个人的意见，一举做多北太平洋公司的普通股 1 000 股。当这只股票的股价涨到 110 美元的时候，我已经赚到了 30 个点的利润，然后毫不犹豫地抓住

① 即 Northern Pacific Railway，美国历史上著名的股票案和运输事件多次发生在这家公司身上。该铁路于 1864 年被国会批准，公司利用获批的土地作为抵押在欧洲融资。杰伊·库克（Jay Cooke）作为首批融资银行家，因无力负担增长的成本，导致该公司在 1875 年破产。

② 该财团起源于著名的 Kuhn，Loeb & Co.，美国历史上著名的投资银行之一。亚伯拉罕·库恩（Abaraham Kuhn）与所罗门·洛布（Solomon Loeb）于 1867 年在辛辛那提成立该公司，后来借助美国铁路工业扩张，成为 19 世纪晚期、20 世纪早期著名的投资银行，为西联快汇、西屋电气公司等工业巨头提供融资服务，并为芝加哥与西北铁路公司、宾夕法尼亚铁路公司等提供融资服务。1901 年，在库恩和洛布的资助下，哈里曼（E. H. Harriman）组建了库恩-洛布-哈里曼财团，战胜了詹姆斯·希尔和 J. P. 摩根，成功控股北太平洋铁路公司。该战役是华尔街金融史上的著名战役。

了这次机会卖出。这次出手让我的账户余额迅速变成5万美元，这可是我自打有本事赚钱以来所能积攒到的最高金额。而这一数额对于一个毛头小伙来说相当不赖；尤其是考虑到这个小伙在几个月前在同一个办公室可是亏得什么都不剩。

现在我们把上一段故事复盘。铁路实业家哈里曼控制的财团已经告诉摩根与希尔公司，明示它们自己想控制伯灵顿-泛北方公司-北太平洋铁路线。一山难容二虎。于是，远在意大利度假的摩根先生命令心腹基恩先生购入北太平洋公司的股票5万股，以保证他们的控制权。我曾听说过，基恩命令罗伯特·培根（Robert Bacon）购入15万股股票，这位银行家当然照做了。接着，基恩又让另一个经纪人，埃迪·诺顿（Eddie Norton），杀入北太平洋公司，成功购买10万股股票，紧接着又来了一个订单，数量高达5万股，其他的玩家也迅速跟进。在1901年5月8日收盘的时候，整个世界都知道两家金融巨头之间正在发生一场恶战。这两家金融巨头在美国境内从来没有针锋相对过。哈里曼与摩根之间的对决，简直就是一股不可阻挡的势力与一个不可动摇的目标之间的对决。①

5月9日早上，我身怀5万美元现金，所有股票已全部清仓。在前面的章节我提到，有一段时期我对市场的判断会非常悲观，然后现在机会就来了。我很清楚接下来股价会怎么发展，首先会狂跌一下，然后就有些很不错的买入机会，接下来股价会迅速拉升，最后那些低价买入的炒作客就可以顺顺当当地赚大钱了。这种手法很简单，就算你不是夏洛克·福尔摩斯（Sherlock Holmes），也能搞明白。只要有机会杀进去，就能大赚一笔钱；要记住，这

---

① 这是历史上著名的北太平洋铁路公司逼空案。简而言之，该时代的金融和工业巨头都试图打通美国东西海岸的跨洋铁路线，金融巨头摩根控制的北太平洋铁路（Northern Pacific Railroad）和希尔控制的泛北方铁路（Great North Railroad）分别打通了太平洋各州通往中部的铁路线，都缺乏关键的一段，即明尼苏达双城市到中部交通枢纽芝加哥的铁路线，而实业家哈里曼控制的联合太平洋铁路公司（Union Pacific Railroad）的跨洋铁路也缺这一段。双城市-芝加哥的铁路线归芝加哥-伯灵顿-昆西铁路（Chicago，Burlington and Quincy Railroad）公司拥有，简称“伯灵顿公司”，被摩根和希尔的公司平分股份，而实业家哈里曼则试图通过控股北太平洋铁路公司来间接控制伯灵顿，导致北太平洋铁路股票飙升，一场金融控股战由此展开。具体信息会在后面的章节做进一步补充。——译者注

笔钱可是稳赚不赔的。

一切正如我所预期的那样发展。我判断得分毫不差，但是却亏得一分不剩！原因是意料之外的事情发生了，而我眼睁睁地被扫地出局了！如果这件不同寻常的事情从没有发生的话，那就无法区分出人们的水平高低，生活就会缺少太多的乐趣和精彩，而这场游戏就会沦落为简单的零和游戏。结果就是我们竞相去用缓慢的头脑来记账。要记住，是预测开发了一个人大脑的能量。所以，你要做的应该是去琢磨一下怎么才能正确预测。

我继续讲我是怎么亏得一分不剩的。当时市场交易量一下子活跃了，这也是我所预料到的。交易额迅速攀升，股价波动程度也进入了历史高位区间。我准备建仓，填写了数不清的卖单。当看到开盘价的时候，我心里十分坦然，价格跌得实在太低了。我的经纪商正在努力工作，它们之间既相互竞争，但是又尽职尽责。但是，在它们执行我的卖单的时候，股价又跌了 20 多个点。股票交易单滞后于市场实际变化，而由于交易海量爆发，成交报告同样姗姗来迟。结果当股票交易单的股价变成 100 美元的时候，我签发的做空单却在 80 美元成交。跟前一天的收盘价相比，我整整损失了 30～40 个点。也就是说，我在原本打算买入的低价位上，沽空了这只股票。这个市场看来不会一直跌到地球另一边去，所以我决定立即弥补我的沽空操作，改为做多。

我的经纪人真给力，买到了股票。但是他们不是在让我翻盘的价位买到的，而是在证交所一层的交易员拿到订单的时候以市场基准价买到的。结果，他们买入的平均价格比我的心理预期价高了整整 15 个点。在一天之内损失 35 个点，没有任何投资者能承受得了。

股票交易带的记录远远滞后于市场情况，这一点让我亏得万劫不复。长期以来，我已经习惯了依靠股票交易带来交易，我就像是它肚子里的蛔虫，通过它可以清清楚楚地知道现在的市场行情。曾经沧海难为水，现在它也变了，开始欺骗我了。打印出来的股价和实际市场价格走势严重背离，这一点让我感觉云里雾里。在这之前，是过往不成功的经历和重复犯同样的错误让我判断失误，而如今我蓦然发现，抛开经纪人的下单能力不说，仅仅研读股票交易带已经不够。我十分懊悔：为什么没有早点意识到自己的麻烦所在而去亡羊补牢？

比不知道自己做错了更严重的是，我依然频繁交易，忽视了经纪人下单存在的价格时滞这一问题。我那时下单从来不考虑止损价，只会抓住市场一切的可能机会。而我所试图战胜的是市场，不再是特定的股价。只要自己判断该卖，那就卖出；感觉股价要涨，那就买入。好在自己还坚持了交易的基本原则，才不至于身无分文。给交易设定上下限的价格，是我之前在商号的操盘手法，而对于现在身处由经纪人来做交易的环境中的我来说已经远远不够。要不是这一次经历，我绝对不会明白股票投机是怎么回事，估计还在依靠浅薄的经历去瞎猜股价。

鉴于股票价格收报机报价滞后，我尝试设定交易价格上下限，以此规避其不利之处。但是这么做后，我发现对市场的感觉越来越远。鉴于情况变得越来越严重，我决定不再做这方面的尝试。多年以后，我在回忆这次转变的时候，还记得自己终于痛下决心，不再对赌眼前的报价怎么走，而是决定放大格局来预测整个市场大势。

5 月 9 日的惨痛经历过去后，我修正了操盘方法，但是漏洞依然存在。当初要是没赚那么多钱的话，我学到这些股市智慧的时间会更早。还好当时我赚的钱相当丰厚，足以让自己生活得很不错。我喜欢结交朋友、享受生活，随后在夏天搬到泽西海岸居住，那里住着很多华尔街上的名人。我当时赚的钱还不足以弥补我的亏损与生活费之和。

我没有像以前那样，一根筋似地持续做交易而不放慢脚步来思考。当时我还不能总结自身问题，毕竟在当时的年龄去改掉这个习惯也不可能。在本章，我对这个话题费了很多工夫去说，目的就是想通过自己的经历，向读者阐述自己是如何到达投机彼岸，开始赚钱而一发不可收拾的。简而言之，在更高层次的战斗中，之前的火柴玩具枪根本无法达到来福枪的威力。

到了初秋，我彻底破产了，开始讨厌不停亏钱的股市操盘，所以决定离开纽约，去其他地方尝试做其他营生。到此为止，我已经在股海遨游 14 载。在这 14 年的经历中，15 岁的时候我赚到了人生第一笔 1 000 美元，在 21 岁的时候赚到了人生第一笔 1 万美元，多次赚到了、又亏掉了 1 万美元；在纽约的时候，我收入上万美元，最后尽数亏掉；我也曾经一天入账 5 万美元、两天后又亏干净。我不熟悉其他的生意，只懂得炒股。在外几年，我最终又回到一开始身无分文的状态。而且我养成了挥霍无度的生活习惯；但是比这个恶习更让我苦恼的是在投资上频繁的判断失误。

第四回 一年反省潜心炼 再度杀回华尔街

我回到了老家。但是自从那一刻起，我就明白自己这一辈子命中注定只做一件事，那就是攒足了筹码，重回华尔街战场。华尔街是全美唯一一个让我随心所欲交易的地方。在将来的某一天，如果搞明白了怎么去玩这场游戏，我需要在华尔街上来展示这一点。人啊，总是这样，当他正确的时候，他希望他所做的以及围绕他发生的事情都是正确的。

但是，有一点我很清楚，那就是我不可能再次踏入商号的门槛。商号少了很多老人，多了些陌生人。那些认识我的店员决然不会给我第二次机会，更不想知道我是不是还算一名真正的交易员。我费尽口舌，跟他们讲出我的真实经历，说我带着在老家赚的一大笔钱，在纽约亏得分文不剩。我还告诉他们，自己也不是当初的那个毛头小伙了，再也不会像过去那样去思考问题了。在我看来，他们没什么道理不去接受我，应该让我重新和他们做生意。但是事与愿违，他们一点儿这样的想法也没有。而且新的商号不是很可靠，那里的老板认为，哪怕一个绅士有充足正当的理由确信其对市场判断正确，一次交易 20 股足够了。

稍微大一点的商号则不停地从老顾客手中赚大钱。我试图糊弄店员接受小额订单，小到只有 15 股的订单。不出意料，他们坚决不接。我真的很需要钱，就想了个办法，和我的朋友达成了一个协议，让他潜入某家商号，而我偷偷摸摸地研读各种股票。当我告诉他指令的时候，他负责去买卖股票。但是这么做跟养鸡没啥区别。没过多久，商号开始对我这个朋友的订单受理得不再那么爽快了。终于有一天，当朋友打算卖掉 100 股圣保罗（St. Paul）公司股票的时候，商号拒单了。

到了后来，我们才知道有个顾客看到我俩在街上一起走，然后直接跑到商号里面揭发了这事。当我的朋友若无其事地找到店员，打算卖掉那 100 股圣保罗公司股票的时候，这个店员说：

"我们现在坚决不会再接受你手里的圣保罗公司的卖单。"

朋友开始着急了，急问道："约瑟夫，怎么了？凭什么这么干？"

这位叫约瑟夫的店员不紧不慢地回答道："就是不接受你的单子了呗，怎么了？"

"怎么回事啊？你觉得这些钱不够吗？那你看好了，我把钱全给你！"说着，我朋友就把 10 张 100 美元的纸币放在了柜台上。他努力克制自己，显得比较尊贵，而我则若无其事地坐在一旁，其他顾客都向这边聚拢观战。每次在商号和客户之间有任何大声争吵哪怕轻微摩擦的时候，其他顾客立即变身为积极的看客，一直如此，从未变过。这帮看客总想着看人下菜碟，啥事都插一竿子。要是事情最后解决了，他们也能分到一份子好处。

那个叫约瑟夫的店员看起来好像是个副经理，从座位上起身走了出来，挪步到我朋友身边，盯着他看了一会儿，然后又盯着我看了一会儿。

"真好笑！"他一字一句地说，"我已经发现了，要是利文斯顿不在你身边的话，你什么事也不敢干，只会乖乖地坐着，一刻不停地盯着报价板，连眼都不眨一下。但是一旦他进了商号，你就一下子变得忙得不可开交。有可能你只是替你自己交易，但是从今天起，你不准在我们的商号里再做任何交易。不管利文斯顿怎么诱导你，我们坚决不会上这个当！"

最后的结局是，他们坚决不再让我做任何交易。但是跟总支出相比，我还是赚了几百美元。下一步我得思索，怎么才能赚到足够的本钱再杀回纽约，这事对我来说万分紧急。他们不让我做交易了也不全是坏事，至少我终于有时间可以冷静充分地思考一下过去的愚蠢策略。长此以往，当一个人能够眼光放得长远的时候，他就能高屋建瓴。但眼下的事情还是要去赚取足够多的筹码。

某日，我在酒店大厅正跟一个熟人聊天，他的交易风格十分稳定。那个时候，连菜场老大妈都在讨论股市。我当时断言：在经纪人的下单能力不给力的情况下，任谁在市场上做交易，都不会干得过市场。这是自己的经历总结出来的血泪教训。

一个家伙突然蹦出来，然后问我嘴里说的经纪人是哪个。

我说："美利坚最牛的经纪人之一。"他问我口中的那些人物到底是谁。我预感到，这个家伙压根不相信我曾经在顶级经纪人办公室做过交易。

但是我对他讲："我说的经纪人是指纽约证券交易所的任何一个会员经纪人。我之所以说他们下单能力差，不是因为他们故意欺骗投资者或者粗心大意地下错单，而是当他们执行顾客的买入订单的时候，投资者没法知道成交价是多少，直到他从经纪人那里获得了交易报告。但是此时，成交价已经波动了十几个点了。场外的交易人员不可能抓住这些起伏波动，这不是下单执行的问题。如果商号允许客户大额交易，我宁愿待在商号里做交易，因为成交价就是实时报价。"

这个和我说话的人，以前我从来没有见过。他告诉我他叫罗伯茨（Roberts），外表看起来友善可亲。他带我到了外面，然后问我有没有在其他交易所做过交易。我说我从来没有。他说他认识一些经纪公司，它们是棉花交易所、农产品交易所和其他小规模股票交易所的会员。这些公司行事谨慎，特别注重订单执行的力度。他接着说，一方面这些公司跟纽约证券交易所里最厉害和最机智的经纪人关系极度密切，另一方面它们借助私人关系，并且保证每月上万股交易额，因此获得了上佳的交易服务，普通个人投资者是享受不到这种水准的服务的。

他接着说，"它们可是真的会去照顾小顾客。它们在城外的业务单独成体，你在那里买卖 10 股和 1 万股，它们会毫无差别地对待。这样的公司竞争力十足，而又十分讲信用。"

"那么问题来了，如果它们向交易所缴纳正常的 1/8 个点的佣金，那还能挣到什么钱?”

“哈哈，它们理论上应该缴纳 1/8 个点的佣金。但是实际情况嘛，你懂的!”他朝我挤了挤眼。

我接着说，“看样子你们有自己的门路。但是有一件事必须说清楚，股票交易所的会员不会在佣金问题上做半点让步的。交易所的理事们宁愿会员被冠上杀人犯、纵火犯或者诈骗犯的罪名，也不愿意对场外交易收的佣金低于 1/8 个点。股票交易所的兴衰荣辱，取决于会员有没有坏了这条规矩。”

他肯定看见过我和股票交易所的人聊天，因为接下来他这么说的，“我告诉你吧! 时不时地，总会有一家交易所的经纪公司会因为违反了这条规定，被暂停执照 1 年。但是总会有其他的方式拿回扣，而不会有人知道。”他大约也从我的脸上看出了一脸不相信，所以又继续说，“除此之外，有些特定的业务，这些电报经纪公司会在 8 个点的佣金外，额外征收 1/32 的费用。它们对此乐此不疲。除非特殊情况，它们不会征收额外的佣金，这对它们来说得不偿失。它们做生意可不是只为自己考虑。”

到了此时此刻，我才意识到他是在给一些新的经纪公司招揽客户。

我直接问他，“那你知不知道这种类型的靠谱经纪公司?”

他告诉我，“我知道美利坚境内最大的经纪公司，因为我就在那里做交易。它在美国和加拿大的 78 个城市都有分支机构，生意规模巨大。你想想看啊，如果它没有厉害到这个份上，怎么能年年赚钱?”

我表示十分同意，“那肯定不能! 那我有个问题哈，它会不会交易那些纽约证券交易所的股票呢?”

“那是必须的。在美国或者欧洲的任何一个交易所，它买卖小麦、棉花和矿产品，提供所有你想交易的商品。它的眼线遍布全世界，在所有的交易所都有会员资格；这些会员资格要么在它自己名下，要么做了点伪装。”

我说:“你说的倒是没错。但是有一点还是没法改变，那就是订单还是得有人去执行，但是现在看来，没有人能保证市场会变成什么样，或者保证股票价格收报机的价格和交易所大厅的实际价格相差多少。有人在这里拿到报价，然后填好订单，再用电报发送到纽约，最宝贵的时间就被耽误了。我觉得还是回纽约吧，在那里至少钱还能亏给那些高大上的公司。”

“我不知道天底下居然还有亏钱这么一说，我们的客户从来没养成这种习惯。他们是来赚钱的，而我们就得满足这一点。”

“你们的客户？”

“是这样的，我在这家公司有利益关系。如果我能把一些业务引导到它那里去，它就会给我回扣，而我自己也能赚一大笔钱。如果你愿意的话，我可以把你引荐给它的经理。”

我问他，“公司的名字叫什么？”

他告诉我公司的名字。我的确听说过这家公司，它在报纸上铺天盖地地做广告，不停地宣传它的客户听从它的内部建议，买入某些交易活跃的股票然后赚了大钱。这正是这家公司的特别之处。它不是普通的商号，而是一家特殊的经纪公司，它获得这些订单的方式，是通过精美的广告来让人们相信它是做合法生意的普通经纪公司。它是这一行当里最古老的公司之一。

它是那段时间里同类型经纪公司的典型代表。这些经纪公司每年都有很多破产倒闭。它们的基本商业原则和策略大体相同，就是通过特定的方式来吸引公众参与。当这些老把戏人人皆知的时候，它们就在细节上做些改变。

这种公司的惯用伎俩之一是，广泛向客户发送电报，散布买进或卖出某只股票的小道消息。也就是说，有几百封电报建议买进，而有另外几百封电报建议卖出同一只股票。几十年前，就有骗子在老式赛马中搞这种把戏，散布一好一坏的内幕消息。相信这家公司的建议的客户们，就发出买进或卖出的交易指令。举例来说，那家公司会通过纽约证券交易所的某家经纪公司买卖1 000股，从而获得官方成交报告。要是哪位客户怀疑建议的有效性，它就会拿出这份报告让他没话说。

它还经常在办公室组织集合资产管理池，允许客户以书面方式授权它用客户的钱进行交易，但交易算在客户名下，它承诺做出最合适的交易判断。这种做法的恶果是，如果投资的本金被亏掉，哪怕客户再执着地去追讨，也不会有法律来保证给他们赔偿。它通常的做法是，先做多一只股票，然后把客户的集合资产做多，最后施展商号的惯用伎俩拉低股价，这样一来，客户的看涨期权被迫平仓，保证金尽数划归商号。它不放过任何人，尤其是妇女、学校教员和老年人，这些人最容易上当受骗。

“我对经纪公司都不感冒，”我告诉这位掮客，“所以得好好想一下。”说完转身便走，免得他再叨叨个不停。

我找朋友打听了一下这家公司。这家公司为几百个客户服务，虽然它有其他商号的通病，但是没有人说有客户赚了钱却没法从它那里结算后拿不到钱的。难就难在不容易找到哪位曾在它那里的经纪人办公室赚过钱，不过我还真找到一位。当时行情对它很有利，这意味着，如果客户交易对它不利的话，它不可能赖账。当然，多数此类公司最终都倒闭了。每过一阵子，就会出现一波骗子经纪公司的倒闭潮，就像一家银行破产后，人们就会挤兑其他银行一样。但也不可否认，在国内也有很多骗子经纪公司的老板一直安然混到退休。

继续谈刚才接触我的那位先生所服务的公司。到此为止，我没有发现行为不轨的事情，当然也不可否认它无时无刻不在想着诈骗，此外它也不是很值得信任，但是它特别善于骗取那些企图一夜暴富的笨蛋。通常的做法是，它要求客户先签好书面委托书，好让它光明正大地卷走客户的钱财。

一位朋友告诉我，有一天他亲眼看见这家公司发出 600 封电报建议客户买进一只股票，同时，它发出另外 600 封电报给其他客户，强烈建议卖出同一只股票。

“我很清楚这种鬼把戏。”我对告诉我这个故事的那位朋友说。

“对，”他说，“但这还没完，第二天它给这批客户又发了一波电报，建议他们手上不论有什么一律平仓，然后买进或卖出另一只股票。我问一位高级合伙人，当时他正在办公室上班，‘你们这么干的目的在哪？开头的部分我还能理解。你们的部分客户肯定是赚钱的，但是早晚他们和其他客户一样会亏损。你们现在又给他们发这样的电报，岂不是把所有人的命都拖下水了，到底图什么呢？’”

“哦，”他说，“这么说吧，无论如何，客户肯定是要赔钱的，不论他们买什么、以什么方式买、在哪儿买或者什么时候买。他们亏光了，也就不是我的客户了，所以我的最佳策略就是从他们手中能刮多少就刮多少，再接着找下一茬‘韭菜’。”

我并不想评价那家公司的商业道德。之前提到过，我对特勒公司耿耿于怀，最终从它那儿狂赚了一笔才解了气。但这次，我对这家公司没有类似的感受。它可能真是骗子，也有可能是被人故意抹黑的，但我不打算在它那做交易，也不打算从那里打听内幕消息，更不会听信它的谎言。我唯一的想法就是尽快筹集一笔本金杀回纽约，在纽交所的经纪人那里大展宏图，既不用担心警察会突然上门查抄（因为警察会查抄商号），也不用顾虑邮政局突袭冻结客户资金。如果资金被冻结的话，即便走运，一年半载后，被冻结的 1 美元能要回 8 美分已经不错了。

但是，我还是下决心要看看这家公司和那些合法经纪公司比，到底能提供哪些交易上的优势。我的保证金没多少，而处处想榨干客户的公司自然最喜欢这种抗风险能力差的低保证金交易，因此在这家公司，几百美元就能买卖不少股票了。

我来到这家公司，找经理谈了谈。他了解到我是个交易老手，曾经在纽约证券交易所的经纪公司拥有过正式户头，并且亏得身无分文，说如果我让他们替我操作账户的话，保证分分钟就能挣几百万美元。他肯定以为我是一个走投无路的败家子，属于迷信股票价格收报机的类型，越输越要赌的那一种；因此，不论是在喜欢压榨客户的商号那里，还是在满足于赚取佣金的正规经纪人那里，我都可以提供稳定的佣金收入。

我只告诉经理，自己所求的无非是下单指令能迅速被执行，因为我是按照市价下单的，不愿意看到市场实际价格和价格收报机显示价格相差半个点甚至 1 个点。

他信誓旦旦地保证，公司将尽一切努力达到让我满意的结果。他们希望做我的生意，好让我见识什么是真正的高级经纪公司水平。公司雇用了本行业最优秀的人才，他们都以高效执行交易指令的杰出才能而著称。如果价格收报机上的价格和成交的价格有任何差异的话，一定是对客户有利的，虽然公司并不保证这一点。如果在公司开户，我就可以按照电报价格买卖，这源自公司对自家经纪人能力的十足信心。

自然地，这意味着我可以在这家公司随心所欲地交易，就像在商号里一样。我最关注的问题就是，它愿意让我按照最新的报价交易。我故意显得不那么感兴趣，于是摇摇头，告诉经理当天暂时不打算开户，不过我要开户的话会去找他。他强烈地劝说我立即开户去炒股，说现在行情不错，正好可以赚钱。对他们来说，行情的确挺好：当时市场沉闷，价格上下波动说明多空角逐厉害，这正是好时候，先劝说客户相信内幕消息涉及的股票，再让股价急剧波动，让客户强制平仓。我好不容易才从这家公司脱身，走之前留下了我的名字和地址。从这一天开始，我接到这家公司的电报和信函，敦促我赶紧买进这只或是那只股票，声称已经得知某个资金合伙的内部庄家正在策动一轮 50 点的上涨行情。

我正忙着四处走动，尽力遍访其他几家同类型的经纪公司。我觉得，如果我确实能够虎口拔牙拿到自己的收益，那么到附近这些经纪公司做交易，就是筹集大笔本金的唯一途径。

我了解到，我可以在三家公司开户，于是都开了户，然后租用了一间小办公室，架设电报线直达三家经纪公司。

我从小笔交易开始，以免开头就把它们吓跑。总体来说，我赚多赔少。没多久它们就通知我，但凡和它们有直连电报线的客户，都需要扩大交易规模，因为它们不服务于小客户。它们觉得我做得越多便亏得越多，很快被榨干出局，它们便挣得越多。它们的理解确实没错，因为这些公司对付的都是普通投资者，他们的财务资源撑不了多久。客户破产了，就不能再交易了。受了损失却尚未破产的客户会四处诉说哀怨，甚至成心和它们找茬儿，扰乱它们的发财门路。

我还和当地一家与纽约合作方直接连线的经纪公司建立了联系，其合作伙伴是纽约证券交易所的会员。我安装了一台价格收报机，开始交易，风格偏保守。正如之前所说，这很像在商号交易，只是节奏稍慢。

用这种方法，我能赚钱，并且没少赚。虽然没达到十次交易十次赚钱的神仙境界，但是总体上是盈利的，一周复一周。我又活得很滋润了，不过现在要把部分盈利存起来，逐步积累杀回华尔街的本金。我又连了 2 条电报线到其他 2 家经纪公司，现在总共有 5 条直连电报线路。当然，我也和正规经纪公司有直连电报线。

有时候，我的交易也出错，选中的股票走势不符合预期，未按照应有的方式波动。不过，这种情况对我影响不大，因为保证金规模较小。我和经纪公司们相处得还算不错，但是它们的交易记录也有跟我的记录不一致的时候，出现偏差的时候总是对我不利。你能说这是奇妙的巧合吗？呵呵，绝对不是！所以我据理力争，还好最后总能按照我的方式结算。它们始终心存侥幸，幻想把这些钱再骗回去。在它们的心目中，我从它们手里赚得的这些钱，不过是临时借给我的，早晚会收回去。

它们毫无公平交易精神可言，不满足于收取固定的佣金，而是不择手段、连蒙带骗。因为平庸的投资者总是带着赌徒思想进入股票市场，结果就是赔钱，当然他们算不上真正的投机者。读者们会觉得，这些经纪公司这么做生意，虽然不合法但是也算人之常情。然而，这些经纪公司却不这么想。“堂堂正正做人、踏踏实实做事”是传颂了千百年的生意圣经，但是它们充耳不闻，对欺诈客户简直是乐此不疲。好几次它们都要出花招想欺骗我。有几次因为我一时疏忽，它们得逞了。它们总是在建仓规模较小的时候来影响我。我找它们理论，说它们不公平交易是卑鄙可耻的，但它们不认账，结果我只好回来继续交易。和骗子做交易也有好处，它们总是忘记你曾经捉住过它们骗你，而你可以继续和它们做生意。它们对这种事情无所谓，乐意屈就配合。这些人真是想得开！

我琢磨了一下，它们这些小偷小摸的行为妨碍了我筹集本金的速度，我没法忍受。所以我决心给它们一点儿颜色看看。我选择了某只股票，它曾经是投机热门，现在股价一路下跌，尚看不到止跌行情。如果我选择一只从来没有活跃过的股票，它们可能怀疑是我在作祟。我给这五家经纪公司都发出买进这只股票的指令。当它们收到指令后，就等纸带机上的下一个报价；这时候，我通过交易所的经纪公司发出指令以市价卖出 100 股这只股票。我催促这五家经纪公司尽快成交。呵呵，当这笔卖出指令传到交易所场内的时候，你可以想象场内发生的情景：某家和外地连线的大型经纪公司突然卖出一只冷门股，所以有人捡了便宜。但是，这笔交易会印在股票价格收报机的纸带上，其价格就是我要付给五家公司指令的价格。五多一空，我做多该股票 400 股，成本较低。这几家公司立刻问我是不是听到了什么风声，我说听到了一点内幕。就在市场收市前，我给纽约的那家大型经纪公司发指令立即买回 100 股该股票，不要有任何耽搁。我并不打算做空，所以不在乎以什么价格成交。于是公司给纽约发电报传达指令，尽快买进 100 股，结果股价迅速上升。当然，我也给那五家发出卖出指令，做空 500 股该只股票。整个过程极为顺畅。

它们不知悔改继续耍花样，我就继续修理了它们好几回。我不敢沉重地打击它们，每次交易不超过 100 股，控制在 1～2 个点范围内。这么做，至少帮我杀回华尔街投资积攒了本钱。有时候，我变变花样，卖空某只股票，但不过分。每次出击，都能净赚 600～800 美元，我知足了。

有一天，我不小心玩大了，股票价格波动超出了我的意料，波幅达 10 个点。我没想到会发生这样的事。无巧不成书，在五家经纪公司里，我在其中一家经纪公司那里有 200 股，之前都是每家 100 股，不过在另外四家还是每家 100 股。对它们来说，这可不是什么好事。它们急眼了，开始在和我往来的电报里胡说八道。于是，我过去拜访经理，就是那位起初急于邀我开户的经理，后来我好几次捉住他企图算计我，但是他都选择性失忆了。就他这样的经理，居然敢跟我大呼小叫。

“那只股票的行情是假的，我一个子儿都不给你！”他大吼大叫。

“你们接我买单的时候，可没说那是假行情。既然那时你让我建仓，现在就得让我清仓。市场是讲究公平交易的，你们不能耍赖，对吧？”

“不，我能！”他咆哮道，“我可以证明有人操纵股价。”

“谁？”

“你心里有数！”

“到底是谁？”我质问。

“你的同伙！”他说。

我警告他：“你很清楚，我从来都是自己单干的，大家都知道这一点。早在我开始做股票交易的时候，大家就知道这一点了。现在，我奉劝你一句，赶紧派人把钱取给我。赶紧照我的话去做。”

“我不付。有人设圈套!”他嚎叫道。我懒得再跟他软磨硬泡，干脆吩咐他：“给我付钱，现在！就在你的办公室里!”

他又吵闹了一会，不停地辱骂我是骗子，但最终还是无可奈何地掏出钱来。轮到其他几家时，没有这么吵吵闹闹的。有一家的经理居然认真研究了我炒作的那只股票，当接到买入指令时，自己也买进了一点儿，所以赚了一点儿钱。这帮家伙不在乎客户起诉他们欺诈，因为他们一般都会事先采取法律技巧为自己编织一张保护网。我没法冻结他们在银行的资金，因为他们很小心，不让任何资金承受一丁点儿这种风险。他们不在乎别人知道他们做生意相当刻薄精明；但是，如果他们使诈耍赖被别人知道了，那可是致命的。客户在经纪公司那儿赔钱，这事天天都在发生。然而，要是客户挣了钱却拿不到手，这在法律上可是不可饶恕的罪行。

我从所有的经纪公司那儿都赚到了钱，但是有次 10 个点的跳升终结了我的这段好日子。它们常用这种小伎俩算计客户，现在吃亏之后，变得更加警惕。我被迫回到以前的交易方式，但是市场状况已经不适合这种交易套路了，因为它们接受的交易规模有限。就这样，我被束缚住了手脚，不能再横扫千军、一次性赚一大笔了。

这样的交易状态持续了一年多，其间我想尽了法子，尽量在这些电报经纪公司那儿交易挣钱。但我的小日子还算滋润，自己买了一辆汽车，花钱继续大手大脚。虽然我得积攒本金，不过也得过好日子。如果我的建仓方向正确，挣的钱就花不完，因此总能存起来一些。如果我判断错误，就挣不到钱，也就没钱可花。之前讲过，我已经积攒了相当可观的一笔资金，而且在这五家经纪公司也没那么多钱可赚了，因此，我决定重返纽约。

我有自己的汽车，邀请了一位朋友同赴纽约，他也是交易员。他答应了，然后一起动身了。我们在纽黑文[1]（New Haven）停下来吃晚饭。在饭店里遇

[1] 纽黑文，耶鲁大学所在地。——译者注

到了一位做交易的熟人。大家聊起来，他告诉我们，本地有一家商号，有电报连线直达纽交所，生意做得不错。

我们离开饭店，继续向纽约赶路，不过我开车经过那条街，打算看一眼那家商号。我们找到后，抗不住诱惑，就停下车走进去看一看。里面算不上十分奢华，但是老式股票报价板让我们感觉回到了老家的商号，还有相似的客户，在做着同样的交易。

经理是个小伙子，看上去好像曾经当过演员或者政治演说家，给人印象深刻。他说“早晨好”的样子，活像他曾经花了十年的时间每天用显微镜搜寻，终于发现了早晨的好处，连同蓝天、太阳还有他们公司的硬币点数盒一起当作迎接客人的礼物。他看到我们从跑车上下来，而且我们俩都很年轻、大大咧咧，我当时感觉自己看起来不到 20 岁，他自然地推断我们两位是耶鲁大学的学生。我们没有否定，何况他根本不给我们说话的机会，就开始滔滔不绝。他很高兴见到我们，然后问我们是否愿意舒服地小憩一下。他说，我们马上会看到股票市场今日早上开始上涨，简直就跟慈善家派现一样。而且市场好，正好帮我们增加一点儿大学生活的零花钱。当然，聪明的大学生的零花钱从来都不够花。他接着说，不过，此时此刻，看着股票价格收报机不停地输出诱人的数字，只要一小笔初始投入，就能得到几千美元回报。他告诉我们股票市场渴望给我们机会，这笔零花钱来得多爽快。

既然这位经理如此热切，如果不领情照办，岂不辜负盛情了。于是我告诉他，我打算照办，因为我听说许多人都在股票市场挣了大钱。

我开始交易，非常保守，但随着盈利的扩大逐步增加头寸。我的朋友亦步亦趋。

我们当天在纽黑文过夜，第二天早晨十点差五分的时候，又来到这家好客的商号里。那位“演说家”经理很高兴看到我们俩，感觉今天该是他盘剥客户的好时机了。然而，当天我净赚的钱差几美元就到 1 500 美元。第三天早晨，我们又顺便拜访了那位伟大的“演说家”，递给他做空 500 股美国糖业的单子，他迟疑片刻，但终于还是默默地接受了！股票下跌 1 点后，我平仓了结，把成交单交给他，正好 500 美元的利润，还有我当初 500 美元的保证金。

他从保险柜里取出 20 张 50 美元面额的钞票，点了三遍，每一遍都很慢，然后转身到我面前又点了起来。看起来，他手指头上的汗水好像是胶水，那些钞票好像粘在他手上一样，不过，他最终还是把钱递给了我。他两臂交叉抱在胸前，咬着下唇，一直咬着，两眼直直瞪着我身后窗户的高处。

我对他说，我打算做空 200 股美国钢铁。他一动不动，充耳不闻。我再说了一遍我的要求，但把股票数量增加到 300 股。他回过头来。我等着听他长篇大论。但是，他只是看着我。然后，他咂咂嘴，咽了一下，看起来像是准备攻击 50 年来罄竹难书的反对党贪官污吏。

最后，他冲着我手上的黄色订单摇摇手，说："把那东西拿开!"

"拿开什么?"我说。我不明白他要赶走什么。

"你们要去哪儿，学生?"他的声音令人难忘。

"纽约。"我告诉他。

"很好，"他说着，点着头，点了差不多二十次。"太好了。你们离开这里就对了，因为我现在认识你们俩了！我知道，你们不是学生，而且我还知道你们是干什么的。我绝对记住你们了!"

"哦？然后呢?"我非常礼貌地说。

"我彻底记住你们了。你们两个……"他停顿了一下，然后撕掉卫道士的面具，嗥叫起来："你们两个是全美利坚合众国最大的股市大鳄！你们这俩学生肯定是一年级新生吧!"

我们留下他自说自话。或许，对那些钱他并不至于如此心疼。没有哪个职业赌徒会这样。这都是游戏本身注定的，而且总会有时来运转的一天。他觉得我们愚弄了他，这一点才最伤他的自尊心。

就这样，我第三次重返华尔街。当然，我一直不断研究，力求找出我的交易体系中到底哪儿出了问题，正是这个问题导致我在 A. R. 富尔顿公司时的大败。当我挣到人生第一笔 1 万美元的时候，我 20 岁，后来又赔干净了。不过，我清楚为什么赔钱、怎么赔的钱，因为我不顾市场状况不停地交易，而且没有自己的系统逻辑。现在我的逻辑体系基于扎实的研究和实践经验，但我当时的逻辑只是赌徒心理。我期盼着赚钱，但不知道需要根据特定的交易逻辑来操作。当我 22 岁时，我把本金累积到 5 万美元，但在 5 月 9 日的一战中亏得分文不剩。不过，我也完全清楚为什么赔钱、怎么赔的钱。因为股票价格收报机滞后于市场，并且在这历史性的一刻，市场波动空前剧烈。但是，我不清楚为什么从圣路易斯回来后，或者在 5 月 9 日大恐慌之后还会亏损。我认为，我已经在自己的做法中发现了缺陷，针对这些缺陷采取了一些补救措施。不过，我还需要通过实践来检验。

丧失世上所有的一切，你便能学到绝不可做什么。没有什么能比这样的教育更有效了。那么，当学到不能做什么才不会赔钱时，正是你开始学到应该做什么才能赚钱之时。明白吗？雄关漫道真如铁，而今迈步从头越！

第五回　预测分析研大势
静察仓位善坚持

在我看来，有部分人过度依靠股票交易带上的信息来做判断，同时放弃了其他渠道的信息。这种行为让投资者过于封闭，带来的错误代价会十分昂贵。毕竟，不管所谓的公认交易规则是如何严格，投机可不只是纯粹的数学计算。即便我自己在研读交易带的时候，逻辑框架里还有不少内容不属于数学计算的范畴。股市里面有一种东西，我称之为股票的行为，这种行为可以让你根据历史的观察来做出未来走势的判断。如果你观察到这只股票不对劲了，那就不要碰它。原因很简单，如果你不能精确地发现哪里出错了，也就无法判断它将走向何方。没有诊断便没有预测，没有预测便没有利润。

研究股票的行为和它过去的表现，这门学问追溯起来可很有历史了。我第一次到纽约的时候，在一个经纪人的办公室里，看到一个法国人滔滔不绝地给大家讲他的图表。一开始，我以为他是这家公司聘请来装点门面的，因为他举止很得体。然后我就发现这个法国人煽动力十足，让人印象深刻。他这样说道：唯一不会撒谎的东西，就是数学。通过自己画的曲线，他可以预测市场的波动。此外，他还可以分析、判断这些波动。举个例子，他能分析出为什么基恩先生在那场远近闻名的艾奇逊（Atchison）公司的优先股大战中做出了正确的判断和选择，而随后却又在南太平洋（Southern Pacific）公司一战中错误百出。很多时候，那些专业交易员会尝试这个法国人的方法，但是随后又回到了以前的不科学的老路子上。他们赢钱和亏钱的策略并不复杂，这一点他们自己也承认。我曾经听到传闻，这个法国人说基恩认为这个图表的确百分百正确，但是在一个活跃的市场中缺乏实战应用能力。

有间经纪人办公室保存了股价日度波动的所有图表。这几个月以来，任何一只股票的波动走势，都一目了然。比较单只股票和整个市场的曲线，然后坚持特定投资原则，那么顾客们就可以预测出一只股票是不是要上涨，哪怕这只股票是听了不靠谱的小道消息才买入的。顾客们把这些图表当作辅助工具。现如今，在交易大厅里你可以经常看到这种交易图表。统计专家们会直接提供现成的图表，不只是股票的，还有大宗商品的。

我是这么看待图表的：图表只会帮助那些能读懂它的人，或者帮助那些消化吸收图表信息的人。但是要注意一点，资质平庸的图表分析员痴迷于股票的波峰、谷底、主要波动、次要波动等与指标相关的概念。如果他无比迷信这些逻辑，并走向极端，那肯定离破产不远了。曾经有个很有本事的能人，是某家著名股票交易公司的前合伙人，也是一位训练有素的数学家。这位能人毕业于某著名理工院校，通过深入细致地研究资本市场的许多价格波动，诸如股票、债券、谷物、棉花、货币等，设计出了许多图表。而且，他还追溯到许多年以前的信息，进而研究波动之间的相关性、季节性波动等，他在股市交易中使用这些图表来做出判断。实际上，他做的无非就是利用一些高度复杂的公式计算出来的均值。坊间传说这个人可是一直在赚钱，直到世界大战破坏了之前所有信息的关系。而我听到的消息是，这个能人和他的追随者们在彻底清仓前，损失了几百万美元。因此，在我看来，如果市场走势在往牛市发展的话，即便是世界大战也没法阻止一个牛市趋势的形成；反过来也是，如果市场走势在往熊市发展的话，也不会有任何事件能阻止一个熊市趋势的形成。因此，一个人要是想赚钱，必须学会判断全局情况。

但是读者们请不要误解以上这一段话，我不是说要远离上面提到的那种操盘手法，而是每当回忆起在华尔街的岁月，我就情不自禁地这么说。我现在知道了当时自己所不知道的事情，也明白了自己犯下的无知错误。这些错误也是当时资质平庸的投机者们年年买卖股票时所容易犯的。

我记得第三次杀回纽约准备在股市上狂赚一笔时，自己的交易策略就是四个字：频繁交易。虽然我并不期望到了交易所经纪人那里还能跟在商号里那样一帆风顺，但是心里的确有个不切实际的想法，那就是再过一段时间，我就可以做得更好，因为我已经可以满仓操作了。多年以后，我能够清晰地看到，当时自己的错误就在于没有明白股票赌博和股票投机之间的微妙区别。尽管自己当时的确无知，但有了 7 年的股票交易记录带的研读经历，外加对股市交易的天然热爱，我的交易还能做到盈大于亏，平均下来还是赚钱的。但硬币的另一面则是，我赚得越多，花得也就越多。对于大多数男人来说，这种行为再正常不过；或更加准确地说，这对于赚钱客来说未必正常，但是对于不是“葛朗台”的人来说却是。有一些人，譬如罗素·塞奇①（Russell Sage），兼具赚钱和存钱两种本能和谐共存的本事，最后去世的时候十分富有。

每天上午 10 点到下午 3 点，我整个人都被打败市场的豪情壮志完全激发，而下午 3 点以后，我脑子里想的就是享受生活。千万不要误解我，我从来不会让享乐影响到做生意。我亏钱了，原因往往是我犯错了，而不是我注意力分散或者过度贪婪。我从来不会让错乱的神经或者沾满酒污的手指影响到自己赚钱的买卖。对我个人来说，没有什么东西能让我去享受物质上和精神上的舒适。即便是现在，我也经常到了 10 点才起床。我年轻那会，从来不会熬夜，因为如果睡眠不足的话，我就没法准确地做出生意上的判断。所以我总是比不亏不赚要好一点点，而这也使我坚信：真的没有任何必要剥夺自己享受生活中美好事物的权利，因为市场总会源源不断地提供这些美好的事物。我的这种自信并非毫无根据，而是来自个人对自己养活自己的专业的、公正的生活态度。

我第一次调整操盘策略，是针对操盘时机。当时我没法像在商号里一样等待确定性事情的发生，所以不能稳稳地赚到一两个点的利润。因此在富尔顿办公室里，我要想抓住股价波动，就得动手十分早。换句话说，我得研究

---

① 罗素·塞奇，1816—1906，美国著名资本大鳄，于 1874 年买下纽约证券交易所的席位，跟杰伊·古尔德（Jay Gould）在多次金融大战中并肩作战，积累了巨额财富。——译者注

下一步会发生什么事情，进而预测股票的波动情况。现在这听起来普通寻常，但是我希望读者能揣摩我的意思。改变炒股策略的这种态度上的变化，是我收获到的最珍贵的东西。它慢慢让我明白了赌博和预测之间的本质区别。

在这里，我还要再追溯一下自己学到的一些经验，而这些经验是在世界上最大的商号里也学不到的。我对交易报告、铁路收入以及财务和商业统计十分感兴趣。当然，我乐于频繁交易，因此得了个绰号叫“重仓少年”；我也喜欢研究股价的走势情况。在我看来，如果有一样东西可以帮助你做出更加明智的交易判断，那你就不会对这些东西反感。在解决一个问题之前，我必须把这个东西讲给自己听。要是自己发现了解决问题的办法，我就肯定会付诸实施来验证。验证的唯一策略，就是用自己的钱来验证。

现在看来，这个学习的过程很缓慢，但是我的确是尽我所能地尽快进步，同时得琢磨着继续赚点儿钱。亏损的次数越多，就越能激励我持续地研究。虽然自己还有更多的错误有待挖掘，但是我对亏损的价值认识还不够彻底。因为亏损过多的话，我就没有足够的本钱来检验交易策略的待改进之处了。

通过研究自己在富尔顿办公室的操盘策略，我发现了一件怪事：一方面，市场对不总结教训的人异常残酷，会让他们付出惨重的学习代价；另一方面，虽然自己对市场的判断经常100%正确（也就是说，我对市场大局和总体趋势的判断很精准），但是市场却并没有让我得到应有的报酬。原因何在？

与局部的胜利经验相比，总结失败教训教会我的东西更多。

例如，在牛市行情刚启动的时候，如果断定是牛市，那我就会通过买入股票来佐证自己的观点。接下来就会跟我的预测一样，紧接着来一波大幅上扬。下一步该怎么操盘？一个可能的选项是，我会牢记那些交易老手的话，抑制住年轻人的冲动，痛下决心，一定要学会大智慧，谨慎交易，坚持保守策略。这个保守策略就是在没有定力的情况下大部分人采取的策略，具体来说，高点位清仓拿到利润，然后在下一波股价调整时再买入股票。这也是我原本所采取的策略，也是我一直在尝试的策略。现在假设，我采纳了上面这个策略，拿到了高点位的清仓利润，然后可能面临一个尴尬情景，那就是下一次股价调整迟迟不会到来。假设接下来，之前所谓的“高点位套现”的股票又涨了10个点，而我却眼睁睁地看着干流口水，口袋里则只装着那4个点的利润。有人说，你这么操盘的话，至少不会变穷。这话的确没错。但是反过来说，在一个牛市里，天天握着4个点的利润，你也不会变得富有。

也就是说，当我本来能赚2万美元的时候，我仅仅赚了2 000美元。这就是保守主义策略带给我的回报。就在这个时候，在丢了西瓜捡芝麻的时候，我发现了一个极为重要的结论，那就是：胜者为王的原因各有不同，但是败者为寇的区别微乎其微，无关失败的经历有多少。

现在我把市场上的败者分为几个层次：层次最低的是操盘新手，再往上是二级败者，再往上是三级败者或者半吊子。操盘新手往往一无所知，市场上的所有人包括他自己都知道这一点。但是再往上一个层级的二级败者，他们往往自认为懂得很多，而且还会让别人也这么认为。他们都是有经验的市场败者，其研究对象不是市场本身，而是更高层次的市场败者造成的特定市场信号。跟新手比，二级败者在一定程度上至少还知道如何不去亏钱。但往往就是这种半吊子而不是那些百分百的纯正操盘手，全年无休止地为经纪公司带来佣金收入。这类人在市场上平均来说能存活3年半，作为一个对比，初到华尔街的新手的存活时间往往是3～30周。这种半吊子也最喜欢时不时地引用一下著名的警世恒言或者交易圣经。他们从股市老手的嘴里知道了哪些是交易禁区，却不知道哪些是核心原则。这里我免费定义一下核心原则：千万别做傻事！

半吊子水平的人总认为自己的智慧武装到了牙齿，因为他们总是喜欢在股价下跌时杀入场内，接着就开始等待机会。他们计算盈利的方法直截了当，就是看从股价高点下跌他们的卖出价有几个点的回撤就可以了。在一个大牛市里，这种平庸的不成熟群体完全无视各种规则和业内经验，只会盲目地买入，因为他们只会盲目地祈祷。他们赚的钱很快就会被市场里一个普通平常的转折点给吞噬。但是，再细心的半吊子也会犯我之前犯过的错误：自以为可以根据别人的智慧来制定自己的交易策略。我意识到必须改变在商号里养成的交易恶习，而且发誓要通过改变交易习惯来解决这个问题，特别是寄希望于通过交易老手的智慧来验证某些黄金法则。

大多数股民的特点都差不多。你问一圈，就会发现没几个人可以信心满满地说华尔街不亏欠他们什么钱。在富尔顿办公室里就有这种人，各种亏损程度的败者都有。但是，其中有一个老者不同于其他顾客。仔细说来，第一，他是一个年纪一大把的人；第二，他从来不主动提供投资建议，也不对外炫耀自己赚的钱。这个人特别善于专心致志地聆听别人说话。这个人也不热衷于搞小道消息，从来不去问那些人是从哪里听到这些消息的。但要是有人跟他说了个小道消息，他也肯定乐呵呵地感谢那个人。如果那个小道消息被证明属实了，他会回过头来再次感谢那个人。但若小道消息被证明是错误的，他也不去抱怨，结果没有人知道他到底是听从了那条消息，还是压根没去参考它。他简直就是富尔顿办公室的一个传奇人物，大家都认为他超级富有，而且能够横扫千军。但是说到佣金，他其实没有给富尔顿贡献太多；至少大家没有看到很多佣金。他本名叫作帕特里奇（Partridge），但是大家背后给他起了个外号叫“火鸡”，因为他胸部肌肉发达，而且喜欢在各个房间之间晃来晃去，走路的时候下巴就快顶着他的胸膛了。

有些顾客总是十分渴望杀入股市，结果却把失败的责任推到别人身上。他们经常会找到老帕特里奇，然后告诉他，某个内部人士的朋友的朋友告诉他们应该去买入某一只股票。他们会告诉老帕特里奇，其实还没想好如何充分利用这条信息，希望他能指点一二。但是不管这条内部消息是买入还是卖出，这位长者的答案总是一成不变。

假设某位客户兜着圈子讲完了自己的故事，会接着问：“你觉得我该怎么操作?”

老“火鸡”就会把脑袋从一侧摆向另一侧，面带慈父般的微笑，注视着这位客户，最后铿锵有力地回答道：“大家都知道，现在是个牛市!”

在无数次类似的场合，我总是听到他在说：“哈哈，现在是个牛市，你知道这一点啊，不用我说!”说这话的时候，他就好像是给了你一个无价的护身符，而这个护身符就跟一份价值百万美元的事故意外险一样。不可否认，我也没有搞明白他的意思。

有一天，有个叫埃尔默·哈伍德（Elmer Harwood）的人急匆匆地跑到富尔顿办公室，写下了一张订单，迅速地递给了柜员。紧接着，他又冲到帕特里奇那儿，此时此刻，帕特里奇正在很有礼貌地聆听约翰·范宁（John Fanning）讲故事。约翰说偷听到基恩给他的经纪人下单的信息，结果下了100股的单，赚了3个点的利润。约翰卖出这只股票三天后，这只股票又飙升了24个点。这至少是约翰第四次在讲这个令人唏嘘的故事了，但是老“火鸡”则十分同情地微笑地聆听着，就跟第一次听到一样。

末了，埃尔默还没来得及跟约翰·范宁打个招呼，就对这位老人家说：“帕特里奇先生，我刚刚卖了我的巅峰汽车（Climax Motors）股票。我的手下认为股市马上要震荡一下，因此过段时间我再把它给买回来。我真诚地建议你也这么操作。当然，如果你手头还有这只股票的话。”

埃尔默警觉地盯着这位老人家，要知道前不久他刚刚建议这位老先生要买入这只股票。这些稚嫩而又慷慨的传播小道消息的人总是假设，谁听到了这个小道消息，谁就会把自己的身体和灵魂无条件地交给自己，即便他还没有彻底确认这个消息属实。

“那肯定了！哈伍德先生，我手头当然还有这只股票！”老“火鸡”心存感激地回答道。埃尔默自然把这个老人家想简单了。“那就好办了！现在是收割果实的时候了，赶紧卖出拿到钱，然后准备下一次再收获一次！”埃尔默说着，就好像是他刚刚为这位老人家存下一大笔钱一样。在从这位老人家的脸上看到亢奋的感激之前，埃尔默先生继续说着：“我刚才卖掉了所有的股票！”

根据埃尔默的说话和行为方式，你大概会去猜，估计他至少卖掉了1万股股票。但是帕特里奇先生很遗憾地摇了摇头，嘟囔着：“不行！不行！我可不能这么做！”

“什么？”埃尔默先生尖叫起来。

“我就是不卖。”帕特里奇先生回答道。这下子埃尔默的麻烦来了！

“我有没有告诉你内幕消息，让你去买入这只股票？”

“哈伍德先生，你的确告诉过我。我对此十分感激！另外，我也的确买入了这只股票。可是……”

“等等！先让我说完！那你告诉我，这只股票是不是十天里涨了7个点？告诉我到底是不是？”

“股票的确是涨了7个点。小伙子，我真是太感谢你了！但是我认为现在不能卖掉这只股票。”

埃尔默先生大声问道，开始有点怀疑地看着老“火鸡”，“你说你不能卖掉这只股票？”这是大部分小道消息散布者转变成听众时的习惯。

“是的，我现在不能卖掉。”

埃尔默先生往前走了一点，问道：“为什么呢？你有什么理由？”

“为什么？现在可是个大牛市！”这位老先生回答道，就像是他给了一个详细而充分的解释。

“原来是这样啊！”埃尔默先生说完，然后因为失望的缘故开始变得有点愤怒，“我同意你说的，现在的确是个牛市。可是你同样可以卖出这些股票，然后再趁股价回调的时候买回来。这样的话，你就把自己的持仓成本减少了啊！”

帕特里奇先生略带压抑地回答道：“我的小伙计，如果我现在卖出了这只股票，那么我就放弃了自己对市场的头寸。那下一步我该何去何从呢？”

埃尔默·哈伍德先生使劲摆了摆手，无奈地摇了摇头，然后走向我，十分同情地问我：“你能打败市场吗？”他故意大声地问我：“我在问你呢！”

我一句话也不说。他来劲了，继续对我说，“我跟他说了个小道消息，让他买入巅峰汽车的股票。他就老老实实地买了500股。现在他赚到了7个点的利润，我建议他赶紧抛售，然后趁市场震荡的时候再买回来。现在这事还来得及。结果你猜，我告诉他这个建议的时候，他说了什么？他说，如果他卖了这只股票，他就丢了自己的营生！你说说这是哪门子道理？”

老“火鸡”这时候插话进来：“哈伍德先生，我打断一下，请见谅。我说的是我没了自己的头寸。当有一天你跟我一样老的时候，你会经历我所经历的股市的起起伏伏，体味其中的繁荣和恐惧。到时候，你就会明白，自己对市场是看多还是看空对每个人来说都是十分重要的，就算对约翰·洛克菲勒先生来说也是这样的。我真诚地希望股票可以震荡一下，然后你就可以在低位的时候重新补仓。但是我必须得根据自己这么多年以来积累起来的经验进行交易。我已经为此缴纳过昂贵的学费，现在可不想再缴纳一笔学费。我很感谢你，就如同感谢银行保管了我的钱一样。可是你得知道，现在的确是个牛市。”说完之后，他就走了，剩下埃尔默在那里目瞪口呆。

老帕特里奇先生说的话，对当时的我来说没多少意义，直到我开始思考我在赚钱的过程中所犯的无数错误，我对市场大势判断十分准确的时候却没有赚到应赚的那些钱。研究得越多，我越意识到这个老家伙是多么睿智。显然，在年轻的时候，他已经因为同样的错误失败了很多次，而且知道自己的弱点了。他绝对不会允许自己再次被轻易诱惑，尤其是过往的经历告诉他的那些难以抵抗的诱惑，这些经历都是无价的。对我来说，那些经历也是无价的。

这次，我的交易思想获得了长足的进步；而这次长足的进步是源自我彻底明白帕特里奇先生不停地告诉其他客户的那句话：“你知道现在可是个大牛市!”他的真实意思是告诉人们，真正的大钱并不是靠单只股票的起起伏伏，而是藏在市场主要的趋势中。也就是说，不要仅仅研读股票交易带，而是要专注于整个市场以及它的趋势。

就在此时此刻，我也说一句话：在华尔街奋斗了这么多年，盈亏几百万美元之后，我想告诉读者，真正让我赚大钱的不是我的操盘思维，而是我能沉得住气。明白了吗？我能沉得住气！你对市场有正确的认识，这一点做起来不是很难。你经常会发现在牛市里有很多早期的牛股，在熊市里有很多早期的熊股。我自己就认识很多人，他们对股市的判断十分精准，然后他们就在能赚取最大利润的时候买入或者卖出股票。这些人的经历跟我的一模一样，他们压根没有赚到大钱。既能判断好市场，同时还能坐得住的人少之又少。我认为这是最难做到的事情之一。但是反过来说，一个股票操盘手只有真正牢牢地掌握了这一点，他才能开始赚大钱。一个交易员彻底领悟如何交易后，赚几百美元远远比无知的时候赚几百美元更加容易。

原因在于，一个人的判断可能很准确而清晰，但是在市场稍微发生变化的时候，他就有可能变得毫无耐心或者迟疑，即使这些变化都在他的意料之中。这也是为什么华尔街上有这么多人，即便不是傻瓜，但也总是在亏钱。并不是市场打败了他们，而是他们自己打败了自己。因为他们虽然聪明十足，却总是坐不住。老“火鸡”做到了真正的知行合一：做正确的事情，毫不掩饰自己的动作。他不仅有勇气来执行自己的策略，而且还有智慧和耐心来持有这些股票。

我的致命弱点就是忽视了市场大势，总是像无头苍蝇一样不停地买入卖出。世界上不会有人能抓住所有的股价波动。在一个牛市里，你的策略应该是买入后，一直持有到你认为牛市快要结束的时候。为此，你必须研究整个市场的情况，而不是靠打听影响单只股票的某些小道消息或者内幕消息来做决策。然后在恰当的时候，全部出清股票。出清股票的目的是为了将来能够继续持有。清仓后继续潜伏，等到你认为愿意买入的时候，或者你判断市场的底部即将到来时，或者你看到整体大势要出现反转的特征时，开始逐步建仓。你得利用自己的大脑和远见来完成这些事。否则，我的建议就是跟个傻瓜一样低买高卖。在很多有价值的建议中，最有价值的一条是：每个人都应该学会不要试图抓住第一次或者最后一次机会。这两个机会是世界上最昂贵的机会。股市交易员在这两次机会上损失的钱足够围绕整个美洲大陆建设一条水泥大道。

在富尔顿办公室里，我学会少做那些没头脑的交易后，又意识到交易策略的一个问题：一开始交易的时候，如果没怎么出现损失，我就管不住自己开始加大仓位，对自己的判断力自信心爆棚。此时，我的判断不会被他人的建议或自己的没有耐心所削弱。在股市游戏里，如果对自己的判断失去信心，没有人能坚持多久。这就是我所学到的东西：研究好大势，选好并坚守自己的立场。我再也不会轻易因为暴躁而失去耐心。我会发现股价发生震荡时的机会，但是也清楚这只是暂时的。我曾经做空了10万股某只股票，随后看到了一大波上涨行情。我一次次地准确意识到，这一波上涨行情是不可避免的，会让我的账面利润有100万美元的损失。但是，我镇定地忍受这一切，眼睁睁地看着自己50%的账面利润损失掉了，但是即便如此，我也没有动过念头通过做多来弥补部分的损失。因为我知道，如果我那么干了，就失去自己的立场，剩下的就是一场大屠杀。而只有大势才会让你真正赚大钱。

我学到这一点的时间比较长，这是因为我在用自己的错误纠正自己的交易习惯，而时间就在犯错误和认识到犯错误之间流逝了，更多的时间则在认识到错误和想到该怎么办之间流逝了。但在那个时候，我依然过得很舒坦，也很年轻，觉得自己走捷径无可厚非。因此，我那时候赚的钱主要还是靠阅读股票交易带，毕竟那个时候的市场走势和我的策略之间吻合得很好。我那会儿亏钱也不是很频繁了，而且也不会像初来乍到纽约时那会儿对亏钱那么歇斯底里地难过。这并没有什么值得骄傲的，尤其是你知道我在不到两年之内曾经破产过三次。而正如我前面所说，破产是个十分有效的教育方法。

因为一直需要提高生活质量，我没法把炒股的本金积攒得太多。同龄人所希望的物质生活，私人欲望所渴求的金钱消费，两者都影响着我，所以我也不会剥夺享受的乐趣。我有自己的汽车，而且也看不到节衣缩食的意义何在，尤其是从市场上赚钱的时候。股票价格收报机只有在周日和节假日休息，这是理所当然的事情。每次我发现了一个亏损的原因，或者其他人是如何犯错的，我就在自己的资产计划上增加一个新的禁忌。到后来，我有很多有趣的经历，当然也有一些不怎么有趣的经历；要是全部讲出来，不知道要讲到什么时候。实际上，那些我所牢牢记住的事情，也是在交易中我学到的最有价值的东西；那些东西深深地烙印在我的交易知识库里。

第六回　交易做空谋重利　价值原则莫轻离

1906年的春天，我在大西洋城[①]度过了一个短暂的假期。去度假之前，我卖出了所有持仓，想换换新鲜空气，好好休息一下。顺便说一下，我还去了趟我使用的第一家正规经纪公司，哈丁兄弟公司。当时，在它那儿开户后，我的交易是多么活跃！忆往昔峥嵘岁月稠！当时我可以很轻松地气吞3 000或者4 000股股票。这跟我20多岁时在国际股票经纪公司的操盘量比，并没有多多少。但必须说明的是，商号要求的1个点保证金，跟在纽约证券交易所里的正规经纪人要求的保证金比，区别很大。

希望读者还记得我之前讲的那个故事。那次是在国际股票经纪公司，我做空了3 500股美国糖业股票后，突然间预感事情有点不对头，觉得最好尽快结束交易。后来，我经常有那种奇怪的感觉。我自己设定了一个规则，出现这种感觉就去遵守它。但是有时候我也会反思和质疑这种想法，告诉自己，因为突发的盲目冲动而改变自己一贯的立场，这种做法未免太愚蠢了。我将自己的这种预感归结于一种神经特质，这种特质可能源于我吸了太多雪茄，或者睡眠不足，或者胆小等。每次当我说服自己无视这种心理冲动而继续持有股票之后，我总会后悔。每次我没有遵循预先的判断而卖掉股票的时候，

① 大西洋城（Atlantic City），位于美国东海岸新泽西州，在纽约海岸向南约200英里处，是著名的避暑胜地，有合法赌场，出现在很多影视作品中。——译者注

总有各种各样的事情发生，比如第二天进城之后，市场开始走强，甚至那会发生得更早，这个时候我就告诉自己，之前由于冲动而卖出是件多么傻的事情。但又过了一天，股价受到一次重挫。有些意外的事情总会发生，这时候为了赚钱我就不得不对理智和理性说再见。原因并非是生理性的，而主要是心理性的。

我可以跟你们讲其中的一次经历。事情发生在1906年春季，我正在大西洋城度假。有个朋友也跟我在一起，他也是哈丁兄弟公司的客户。那时我对市场走势不关心，只想好好享受。那个时候，除非市场异常火热且同时持有重仓，否则我是不会关心乱七八糟的股票交易的。我清楚地记得，那次是个大牛市，总体经济状况看起来很不错。虽然股市的节奏已经慢下来，但是市场基调依然坚挺，并且所有的经济指标都暗示未来股价会更高。

一天早上，我们吃完了早餐、读完了纽约送来的早报。我们已经厌倦了盯着海鸥抓走牡蛎，然后飞到20英尺高再把牡蛎丢到坚硬的石头上摔碎作为它们自己的美味早餐，决定到主干道上去走走。这是我俩一天中做的最令人兴奋的事情。

还未到晌午，我俩溜达得很慢，故意消磨时光，呼吸着略带咸湿味道的海风。哈丁兄弟公司在主干道上有一家分支机构，我俩天天早上都要过去看看它是不是开张营业。这更多是个习惯，因为我那段日子几乎什么都不干。

我们发现那会儿市场十分强劲有力。朋友十分看好这个牛市，他之前在低于当前市价几个点的位置建仓持有该只股票。他告诉我，这个时候买入股票然后持有到更高的价格再卖掉这个策略相当不错。我那会儿并没有太注意，所以不假思索地表示同意。我继续看了一下报价板，发现很多变化都是向上的，形势喜人。但是当看到联合太平洋（Union Pacific）这只股票的时候，我突然预感到应该立即卖掉它。我自己也说不上是什么原因，只是感觉必须得卖掉它。我问了问自己为什么会有这样的预感，也找不出任何理由来做空联合太平洋这只股票。

我一直盯着报价板上的最新报价，直到看不到任何数字。那会儿我脑子里全是要卖掉联合太平洋的想法，但是依然找不出理由来解释为什么要卖掉它。那会儿我肯定看起来特别诡异，因为站在边上的朋友突然用胳膊肘轻推了我一下，问道："老兄，你这是怎么回事?"

我说："我自己也不知道。"

他接着问我："要不要去睡会儿?"

"不用，我不用去睡觉。我现在打算卖空那只股票。"我回答道。我总是根据自己的预感来赚钱。我走向了放着下单表格的桌子，而朋友紧跟着。我写下了卖出 1 000 股联合太平洋股票的卖单，然后递给公司经理。经理看到我在写单的时候还在微笑，但是等他读完我的卖单，笑容就消失了，他开始盯着我看。

他问我："你没写错吧?"但是我只是看着他，然后他就奔向了操作员。我朋友问我："你知道自己在干什么吗?"

我告诉他："我在卖出股票啊!"

他开始对我尖叫，"卖什么?!"他肯定以为如果他觉得是个大牛市的话，我怎么会觉得是个大熊市呢? 看来事情有点不对。

"我总共卖空了 1 000 股联合太平洋股票。"我告诉他。

"为什么?"他开始激动，问我原因。

我摇了摇头，意思就是说我没有什么理由。但是他肯定以为我有什么小道消息没告诉他。他拉着我的胳膊一直走到大厅外面，在那里谁也看不到我俩，也听不见我俩的谈话。

"说说吧，你到底听到什么消息了?"他问我，看起来十分激动。联合太平洋是他最喜欢玩的几只股票之一，而且鉴于它的盈利和前景状况，他十分看好这只股票。但是他那时特别想知道关于这只股票的利空消息。我不得不再次重复，"真的是什么消息也没有啊。"

他怀疑地看着我，"你真的什么消息也没有?"

"我什么消息也没听到。"

"那你为什么就急切地卖掉这只股票?"

"我也不知道为什么啊。"我如实地告诉他。我说的可都是大实话。

"拉里，别跟我绕弯子了。"他说。

他知道我的习惯是只有特定的原因时才会去做交易。我刚刚卖掉了1 000股联合太平洋股票，所以我肯定有个特别好的理由，不然面对这么好的市场状况，卖空股票是讲不通的。

“我真的不知道。”我再次重复，“我只是感觉肯定有大事要发生。”

“那你说说要发生什么大事？”

“我也不知道，这会儿也没法给你什么理由。直觉告诉我，要把这只股票给卖掉。另外，我打算再卖掉1 000股。”

我又走回公司大厅，写了另外一张卖单做空1 000股股票。如果第一张1 000股卖单是正确的，那么我应该继续这个操作。

“你觉得会发生什么事情？”朋友追着我问，此时此刻他也拿不定主意是不是要跟进我的策略。如果我告诉他，我听说联合太平洋要大跌了，他肯定问都不问消息来源，直接就把股票给卖掉了。“你觉得会发生什么事情？”朋友又接着问我。

“世间有一万种可能，但是我没法断言哪一种肯定会发生。我没法告诉你原因，也没法预测未来。”我实言相告。

“那你就是疯了！”他说，“彻底疯了，卖一只股票居然没个像样的理由。你真的不知道你为什么要卖了它？”

“我的确不知道原因，只是知道心里就想这么干。”我说，“跟其他事情没什么关系，就是心里想去干。”我内心的渴望如此强烈，以至于我又卖了1 000股。

我的朋友有点受不了了，抓起我的胳膊就走：“老兄！咱们还是赶紧走吧，不然你要把整个股市都给卖干净了！”

我终于卖出了能让心里舒坦的股票数量，所以就跟着朋友走出去了，也没来得及看最后2 000股的卖出报告。即便是有天底下最利好的理由，我也会卖出这些股票。看起来我不需要任何理由就足以做空股票了，尤其在市场十分强劲而没有人深谋远虑地感觉熊市将要来临的时候。我也曾经记得，之前出现这样的情况的时候，内心十分想要卖掉股票，但最后却没有付诸实施，最后懊悔无比。

后来我不停地把这些故事讲给朋友听，估计讲了不下一百遍。吉姆·菲斯克（Jim Fisk）直接看着我就说："赶紧去做空吧！千万别犹豫！赶紧把它卖干净，然后邀请我参加你的葬礼！"

我说："好的！要是哪个家伙卖空的话，你就等着看他造成的大屠杀吧！赶紧卖掉联合太平洋！听我的！"

"哈哈，不行！我从来不会跟市场大势对着干！"

第二天，全部的成交报告送过来了，旧金山发生了大地震，市场应声下跌，但是却没有如预期的那样狂跌。我知道在太阳底下，这种量级的地震会横扫股市上的一切牛鬼蛇神，于是加倍卖出了，这次卖空了共计 5 000 股股票。到此为止，大部分人对市场的走势并没有感觉，而且经纪人反正很愿意替我交易。他们或者我本人并没有太过于鲁莽，我自己判断市场大势的方法也没有很粗心大意。又过了一天，市场又转好，我得付出点小小的代价。这次我决定把所有运气都押进去，再次加倍卖出，卖空了 1 万多股。我只能这么玩下去了。

我当时别无他想，坚定地认为自己的判断百分百正确，而且坚定地认为这是个千载难逢的机会，所以由我自己来决定是不是要把握住这次机会。我继续卖空。那时有个情况需要考虑：鉴于我已经沽空天量的股票，会不会有人合起伙来吃掉我的账面利润甚至本金？对此我心里一点儿底也没有，但是即便我知道了，这也不能改变什么。我不是盲目地重仓沽空该只股票的。实际上我的策略十分保守。但没有什么人能够采取措施来阻止地震的发生，对不对？人们也不可能一夜之间，不费一分一毫就能把支离破碎的楼盘修复过来，对不对？钱再多，也撑不过几个小时，对不对？

我并不是去瞎赌博，也不是歇斯底里的大空头，更没有被胜利冲昏了头脑，或者臆想旧金山因为地震被从地图上给抹去，美国就变成了一片废墟。这与实际情况完全不一样。我这个人从不故意找刺激。第二天，我全部清仓了，最后共赚了 25 万美元。这是我有史以来赚的最大的一笔，而这是在仅仅几天之内完成的。华尔街上的人在旧金山地震消息传出来的前两天并没有太留意，相反他们会告诉你，第一批紧急报道读起来没那么紧急。但是我认为，这是因为它花了太长的时间来改变公众对证券市场的看法。当时，即便是最专业的交易员，对这条信息的反应也很慢，而且十分短视。

在这里，我没法给读者们一个完美的解释，无论读者是希望读到专业的还是调侃的解释。我已经告诉你们我做了什么、为什么这么做以及最后结果如何。我对自己谜一般的预感不怎么关心，反而更加关心我赚的 25 万美元。这意味着只要时机合适，我以后可以在股市里遨游得更广阔。

那个夏天，我去了纽约州的萨拉托加温泉市（Saratoga Springs）。本来我是打算去度假的，但是最后还是忍不住去关注股市。刚开始的时候，我没那么劳累，所以有闲工夫去思考股市。紧接着，所有的朋友都对股市有了很强烈的兴趣。在那里，我们很随意而热烈地讨论股市。我意识到一个问题，就是讨论和操盘的区别真是巨大。这些家伙里有些人的言谈举止让人想起了商号里粗鲁的职员，他们对客户说话的态度就像对一条大狼狗喊叫一样。

哈丁兄弟公司在度假胜地萨拉托加也有分公司，它的大部分顾客都会去那里。但是我猜测，它在那里开分支机构的真正原因是广告效应。毕竟嘛，在度假胜地还能开设分支机构就是一个很高端的广告。我经常进去坐坐，跟一群人聊聊天。分公司经理是刚从纽约总部派过来的一个家伙，人还算不错，不停地走来走去和新老朋友握手打招呼，然后顺便争取让客户们多做点儿交易。这个地方真是个八卦的集中营，可以交流关于股市、赛马或者侍者们谁更漂亮的小道消息。这家分支机构知道我没怎么做交易，所以经理没有跑到我身边悄悄地给点儿内幕消息，而仅仅把纽约那边发过来的文件递给我说："这是纽约那边发过来的。"然后说些其他类似无关紧要的话。

但是这并不影响我，因为我就是来看股市的。对我来说，研读报价板和分析买卖信号是同一个过程。此刻，我意识到我的最爱——联合太平洋的股价似乎要上扬了。虽然目前价格很高，但是这只股票看起来充满了能量，蓄势待发。我连着好几天都在观察它，但是一直没有交易。现在我越观察它，越有信心认为买这只股票的人绝对不是些胆小鬼，这些人不仅实力雄厚，在银行有大笔存款，而且很清楚地知道自己想要什么。我认为，这是高手的吸筹手法。

我最后对这一点进行了确认，感觉把握十足，就开始大笔买入，买入价为 160 美元。股价走得实在太潇洒了，所以我继续买入，一下子买入 500 股。我买得愈多，股价愈加坚挺，而且毫不退缩。此时此刻我的感觉好极了，实在想不出股票不能再涨的理由；即便是我阅读完了股票交易带，也找不到现在下跌的理由。

突然，公司经理找到我，说有个从纽约来的电话，纽约那边直接问他们，我是不是在它的分公司。分公司刚回答完是，那边就怒吼道："赶紧让他接电话！就说是哈丁先生要亲自跟他通个电话。"

我说没问题。我等着，顺便买入了 500 股联合太平洋股票，但是也琢磨不透哈丁先生要跟我说些什么。我觉得应该是跟生意无关的事情，我的保证金足够，可以随意做多。很快经理走了过来告诉我说，爱德华·哈丁先生要跟我通个长途电话。

我说："你好！爱德华先生！"

他直接说："你到底想干什么？你是不是疯了？"

我说："你是不是疯了？"

他问我："你到底在干什么？"

"你这么问，是什么意思？"

"我问你，你为什么疯狂做多这只股票？"

"干嘛这么问？是不是我的保证金不够了？"

"不是保证金的事，我是说你现在看起来跟个笨蛋一样。"

"我不明白你的意思。"

"你说说你为什么做多联合太平洋。"

我说："因为股价在上涨啊。"

"在上涨？你不知道公司的那些内部人一直在出货给你吗？你简直就是他们嘴里的一块大肥肉。要是亏得什么也不剩了，估计你就感觉爽了。别让他们玩死你。"

"没有人要玩死我啊，我还没来得及跟鬼魂谈论这事。"我回答道。

但是他又接着说："你总是大笔杀入一只股票，但不能指望每次都会有奇迹来拯救你。趁现在你还有机会，赶紧平仓吧。要是现在这些狙击手们上满弹药玩这只股票的话，你还在做多这只股票，那简直就是罪孽了。”

我坚持说：“可是从股票交易带看，他们还在大笔买入啊。”

“拉里，你每次下单，我就跟犯了心脏病一样。看在老天爷的面子上，别再做傻事了。赶紧平仓！就现在。现在任何时候退出都是很明智的。我的任务完成了，再见。”然后他就挂了电话。

爱德华·哈丁异常聪明，而且信息渠道十分灵通，同时也是一个真正的好朋友，态度中立而又充满热诚。更主要的是，我知道他的那个位置能知道很多小道消息。而我做多联合太平洋股票所依靠的，则是我这么多年以来对股票行为的研究，以及对市场特征的深度认识。而目前的市场特征表明，随后这只股票会有一波疯涨。虽然不清楚市场上到底发生了什么事情，但是我能够根据股票交易带总结股票背后的信息，而且可以轻易地判断正误，原因也很简单，因为局内庄家的精明操纵手法使得股票交易带所携带的信息有误。或许那时我深深地被爱德华·哈丁阻止我买入更多股票的努力所打动，因为在他看来我显而易见已经犯了一个巨大的错误。他的头脑和行为动机都不存在什么问题。我没法告诉你们，是什么最后促使我听从了他的意见。但最后的结果是，我的确听从了他的意见。

我卖出了所有联合太平洋的股票。在我看来，如果做多这只股票是不明智的，那么你不做空它同样不明智。所以我平仓了所有的做多股票后，我又买入了4 000股做空期权，价格在162美元。

第二天，联合太平洋公司的高管宣布，每股股票派息10%。一开始的时候，华尔街上没人相信这个爆炸性新闻，这简直跟走投无路的赌徒做出来的绝望举动一模一样。所有的新闻报纸都在集中火力抨击高管们的公告。就在所有的华尔街精英都犹豫不决的时候，市场却沸腾了。联合太平洋的股票交易量飙升，同时股价破了历史纪录。一些交易员在一个小时后赚疯了，但是我后来记得一个榆木脑袋般的交易员犯了一个错误，居然还赚了35万美元。紧接着他就卖掉了自己的席位，去乡下做了快快乐乐的农民。

在听到派息新闻的那一刻，我意识到自己真是亏得活该！我没有听从经验的判断，却听从了一个小道消息的建议。我自己内心的信念，却让道于一个朋友的疑虑；而我相信这个朋友，仅仅因为他比较中立，而且头脑比较清晰。

一旦看到联合太平洋的股票创了新高，我心里就明白了：再也没有可以做空的股票了。

现在我的所有财富，就是在哈丁兄弟公司的保证金了。想到这，我既没有欢呼雀跃，也没有变得钻牛角尖。让我觉得痛苦的是，我明明已经仔细研究过股票交易带了，最后还是让爱德华·哈丁先生动摇了自己的方案。再重新犯错已经没有意义，因为我没有时间继续失败；更何况，现状都已经变成这样了。所以我开始下单来平仓。等我把买入 4 000 股股票的买单发出去的时候，股价已经是 165 美元了。从数字上看来，我多亏了 3 个点。但是最后成交的时候，我的经纪人用 172 和 174 美元分别买入。交易报告的结果显示，爱德华·哈丁先生的友善建议让我付出了 4 万美元的代价。这对于一个人没有勇气听从自己的判断来说，代价并不大。

我并不担心自己的情况，因为股票交易带上的信息表明还有一波更好的行情。公司派息这个举动十分异常，而且没有先兆表明公司高管还有后续行动，所以这次我果断杀入，因为直觉告诉我必须这么做。我写了第一个买入 4 000股的订单来平掉之前的空头单子后，决定根据股票交易带上的信息来赚钱，所以转而做多 4 000 股股票，持有到第二天早上，然后全部平仓。最后，我不仅把之前 4 万美元的窟窿给补上了，还赚到了 1.5 万美元。要是当初爱德华·哈丁先生不跑过来大发善心，我估计赚得更多。但他还是帮了我大忙，因为我坚定地认为，正是那次教训让我完成了交易员的最后一课。

重要的是，我需要学习的并不是去忽视小道消息，而是要坚信自己的判断。最终，我形成了对自己的自信，摆脱了过去交易股票的老掉牙办法。那次在萨拉托加的经历是我最后一次靠运气来决定成败。从此之后，我就开始思考基本局势，而不再是只关注单只股票。我把自己的股票投机推向了更高层面，而向这个层面的跨越既漫长又艰难。

第七回　测试观盘知对错　投石探路待良机

我向来毫无保留地说出我对目前股市走势的看法，譬如说是牛市还是熊市。但是有一点，我从来不说应该买入或卖出特定的股票。原因很简单，在熊市里，所有的股票都在狂跌；而在牛市里，所有的股票都在疯涨。读者们千万不要跟我抬杠，非要说当战争导致熊市的时候，军火类股票不涨是不可能的。我的意思是，要考虑普遍的市场情况。但是你告诉一个普通人现在是熊市还是牛市，他不会领你的情。他想要知道的是应该买入哪只特定的股票。换句话说，他追求的是不劳而获，一点也不想付出，更有甚者，连思考都觉得很累。这种人呀，连从路上捡起来钞票数数有几张都觉得麻烦。

当然了，我这个人没有那么懒，但是对我来说，琢磨清楚单只股票要比琢磨清楚整个市场容易多了，所以我更加善于对个股波动进行把握。我意识到现在必须改变了，而且我已经开始改变了。

理解股票交易的基本原则，并不是件容易的事情。我以前经常挂在嘴边的一句话就是：买入股票的最佳时机就是在大盘涨的时候。现在，我认为交易的要点不是在最低点的时候做多，或者在最高点的时候做空，而是要在合适的时机做多或做空。如果我觉得此时是熊市，那我就做空股票，而且每笔卖单的价格肯定要比之前一笔卖单低。当我决定买入的时候，就做与刚才相反的操作。我肯定是在向上的趋势中买入。在大盘向下走的时候，我绝对不会做多股票；只有在大盘向上走的时候，我才会买入做多。

我在这里做个案例分析。我要买入某只股票，在 110 美元时买入了 2 000 股该只股票；买入后，这只股票就涨到了 111 美元（哪怕只是短暂的上涨），涨幅 1 个点，账面利润为正。因为判断正确，我继续买入了 2 000 股。要是市场还接着往上走，我会第三次买入 2 000 股。假设价格进一步涨到了 114 美元。这个时候，我认为市场已经涨得差不多了，现在会在 111 美元左右的价位上做多 6 000 股股票。当前市场价是 114 美元，我有足够的交易筹码来检验一下自己的判断。此时我停止买入，潜伏下来观测市场走势。经过研究，我发现在上涨的特定阶段，股价都要发生一次调整。但是我想知道在这次调整后，市场会怎么变化，譬如说股价是否会跌回第三次买入时的价位。假设这只股票冲高回落，跌到 112 美元，然后再次上涨。就在股价刚刚到达 113.75 美元的价位时，我果断出手又买入了 4 000 股股票。这个时候，我就会做一个测试：卖出 1 000 股股票，然后看市场怎么消化。但是假设从 113.75 美元开始，4 000股建仓情况如下：2 000 股成交在 114 美元，500 股成交在 114 多美元，1 000 股成交在更高的价位上，最后 500 股成交在超过 115 美元。此时，我就知道自己判断准确。通过这个方式买入 4 000 股股票，我就知道了自己是否在正确的时刻买入了特定的股票。当然，前提是我认真地做了研究，对整体情况了解清楚了，而且市场是牛市。我从来不奢望在低价位买入股票。

这里我讲个故事。当迪肯·怀特（Deacon White）先生是华尔街的交易巨擘之一时，我听说了他的一些故事。他是个很友善的老人，十分聪明而且作风勇猛。据我耳闻，在他的那个年代，他干了几件威名远扬的大事。

在稍早的年代，美国糖业这只股票可是当时股市上的“宠儿”。那会儿，哈夫迈耶[①]（H. O. Havemeyer）是这家公司的总裁，权势如日中天。根据各种信息，我发现哈夫迈耶和他的手下握有足够的现金流，还配备了一流的智囊团，能对自家股票轻而易举地进行各种交易，可以说是战无不胜。朋友告

① 哈夫迈耶（H. O. Havemeyer），1847—1907，美国著名实业家、糖业大王，于 1891 年成为美国糖业公司总裁。曾向哥伦比亚大学捐赠哈夫迈耶大厦供矿业学院使用。——译者注

诉我，在股市上，跟其他内幕交易员比，哈夫迈耶更喜欢收割中小型操盘手的“韭菜”。那时，交易大厅的交易员更倾向于抵制内幕交易，而不是助纣为虐。

有一天，迪肯·怀特先生的一个朋友冲进了他的办公室，满脸激动，兴冲冲地喊道：“迪肯先生，你曾经向我说过，要是我拿到了任何好消息来找你，而且你用了这个消息的话，就一定会给我分几百股，对不对?”接着这个人停下来深呼一口气，渴望地等待迪肯先生确认。

迪肯先生十分谦逊地看了看他，然后说：“我不清楚是不是曾经对你说过这样的话，但我要是用了你的消息，肯定会给你报酬的。”

“那就好！我现在就有个消息给你!”

“呵呵，那太好了。”迪肯先生表现得过于谦逊，以至于这个人开始迅速自我膨胀。

“是这样的，迪肯先生。”那个人溜到迪肯先生身边，这样就没人能听到他在说什么了。“哈夫迈耶在大举买入美国糖业股票。”

“真的吗?”迪肯先生很平静地问道。

这个人听完有点儿懊恼，情绪激动地说：“是的，先生。他正在开动马力全面买入美国糖业股票。”

迪肯先生接着问：“你十分确定吗?”

“迪肯先生，我百分百肯定。现在公司内部人员正在可劲地买入这只股票。这事和关税有很大关系，很快普通股会变得炙手可热，也会影响到优先股。我估计，这只股票至少要上涨 30 个点。”

“你真的这么认为吗?”迪肯先生透过老式银边眼镜看了看这个人，然后开始阅读股票交易带。

“你问我是不是这么认为？当然我不只是这么主观认为！因为我知道客观的实际情况！迪肯先生，你想想为什么哈夫迈耶先生和他的同伙们买入美国糖业股票？他们这帮人可是从来看不上 40 个点以下的利润的。在他们满仓之前，我一点也不奇怪整个市场分分钟就会疯涨。跟一个月之前相比，股票经纪人手中可没有那么多的股票可供购买了。”

迪肯先生再次若有所思地问道："他真的是在买入美国糖业股票?"

"买入? 他可是连价格看都不看，直接横扫整个市场上的股票。"

迪肯先生说："好了!"他觉得问的差不多了，是时候安慰一下这个消息掮客了。"嗯，我做好决定了。我认为这是一个超级好的消息。而且来得十分直接，没有拐弯抹角。"

"你真的这么认为? 是的，而且这个消息价值无量。那你决定用不用它呢?"

"嗯，我肯定会用它。"

这个消息掮客略带怀疑地问道："那你什么时候用?"

"现在就用!"迪肯先生喊道："弗兰克，过来!"弗兰克是他手下最厉害的经纪人之一，就在隔壁的房间。

弗兰克说道："我来了! 什么事?"

"我要你现在就去报价板那里，然后给我卖出 1 万股美国糖业股票!"

"卖出?"消息掮客说。这个人喊得如此歇斯底里，以至于弗兰克刚跑出去，就放慢了脚步。

迪肯先生温和地说："怎么了? 是要卖出啊。"

"但是我告诉你的情报是，哈夫迈耶是在大举买入啊!"

"我知道你刚才说的啊!"迪肯先生平静地说，然后转向弗兰克，"弗兰克，快去行动吧!"

经纪人就迅速跑了出去开始下单，然后消息掮客的脸一下子红了。

他愤怒地说："我来这，可是要告诉你最有价值的信息的。我告诉你，是因为我认为你是我的朋友，而且我觉得你肯定会相信我的。"

"我没有不相信你。"迪肯先生十分平静地回答道。

"可是我告诉你的是，哈夫迈耶和他的同伙正在买入股票!"

"你说的没错，而且我听从了你的建议。"

"可是我说的是买买买!"消息掮客失声尖叫道。

"是的，买入! 我很理解你说的这个意思。"迪肯先生安慰道，他正站在股票价格收报机旁，看着股票交易带。

“可是你听完之后，却在卖股票啊！”

迪肯先生点了点头，说道：“没错，卖出了1万股！肯定得卖出呀。”

他不再说话，然后集中精力看着股票交易带，然后那个消息掮客靠近迪肯先生想看看怎么回事，因为迪肯先生实在太狡猾了。就在他透过迪肯先生的肩膀偷看时，一个职员走了进来，带着弗兰克给的交易报告。迪肯先生看都没看一眼，继续研究股票交易带，只是顺便一问：“弗兰克下单情况如何？”

然后迪肯先生紧接着对这个职员说：“告诉他，再给我卖掉1万股美国糖业股票！”

“迪肯先生，我对天发誓，他们那帮人的确是在买入股票呀！”消息掮客说。

迪肯温和地问道：“是哈夫迈耶先生亲口告诉你的吗？”

“那肯定不是了！你见过他跟谁透露过任何消息吗？这人吝啬到都不会帮他最好的朋友赚一分钱！但是我知道他们真的是在买入股票。”

“我的好朋友！那你干嘛让你自己这么激动！”说罢，迪肯先生拿着股票交易带继续进行研究。这下消息掮客坐不住了，厉声吼道：“要是我早知道你会照我说的去反向操作的话，我真心不会过来浪费咱俩的时间。但是你这么做亏了钱的话，我也不会幸灾乐祸的。迪肯先生，我真心为你感到遗憾。我可是实话实说的。现在对不起，我得走了，要去找那些愿意听我意见的人。”

“其实我真的是听从了你的消息。我对这个市场并不是百分百地了解，至少不如哈夫迈耶先生。但是我也没那么不了解。这么多年的风风雨雨告诉我，你带给我的消息很确切，而我有自己的最佳策略。像我这样在华尔街上混了这么久的人，要是有人为我的亏损感到遗憾，那我肯定心存感激。所以亲爱的朋友，你得冷静一下。”

消息掮客直勾勾地盯着迪肯先生，他对迪肯先生的判断和勇气心存崇拜。

很快，那个职员又走进了办公室，把交易报告交给了迪肯。迪肯看了一眼，说：“好了，现在告诉弗兰克，给我买入3万股美国糖业股票！3万股，一股都不能少！”

职员火速地跑去下单了，而这位消息掮客一边发着牢骚，一边看着这位交易老手。

迪肯继续温和地解释道："亲爱的朋友，我从来没有怀疑过你告诉我的事情，瞧，我不是照办了么？但即便这个消息是哈夫迈耶亲口告诉你的，我也得亲自验证其准确性。如果真的有人如哈夫迈耶及他的同伙等正在大笔买入这只股票，唯一的验证办法就是自己去试盘，这也就是为什么刚才我要那么做。第一笔的 1 万股很轻松地就卖出去了。但是这还不足以让我得出结论。但是第二笔 1 万股也很轻松地卖出去了，而且股价还在继续涨。这两笔 1 万股的卖单被迅速消化掉了，说明的确有人是在吃入市场上所有的股票。在这个时点，我并不需要知道到底是谁在大笔吃入。所以我就赶紧把空单平仓，然后买入了 3 万股。我认为你告诉我的消息属实、无误。"

消息掮客接着问："那现在什么情况了？"

"我给你 500 股股票，价格是买入 1 万股的平均价。祝你好运，我的朋友。记住，下次再碰见这种情况冷静点儿。"迪肯先生说。

消息掮客说："我还有一事相求：你卖出这些股票的时候，能顺便把我的也给卖掉吗？我现在感觉自己不懂的事情太多了。"

这就是交易的理论。这也是我为什么不在低价位买入股票的原因。的确，我也会在低价位的时候积极买入，这样可以帮助我所在的市场一方。当需要卖出股票的时候，除非有人真正需要这些股票，否则市场上没有接盘的。这种情况太正常不过了。

如果你操盘的规模很大，那么你更得时刻谨记这个理论。你必须研究市场情况，认真规划操盘策略，然后才开始付诸实施。你的仓位可以很高，即便账面利润看起来很不错，但是你也不能随心所欲地卖出。要知道，在卖出 5 万股股票的时候，你不能期望市场的表现和你卖出 100 股的时候是一样的。你必须耐心等待，直到市场上有人买入。当机会来临的时候，你就得毫不犹豫地抓住它了。这就是游戏规则，你得耐心地等待这个机会。只有在你可以卖的时候再卖，而不是你想卖的时候就卖。为了抓住时机，你得观察市场、做些检验。所以要预测市场什么时候会吸纳你的卖单，这就不是什么难事了。

但是要记住，开始采取市场行动的时候，除非你很确信市场情况是正确的，否则你立即清仓就相当不明智。同时也要记住，股票从来没有不能追高的时候，也从来没有不能杀跌的时候。在你的第一次交易完成之后，除非有了账面利润，不然就不要做第二次交易。耐心等待，继续观察。接下来，你就需要认真研究股票交易带，方可决定是不是开始行动。所以在大部分情况下，行动的开始往往依赖于合适的时机。我花了很长时间才意识到时机的重要性。当然，我也付出了数十万美元的代价。

不要误解我的意思，我并不是建议大家持续向一个方向做投机。一个人要是持续做投机的话，赚的钱会比不做投机高很多。我的真实意思是：假设一个人打算满仓投资 500 股某只股票，那这个人不应该一下子全部买入，而且即便是做投机，也不应该一下子买入。当然，如果他纯粹是赌博的话，我的建议就一条：千万不要来这个圈子。

假设他买入了第一拨 100 股，然后账面立即出现了亏损。那么这个时候，他为什么还要继续断杀再买入股票呢？他应该立即停下来看看自己哪里出错了，哪怕是临时停下来这么做都可以。

第八回　触底反弹言尚早 时机造就大空头

1906 年夏天在萨拉托加发生的联合太平洋股票事件，让我愈加不相信任何小道消息和坊间传闻，譬如别人的观点、谣言和怀疑，不管这些人是如何友好或者多有能耐。实际发生的经历，而非空虚的浮夸，已经证明我在研读股票交易带方面的确比大部分人都要准确。同时，跟在哈丁兄弟公司的其他客户相比，我也更有准备，体现在我已经完全脱离了投机性偏见。熊市对我来说不再比牛市更有吸引力，反过来也是如此。我唯一坚定不变的偏见就是：绝不犯错。

即使在年轻的时候，我也都是从所观察到的事实里参悟出各种道理的。这是我获得道理的唯一办法。要是有人说一些小道消息或者故事，我基本不相信。事实就是事实，替代不了思考，读者要明白我这么说的意思。如果我相信某些事情，原因是我必须去相信。譬如，如果我做多股票，那是因为对市场情况的研读表明现在是牛市了。但是你也会发现很多人，包括那些声名卓著的聪明人，因为自己持有股票才会相信现在是牛市。我不允许仅仅因为自己持有股票或者先入为主的观念来影响思考。这就是为什么我不断重申从来不和交易带争辩。仅仅因为市场的变化超过预期或者毫无逻辑，你就跟市场发脾气，这种行为无异于因为有哮喘病却责怪自己的肺叶一样。

衣带渐宽终不悔。我是一步步地到达这个境界的，逐步从股票交易带之外获得对股票投资的全面认识。还记得帕特里奇老先生在牛市里一直坚持牛市理念的重要性吧？这让我的视野建立在更高的高度上，超越了影响股市波动的其他因素。我意识到，要赚大钱就必须得借助市场大行情。不管当初的重仓交易是出于何种动机，我都没法否认如下事实：投资的持续性并不是股票池内部人联手或者金融从业人员的操纵结果，而是依赖于市场基本情况的变动。不管是否承认，的确是市场大势决定了投资的广度、速度和长度。

萨拉托加一战之后，我更加清楚地意识到，或者说更加成熟地感受到：既然整个股票池都与市场大盘走势是一致的，那么研究单只股票走势的必要性是否还如我之前想象的那么大？另外，一个人在思考投资的时候，如果不局限于自己手头的仓位，那他就可以去买卖整个股票池了。对于一只特定股票来说，如果有人卖出量超过总股本的一定比例，那做空这只股票就十分危险，因为股票的具体数量取决于通过什么方式被持有、在哪里被持有以及被谁持有。但是卖出一篮子股票组合，即使卖出 100 万股，也不会有逼空风险。过去，大量资金时不时地被局内人用来做空股票，让人们产生对逼空和割“韭菜”的恐惧感。

很显然，投资策略就是在牛市里做多股票，在熊市里做空股票。这个策略听起来有点儿太小儿科了，对不对？但是在实战决策时，我可是牢牢地遵守了这条基本原则。我花了很长时间学会了靠这条规则来做交易。但是读者们得知道，直到此时，我都没有攒够足够的本金来将这条规则付诸实施。大笔投资意味着仓位巨大，要使用大笔资金，而为了能够长线持有较大仓位，你得在经纪人那里存一大笔保证金。

我必须得从股市里把自己的面包钱给赚出来，这不利于增加股市本金的计划。提高本金是为了满足高盈利的长线交易，而长线交易又面临周期长、成本高的特点。

但是现在我越来越自信，经纪人也不再把我叫作走运的“少年狙击手”了。过去他们从我口袋里赚到了很多佣金，但是我现在通过正当途径成为了他们的明星客户。对他们而言，我除了贡献佣金价值外，还多了另一种价值：能够赚钱的客户对任何经纪人来说都是个宝贵的资产。

当不再满足于研究股票交易带的时候，我也就不再关心单只股票的日内波动了，而是从一个全新角度来看待市场波动。在这个过程中，我的关注点从研究报价过渡到坚守投资原则，从研究价格波动过渡到研判基本面。

当然，曾经在很长的时间里，我每日都追随内幕消息。所有的交易员都是这么做的。但是大部分内幕消息都是些八卦，有些甚至都是编造出来的伪消息，或者是评论员捏造的个人观点，甚至有些很著名的周刊评论也只会涉及一些肤浅的基本情况，而这远远不能满足我的要求。在我看来，专业金融编辑的观点和评论深度不够。对他们来说，搜集事实然后总结结论并不是什么大不了的事情，但是对我来说却十分致命。而且，我们对时间维度的看法也十分不同。对我来说，分析过去一周发生的事情，其价值远远不如预测未来几周的走势。

曾经很多年，我饱受经验缺乏、年轻缺钱的种种磨难，而现在终于升级成为一个发现者。我对股市的态度发生了一百八十度的大转变，明白了为什么在纽约始终没法赚到大钱。然而遗憾的是，虽然现在我拥有了足够的资源、经验和信心，但又过于匆忙地尝试这把投资新钥匙。结果，我没有留意到这把钥匙没法打开这扇门上的另一把锁：时机锁。地利人和，唯独缺天时。这是件很自然而然的事情。每次要往前进一步，我都要付出很大的一笔学费。下面我通过 1906 年的这次交易来具体阐明本段的理论含义。

首先通过研判宏观形势分析交易方向，我做得很漂亮。我仔细研究了 1906 年旧金山地震的情况，判断盈利前景不容乐观。世界上许多实实在在的财富都被摧毁了。每个人或早或晚都会感受到这种痛楚，所以不会有人站出来帮助其他人。这种困难并不是以前那种可以用 1 万美元的房子置换价值 8 000 美元的一车皮赛马的那种困难。眼下，房屋都被摧毁，铁路被损毁，交通运输陷入停滞。由于布尔战争①，即便在军火股票中还能看到一些好的买卖，但应考虑到花在南非战士身上的军费数以百万计。这些战士不从事生产活动，也就意味着英国的投资者没法像过去一样提供大量帮助。此外，无论你是制造商、农民、商人、劳工还是百万富翁，旧金山的地震和大火以及其

① 布尔战争（Boer War）是英国人和布尔人之间为了争夺南非殖民地而展开的战争。——译者注

他的各种灾难都会让每个人饱受折磨，特别是铁路受损异常严重。我觉得没有什么估值可以逆势上扬。在物质财富被摧毁的情况下，投资只能有一种策略：清仓！

我说过我总是通过交易方向来确定交易策略。以往在决定交易方向之前，我总是先通过第一笔交易，观察到了利润快速浮现后才继续交易。但这次却不同，我快刀斩乱麻，决定一次性清仓。考虑到市场已经进入了熊市，我确信自己将赚到职业生涯里最大的一笔利润。

市场开始下跌，又涨了回来，接着走低，然后又开始稳步爬升。结果，我的账面利润不断萎缩，最后出现亏损！直到有一天，市场上看起来已不剩任何空头能继续捍卫他们的头寸。此时此刻，我没法再忍受打击了，决定止损。如果我当时没有止损的话，我就不会剩下多少本钱来买哪怕一张卡片了。虽然亏掉了大部分的本钱，但是还能活下来继续战斗已然很不错了。

我犯了一个错误。但是错在哪里？在熊市的时候，我认为大盘走低，对大势的判断没错。我做空了股票，这也很合理。我的头寸没问题，但是时机策略出了问题：我卖得太早了！这个教训的成本太大了。尽管如此，每天市场都不可避免地在走向崩盘。所以我潜伏等待，当股市上涨力量停止的时候，在保证金允许的情况下，我让经纪人尽可能做空。这一次，我对当天的走势判断极为正确！但是第二天，股价莫名其妙地大涨！这简直就是在吃我的肉！所以我开始研读股票交易带，止损，然后等待。在恰当的时机，我一次次地卖出，此后，市场如我预期般地不停走低，但是没过多久，股票又总是猛然涨起来！

树欲静而风不止！看起来市场正在竭尽所能地使我走回头路，继续以前的那种简易的商号交易方法。这是我人生第一次坚守前瞻全局性的策略，审视整个股票市场而非单只股票。如果我坚持这种策略，肯定会赚钱的。当然那时，我还没有形成整体的策略系统，否则我在市场下跌时就把做空头寸逐步清仓了。这样的话，我就不会损失那么多的保证金。我本来有可能犯了错，但是这无关紧要。我已经观察到了相互关联的现象，但是还没学会全面地看待它们。在初始阶段，自己没法做到观察完善，这不仅没帮上忙，反而阻碍了我。

温故而知新。研究自己犯过的错误总会带来收获。我最终领悟到：在熊市的时候，不放弃自己的熊市头寸十分重要；而研究股票交易带则有利于确定操盘的具体时机。开门大吉后，自己的获利头寸就不会被大幅侵蚀了；就会更加努力地坚持自己的头寸。

如今，我对自己观察力的精确性有了更大的自信：一方面我不再受个人倾向的影响，另一方面我有更好的工具来验证自己的判断和观点的正误。但是祸不单行，在1906年的时候，股市持续的上涨极大地侵蚀了我的保证金。

我当时快27岁了。扳着指头数了数，我已经是个有12年炒股经历的老手了。我已经预见到一场恶性危机即将到来，这是自己第一次在有预见的情况下做交易。从首次观察到股市乌云密布，到真正卖出股票收到现金，中间跨越的时间长度太长，远远大于我当初的预判。当时市场上已经有很多警示信息，同业拆借利率开始出现波动。尽管如此，某些著名的金融大佬还自信满满地对记者说，不断上涨的股市证明发生股灾的可能性为零。现在对于上面问题的选项来了：是我对熊市的判断出现了根本性错误，还是错在开始卖空得太早？

我认为卖空太早是主要原因，但是当时管不住自己了。市场开始抛售，我以为自己的机会来了，就把手头所有的股票都给卖掉了。但是紧接着股市却又涨起来了，涨得不可思议。

我输得干干净净。

我判断准确了，但是亏得一分不剩！

我现在告诉读者们，这事当时十分引人注目。事情的原委可以打个比方来说明：我做了前瞻性研究，发现了一个赚钱的好机会。我发现了一沓沓美元堆在路边，边上还挂了个牌子，写着“爱拿多少就拿多少”，而且还是大号字体。边上停着一辆车，侧面涂着“劳伦斯·利文斯顿车辆公司”，就等着我这个车主去把美元堆进车里。远远地，我手握一把崭新的铲子直奔这堆美元。我目测视线范围之内没有其他的掘金竞争对手，想想就美翻了，自己在赚钱上要领先别人一步。那些人要是停下来看看市场情况就会发现这些机会，但是太可惜，他们那会儿正忙着看垒球、赛车比赛，或者买房子。这是我人生第一次前瞻性地看到赚钱的机会，而我也毫不犹豫地向它奔去。在我快跑到钱堆的时候，一阵强风刮了过来，把我重重地摔在了地上，铲子被刮飞了，汽车也不见了。转眼间好运已经远去！我太渴望证明自己的远见之明，太想证明自己看到的是真金白银而不是海市蜃楼。我的确预见到了成功，心里很清楚这一点。但是心里一直想着自己的高瞻远瞩应该值多少钱，这让我迷失了，没去想离真正赚到钱的距离。我应该放慢脚步，而不是想着冲刺。

这就是事情的原委。我没有足够的耐心去进一步分析当时是否为空方大举杀入的最好时机。有那么短暂的时间，我应该静下心来认认真真地研究一下股票交易带，但是我却没有这么去干。从这件事上，我学到了一个教训：即使你看准了这是个大熊市，但是除非你十分确定集中火力进攻毫无危险，否则最好不要全盘卖出。

在哈丁兄弟公司的交易室，我过去几年做了成千上万股交易，所以公司上下对我都很有信心，而且我们之间的关系比较融洽。第一，他们相信我很快就能东山再起，更何况他们知道我一直运气不错，而我只需要一个机会就能赚回损失的钱。第二，他们从我身上赚到了很多佣金，相信以后还会赚得更多。所以，只要信用还在，我继续在那里进行交易就没什么问题。

持续不断的亏损，让我不再那么激进式地充满自信。或许我应该说不再那么粗心大意，因为我知道自己离破产只有一步之遥。我能做的就是警觉地等待着，而这正是在大举杀入之前就应该干的。这么说，不是为了亡羊补牢，而是觉得以后遇见类似情况，必须彻底弄清楚市场状况再去尝试。如果一个人不犯错误，那么很快他就拥有了整个世界。但是如果他不利用自己的错误去总结经验，那么他就什么都不会拥有。

下面讲另外一个故事。有天早上风和日丽，我到达曼哈顿后，感觉神清气爽、信心十足。这次不会再有什么疑惑了，我在所有的报纸的金融版都读到了同一则新闻，发现了大涨的信号，我之前就是还没有等到这个信号就迫不及待地大举做空，结果亏了。新闻是关于北太平洋铁路公司和泛北方铁路公司要增发股票的公告。为方便股东认购，它们允许使用分期付款方式来购买股票。这种制度安排在华尔街可是个新东西。如同雷霆轰顶，我被这条利空消息深深地击中了。

过去几年来，泛北方铁路公司的优先股有不跌的神话，让股民们形成了一种信仰：只要增发股票，那就是公司又要切一个大西瓜犒劳投资者了！因为那些幸运的股东有权以票面价值买入泛北方铁路公司的新发股票。买到就是赚到！因为市场成交价肯定高于认购价！但是考虑到当时货币市场收紧，美国境内的银行大佬们也不确定公司的股东能否筹集到资金来认购股票。要知道，该公司的优先股价格已经高达每股 330 美元了。

我一到办公室，就告诉爱德华·哈丁先生：“现在是卖出的时机了。我现在就应该动手。你看了那些新闻了吧？”

他早就看过了。我指出，那些银行家们的分期付款行为简直就是如实地坦白市场撑不住了，但是爱德华并不认为股价要发生大跌。相反，他认为，考虑到市场还会有回涨的习惯，所以要大笔做空的话，最好还是耐心地等等。他建议，如果我等待的话，价格肯定会变低，但是操作也更安全。

我跟他说：“爱德华，耽误的时间越长，股价下跌得越凶猛。这则新闻简直就是银行家们的真诚袒露，说明他们也知道市场承受能力太差。他们所害怕的事情，恰恰是我们所希望的事情。这就是个信号，让我们赶快登上做空的快车。现在是天时地利人和。要是手握 1 000 万美元，我就把每一分钱都投进去。”

我越说越多，越辩越多。爱德华觉得一个疯子仅仅从新闻里就得出些推断并不靠谱。但是这些推断对我来说就足够了，虽然这个办公室的其他客户也觉得不靠谱。我只卖了一点点，微不足道。

过了几天，圣保罗（St. Paul）公司发了一份公告，我忘了是要发股票还是债券，但是这并不重要。重要的是，我注意到付款日期要早于北太平洋铁路公司和泛北方铁路公司的新股交易日期，而后两者的公告早就发出了。这简直就如同它们在用个超级大喇叭说，圣保罗公司正在和另外两家铁路公司抢夺华尔街上有限的资金。承销圣保罗公司融资业务的投资银行显然十分担心现在华尔街上的钱不够这三家用，但是它们是不会讲究“先来后到”的。

如果资金面已经如此紧张，银行家们肯定知道后续股市的行情。铁路公司们也急需资金，但是钱不够。在这种情况下，作为投资者该怎么办?

毋庸置疑，那就是卖掉它们的股票！公众们睁大了双眼盯着那一周的股市，可惜他们目光短浅。股票操盘手们则高瞻远瞩，看到了一整年的行情。这就是所谓闻道有先后，术业有专攻。

对我来说，再也没有疑惑和犹豫的空间了。现在我下定决心开始行动。那天早上，根据之前建立的仓位，我开始第一波行动。我去和哈丁先生谈了一下我的想法以及策略，打算在 330 美元的价位做空泛北方铁路公司的优先股，然后在更高的价位上卖空其他股票。他并没有表示反对。此外，我已经从之前昂贵的错误中吸取教训并总结不足，这次做空的操盘手法更加高明。

就在一瞬间，我的个人形象和声誉扶摇直上。这就是在经纪人办公室中判断正确的美妙之处，不管你是真有两把刷子还是纯粹的运气好。但是那个时候，我判断正确而又十分冷静，不是因为直觉判断或是依靠熟读股票交易带，而是因为我对整个股市的总体情况进行了细致的分析，一点猜测的成分都没有。我预测到了将来肯定要发生的事情，所以无须鼓足勇气才敢卖掉股票。在那段时间里，我已经预测到了股价肯定要下行，所以据此进行判断操作。除此之外，我还能怎么做?

一开始，整个股票市场软得就跟一摊泥一样。没过多久，股价开始上涨，有人跑过来跟我说，现在市场已经触底反弹了。股市大户们知道空头仓位巨大，决定通过这种上涨把空头们的“韭菜”给割干净。要是他们打败我们这些空头，估计能压榨出几百万美元。这些大户们收割“韭菜”从来都是残酷无情的。我总是感谢那些向我提供友善意见的人，基本不会去跟他们吵闹，否则他们会认为我心里并不感谢他们。

在大西洋城陪我的那个朋友相当郁闷。他本来可以理解大地震之后的市场走势。自从我坚定地遵从内心直觉卖出了联合太平洋的股票从而大赚 25 万美元后，他无法不去相信这些架起未知与当下桥梁的直觉。当他看好股市时，他甚至说是上帝用神秘的方式让我卖出了股票。当然，他也理解我在萨拉托加第二次卖出联合太平洋股票的操作，因为他知道针对一只股票的操作会引起估值的上下波动，而小道消息已经提前锁定了这只股票的走势。但是，预测出所有股票要下跌的时机，这一点让他无比烦恼。这种内幕消息到底能带来什么好处？在迷雾中，你又能期待一个绅士能做什么？

我又回顾了老帕特里奇的那句名言："现在是个牛市，你知道这一点就足够了。"对于那些足够聪明的人，这句话看起来确实已经足够了。有些人在经历了 15 或者 20 个点的巨亏之后，现在仍然坚持在股市里，结果 3 个点的上涨就让他们相信市场已经脱离底部、马上要开始复苏了。想想这些人的所作所为，你就感到无比可笑。

有一天，我的朋友来找我，直接问道："你平仓了吗？"

我说："为什么这么问？"

"全世界都知道原因啊！"

"那到底是什么原因？"

"赚钱啊！股市探底了，接下来肯定要上涨。你觉得不是这回事吗？"

我回答道："你说的倒是没错。首先，股票价格已经探底，股价肯定会涨起来，但不是立即涨起来。它们还要涨涨跌跌，这样反复好几天呢。现在不是这些僵尸浮出水面的时候，它们还没有跌干净。"

一个长者听到了我说的话。他经常给别人重大事件提示。他说，威廉·特拉弗斯先生（William R. Travers）① 经常做空股市，有一次他碰见了一位做多股市的朋友。他俩交换了一下关于市场的意见，然后他的朋友说："特拉弗斯先生，市场如此坚挺，你怎么能做空股市呢？"特拉弗斯先生回答道："没错，股市现在就—是—死—死—死坚—坚—挺！"然后特拉弗斯先生走进一家经纪人办公室，看了一下某个公司账本。办公室职员问他："你买了这家公司的股票吗？"特拉弗斯先生答道："应—应该说—说我有！我已—经—经—沽空这只股票两—两万股了！"

然后，股市上涨的动力越来越弱。我把所有的财富都压在运气上了，每

① 威廉·特拉弗斯，1819—1887，华尔街著名的律师，经常参与股票投机。最为人知的是他对私人俱乐部的热衷，先后是 27 个著名俱乐部的会员。——译者注

次卖出几千股泛北方铁路公司的股票，股价就下跌几个点。我在其他地方也都感受到了市场疲软，就继续卖了点儿。所有的股票都开始跌了，只有一个十分扎眼的例外：雷丁（Reading）铁路股票。

当其他股票价格都如雪崩般下跌时，只有雷丁铁路股价坚如磐石。市场认为这只股票被庄家操纵了。而看起来的确很像是这么回事。别人都告诉我，现在做空雷丁铁路股票无异于自毁长城。虽然办公室里有几个人跟我一样也在做空股市，但是只要有人暗示说可以卖出雷丁铁路股票了，他们就开始恐怖地尖叫起来。我本人做空了这只股票，还在坚守这个看法。同时，我也自然而然地开始寻找市场上的薄弱股票，而不是只去啃某些硬骨头。熟悉股票交易带的本事，让我在其他股票上很轻松地赚到了不少钱。

我听说了雷丁铁路股票庄家的很多逸闻，下面的事情是我的一个朋友告诉我的。这可是个实力雄厚的股东帮，他们的买入价十分低，其平仓价远远低于现在的市价；并且几个主要成员与银行的关系十分亲密，银行家们给他们提供了巨量资金来持有雷丁铁路股票。只要股价坚挺，银行家们就会和他们保持坚挺的友谊关系。据说有个股东的账面利润早就有300多万美元了。因此，他们允许股价适度跌一下，却不会伤筋动骨。难怪这只股票一直坚挺，在熊市里鹤立鸡群。时不时会有些交易员看看股价，咬着嘴唇，试探性地做空一两千股赚点儿小钱；结果庄家纹丝不动，交易员们只好迅速平仓去其他地方寻找猎物。只要我看它的股价，也会卖点儿股票，但是目的只是让自己相信：我还是忠于自己的交易原则的，坚决不会碰不熟悉的股票。

要是在过去，雷丁铁路股价这么坚挺，估计就把我给糊弄过去了。股票交易带说："千万别碰它！"但是我的推理却给出了另一个答案：我预测这次全部股票都会大跌，雷丁铁路的股票不会是个例外，无论庄家是不是低点位建仓。

我习惯单兵作战，操作手法经常跟别人不一样。早年在商号的时候，我就形成了这种风格，一直延续到今天。我要严格按照自己的想法操盘，根据自己的观察做出独立的思考。在市场第一次表现得跟我的预测一致时，我可以告诉你，这是我人生第一次感受到这个世界上最强有力而又最真实的同伴：基本面。它们在尽可能地帮助我。或许有时候它们集结起来需要点儿时间反应，但是只要我不着急，它们就相当靠得住。我不再单纯依靠研究股票交易带或者稍纵即逝的直觉做出判断。事件的所有逻辑必须服务于为我赚钱。

因此，要做对一件事，首先要明白是怎么回事，然后就按照预测执行。作为我的盟军，市场整体走势下达了命令："股价该跌了！"但是雷丁铁路直接无视这道命令。这对我和市场走势来说是个羞辱。看到雷丁铁路的股价如此坚挺，我开始十分恼火，虽然其他股票都已经乖乖就范。整个市场都应该做空这只股票，因为雷丁铁路股价还没有跌，它的股东还在大量持有；而且如果资金面继续紧张，这些股东就没法持有这么多股票了。到了某一天，这些银行家的好伙伴们也会开始担心股价，而且并不会比无情的公众乐观多少。因此，雷丁铁路的股价必然会跟其他股票同起同落。如果雷丁铁路没有下跌，那我的理论就是错的，那我就是错的；如果我错了，那么事实也就是错的，因而逻辑也就是错的。

我突然意识到，雷丁铁路股价之所以坚挺，是因为华尔街上的人不敢卖出。所以我命令两个经纪人，每人给我做空 4 000 股股票，并且在同一时间操作。结果，之前人们认为做空等同于自杀的这只股票，在这些单子执行出去之后，股价立即大跌。我继续卖出了几千股。卖空前股价是 111 美元，几分钟之后，我的空单全部在 92 美元上平仓。

此后，我的日子简直乐不可支。1907 年 2 月，我全部清仓。泛北方铁路的优先股已经下跌了 60～70 个点，其他的股票跌得也差不多了。我赚了很多钱，但是让我清仓的真正原因是，这次下跌已经透支了未来的行情，属于超跌。我在等待市场复苏，但是现在的情况不足以让我做多股市，所以不打算彻底放弃做空市场的判断。我自己心里比较清楚，目前的市场情况不利于我做交易。我在商号赚的第一笔 1 万美元，没过多久就因为我日复一日的交易而亏空，因为当时没有判断市场大势。我这个人的特点是"不二过"，所以学会了研判市场大势。后来因为我对大跌行情判断过早，在恰当时机来临之前就沽空了股票，这让我又差一点破产。我又学会了研判大势与把握时机相结合。现在我赚了一大笔钱，所以直接套现，等着时机好的时候再重新进入市场。市场上涨曾经让我破产过，我不会让下次上涨把我从股市扫地出门。我也不打算继续坐等了，直接去佛罗里达玩去了。我喜欢垂钓，而且我也需要好好休息。在佛罗里达，这两样都可以让我获得满足。此外，在华尔街和棕榈海滩[1]之间还有电报线。

① 位于棕榈滩市，佛罗里达南部著名度假海滩。——译者注

第九回 百年美股谁魁首
而立之时远名扬

我天天在佛罗里达沿着海岸线开游艇。垂钓也十分有趣。生活里暂时没有了股票，脑海轻松，日子过得乐不可支。某天在棕榈海滩，几个朋友坐着摩托艇找我玩，其中有一个带着一份报纸。那段日子，我基本不看报纸，也没有兴趣去看，对上面印着的任何新闻都不感兴趣。但是我看到那个朋友带到船上的报纸，发现了上面写着股市大涨，涨了 10 个点以上。

我跟朋友说，我想跟他们一起上岸。股市的适度上涨很合理，但是现在熊市还没有结束，结果华尔街或者某些小团体或者极度绝望的多头们无视银根收紧的状况，继续毫无由头地抬高股价，或者找人来抬高。对我来说，这有点儿过分了。我只是简单地观察了一下市场，也不知道该做什么或者不该做什么。但是我知道，我现在最渴望的就是看看报价板。

我的经纪公司哈丁兄弟公司在棕榈海滩有家分支机构。我刚走进门，就发现了不少老相识在那里。他们大部分人都看好股市，其交易方式还是依靠股票交易带，迅速行动赚快钱。读者们，之前我告诉过你们，在纽约办公室的时候我获得了一个绰号“少年狙击手”。当然了，人们总是乐于夸大一个人的成就和他的头寸。办公室里的那些人，都知道前段时间我做空股市而狠狠地赚了一笔钱，因此他们期望我再次做空股市来个完美绝杀。这帮人内心里其实认为这次市场上扬还远没结束，但是却认为我的责任就是干掉市场。

我来佛罗里达的目的是垂钓。之前的纽约做空之战，我承受的压力太大了，极度需要放松，因此这个假期很有必要。但是在看到股价恢复的一刹那，我感觉没必要继续度假了。在上岸的时候，我还没想清楚要干些什么，但是此时我知道必须得卖空股票了。如果我要验证判断是否正确，就必须用传统而又唯一的方式来证明：资金交易。卖出单子上的所有股票比较合适、谨慎，也有利可图，甚至算得上是个爱国行为。

在报价板上，我看到的第一只股票是亚纳康达（Anaconda）公司①，已经突破了300美元。这只股票的价格一直跳跃式上扬，显然背后有强大的多头在支撑着。我有一个经典的交易理论：当一只股票第一次突破100、200或300美元等整数点位的时候，股价并不会停留在这个价格上，而是会涨得更高。因此，一旦股价突破了如上价位，你就可以买入，而且肯定会赚钱。胆小的股民在股价创新高的时候是不敢买入股票的。但是我有历史的波动数据作为证据。

亚纳康达股票之前每股只是25美元，也就是说400股才相当于100股面值为100美元的股票。我琢磨着，如果它的股价突破300美元，那么它应该会继续涨，最后有可能迅速上探到340美元。

读者们知道我一向是空头；但是也请你们记住，我同样熟练研读股票交易带。我很清楚，如果亚纳康达股票按照我的预测波动，它会快速波动。我这个人就是喜欢走势迅速的股票。我已经学会了耐心等待，但是个人风格青睐快速行动。亚纳康达这只股票自然也是波动极快的，我买入它，不仅因为它已经被非理性行为推高突破了300美元，更是因为我内心极度渴望证实我的整数交易理论。

就在那时，我读了股票交易带，发现市场上的买方力量远远大于卖方力量，股价会继续大幅上扬。如果要沽空的话，为谨慎起见应该继续等待。然而，要是等待太久，我也得给自己赚点零花钱，只要在亚纳康达股票上迅速赚30个点就可以了。我现在是整个股市的空头，却是这只股票的多头！所

① 亚纳康达公司，美国著名矿业公司，总部位于蒙大拿州。该公司以铜业起家，后来扩展至墨西哥和智利；在1955年，该公司增加了铝业业务。——译者注

以，我买入了32 000股亚纳康达股票，成本相当于买入了8 000股100美元的其他股票。这么做略冒风险，但是我还是坚信自己的预测，而且这次赚的钱可以用来扩充我的保证金，接下来的空头操作就会更游刃有余！

第二天，电报到达得比较晚，因为北方的风暴刮断了电线。我在哈丁兄弟公司的办公室等着消息。人们都在吃着东西，打听着各种各样的事情。在没法交易的时候，股票交易员也在干这种事。那天，我们只收到了一个报价：亚纳康达，292美元。

有个伙计过来找我聊天，他是我在纽约认识的一个经纪人。他知道我做多了8 000股股票，我怀疑他也持有了一些股票，因为刚才看到报价的时候，他大惊失色。他不知道亚纳康达的股价又跌去了十多个点还是行情好转了。亚纳康达本来不该上涨这么多，结果意外大跌了20个点。但是我告诉他："约翰，不要紧。明天一切都会好起来的。"而这也的确是我的真实感受。但是他看了看我，然后摇了摇头，毕竟他自以为消息更灵通。所以我大笑，然后在办公室等着，想着还有其他价格报来。但是，什么也没有等到。我们那天只收到了一个报价：亚纳康达，292美元。这也就意味着，我账面利润损失了10万美元。我本来打算快速操作赚点快钱，结果居然亏了！我真是罪有应得。

第二天，电报机运转恢复，然后我们照常拿到了报价。亚纳康达的开盘价是298美元，然后上涨到302.4美元，但是很快就显得上涨无力。而且其他股票看起来也没法鼓足劲做进一步上探。我打定主意，要是亚纳康达跌回301美元，说明整个过程是一次欺骗走势，否则根据我的推算，股价应该一路突破310美元。如果股价发生回调的话，说明之前的经验愚弄了我，让我犯了错；而一个人要是错了，唯一要做的事情就是立即停止犯错。我之前买入8 000股，原本期望是要赚30～40个点的利润。这不是我第一次犯错，也不会是最后一次。

很快，亚纳康达股价跌到了301美元。就在股价跌到这个数字的一刹那，我溜到电报员那儿，他跟纽约办公室有无线电联系。我压低嗓门跟他说："卖出我所有的亚纳康达股票，8 000股！"我不想让其他人知道我在干什么。

这个职员用一种惊讶的表情看着我。但是我坚定地点了点头，说："全部卖出！"

"没问题，利文斯顿先生。你应该不是按当前成交价卖出吧？"他说起来就好像是一个大富翁因为经纪人粗心大意的操作而要损失几百万美元一样。我坚定地告诉他："少废话！赶紧给我卖出。"

办公室里还有另外两个伙计，吉姆·布莱克（Jim Black）和奥利·布莱克（Ollie Black）。他们两兄弟凑巧听到办事员和我的对话。这俩人出生在芝加哥，在那里大笔投机小麦交易，现在转战到纽约证券交易所。他们很有钱，而且往往大手笔操盘。

我离开电报员，径直走向座位，紧挨着报价板。这时，奥利·布莱克向我点头示意微笑。

他说："拉里，你很快就要后悔了！"

我停下来，问他："你什么意思？"

"明天你肯定要买回来！"

我问道："你说我要把什么买回来？"除了电报员，我没跟任何人说过我的操作。

他说："亚纳康达。明天你得花 320 美元买回来。你这一步走得可是相当不怎么样。"然后，他又笑了。

我好奇地问他："不然呢？"

奥利·布莱克回答道："你不该把你的 8 000 股亚纳康达卖掉了！你应该继续持有它的。"

我知道这个家伙很聪明，而且经常靠内幕消息赚大钱。但是他怎么会这么清楚我的操作细节呢？哈丁办公室肯定不会出卖我的信息的。

我问他："奥利，你是怎么知道的？"

他大笑起来，然后告诉我："我是从查理·克拉策（Charlie Kratzer）那里知道的。"查理是刚才那个电报员。

我问："不可能啊，他一直在自己的位置上没动。"

他哈哈大笑起来："我刚才听不到你们俩在嘀咕什么事，但是他替你往纽约方面发的电报的每一个词，我都听得真真切切。几年前我因为在一个大单子上传递信息犯了错误，所以对电报比较了解。所以自从那时起，只要口头和电报员说话下单，我必须百分百确定交给他的信息的确被明白无误地执行了，这样的话我就知道他以我的名义发的电报内容。话说回来，这次你卖出了亚纳康达肯定会后悔的，因为股价要涨到500美元。”

我说：“放心吧，奥利，这次不会错的。”

他盯着我看了会，然后说：“你还真是很有把握呀！”

我说：“倒不是这样，是股票交易带告诉我的！”其实这个地方没有任何股票价格收报机，所以也就不会有任何股票交易带。但是他明白我的意思。

他说：“我知道是有这么一批人，他们会阅读股票交易带；他们不是去研究股价，而是看到了股票买入与卖出，与火车时刻表类似。但是这些人都被关进神经病监狱了，墙上都钉着垫子，所以无论市场怎样波动，都伤害不到他们。”

我没有接他的话茬，因为这时候办公室的职员给我拿过来一个备忘录，我的交易记录。他们以299-3/4的价格卖出了5 000股；我知道这里的报价板往往要比纽约证券交易所的市场价格慢一点。当我下单的时候，棕榈海滩这边的卖价是301美元。现在我很确信，就在我的全部股票在纽约证券交易所被卖出的时候，股价会更低；要是有人愿意296美元全部吃进我的股票，我也会毫不犹豫地全部接受。你也看出来了，要是我判断正确了，就绝对不会关心交易价上下限的问题。假设卖价定在300美元呢？那我可能就一股也卖不出了。所以，一旦决定了卖出，就要以清仓为主要目标。

现在，这些股票的成本价是300美元。交易记录显示，他们以299-3/4的价格卖出5 000股，接下来先后以299-5/8美元的价格卖出了1 000股，以299-1/2美元的价格卖出了100股，以299-3/8美元的价格卖出了200股，以299-1/4美元的价格卖出了200股。剩余股票的成交价是298-3/4美元。卖掉最后的100股花费了哈丁兄弟公司最聪明的交易员15分钟的时间。他也不想因为这么大的卖单把盘口给砸开。

拿到最后一份做多股票平仓的成交报告后，我立即着手开展真正想做的事情：做空股票。现在我也不得不这么干了。在经历过突发性的暴涨之后，市场供大于求。为什么这么说？因为人们又开始谈论熊市了。尽管如此，这段经历告诉我，股价上涨也有它的过程，做空股票已经是安全之策，这并不需要太多思考。

第二天，亚纳康达的开盘价是 296 美元。奥利·布莱克本来预期股价会进一步上扬，等股价突破 320 美元的时候来次狂欢派对。我不清楚他到底做多了多少，或者他有没有看涨，但是当他看到开盘价的时候，却笑不起来了；过了一会儿股价再跌的时候，他也没笑起来。最后市场报告送过来的时候，我们从棕榈海滩的哈丁兄弟公司分支机构了解到，市场没任何买单了。

当然了，这也是我所需要的最后信号。日益增长的账面利润不断提醒我每时每刻的判断都是正确的。自然而然，我继续卖出更多的股票。

所有的一切，都说明现在进入了熊市。所有股票都在下跌。而明天就是周五了，乔治·华盛顿的生日。我不能继续待在佛罗里达垂钓了，因为我必须操作一次规模巨大的做空，所以得回到纽约去。纽约有谁需要我？我自己！棕榈海滩离纽约太遥远了，光电报来来回回的时间就耽误了很多宝贵的机会。

我立即动身赶往纽约。周一的时候，因为要等火车，所以我在圣奥古斯丁（St. Augustin）待了 3 个小时。凑巧那里有个经纪人办公室，我想也没想就走过去瞧，看市场是怎么波动的。自从上个交易日后，亚纳康达的股价又下跌了好几个点。实际上，自从那次大跌之后，它的股价一直处于下跌之中。

我到了纽约之后，在接下来的 4 个月里疯狂地做空市场。市场偶尔会有股价上扬的情况，我就尽快平仓，再伺机做空。严格地说，我并没有一根筋地做空，因为我牢牢地记得，在旧金山地震大跌的那次千载难逢的机会中狂赚的近 30 万美元，随后被我输得一分不剩。我曾经判断得很准确，但是最后还是破产了，就是因为对时机的把握尚欠火候。我现在操作手法很安全，因为跌倒之后，一个人会很享受爬起来的过程，即便他并没有走到最高点。要赚钱，就得赶紧去行动。要赚大钱，就得精确地做出正确的时机判断。在这个行当里，每个人都得知行合一。一个投机者不仅要做个学生，他必须既是学生，又是投机者。

我在这一点上做得很好，即便在操作手法上还有些不足。夏天来的时候，整个市场也极为惨淡了。看样子，要做大事情，得等到秋天了。我认识的人都去了欧洲度假，我也觉得应该去欧洲玩玩，所以赶紧清仓。在起航去欧洲前，我已经赚了 75 万美元。对我来说，这算是很不错的数字了。

我到了艾克斯累班[①]度假，用自己的努力工作赚到了假期的开销。在这个地方度假实在太理想了：带着足够的钱，有很多老朋友和熟人，而且每个人都在享受假期。在艾克斯累班，我没有碰见多少麻烦，这种好地方在美国可是找不到的。华尔街离这里很远，我不用去听关于股市的任何消息，也不用去做交易，有足够的钱在这里待很长的时间。此外，当我回纽约的时候，我知道可以赚到比在欧洲花的更多的钱。

有一天，我在《巴黎先驱报》上读到了一则关于纽约的消息。上面说斯梅尔特斯（Smelters）公司要额外派发红利，这驱动了股价上涨，整个市场迅速回调。当然，这也影响到了身在艾克斯累班的我。这个新闻说明，市场多头们依然在跟市场的基本面歇斯底里地对抗，跟常识作对，甚至跟坦诚作对，因为他们知道市场将要转变为熊市，故意制订出这样的计划，趁机做多股市抬高股价，以方便减仓。他们之所以这么做，是在暴风雨彻底毁掉股市之前，希望能卖出股票从而解套。或许有这种可能，那就是市场不像我所认为的那样危险。华尔街的大人物们也有可能是心怀幻想，就如同政治家或者庸俗的傻瓜一样。但是，我自己是不会那么干的，毕竟投机者要是有这种心态那就是致命的。或许，证券的制造者，或者新企业股票的发行公司能够承受沉浸在梦幻中的代价。

我知道，这些捏造牛市假象的手法，在熊市里注定是要失败的。读到这则新闻的那一刻，我意识到，此时此刻最适合的事情就是赶紧沽空斯梅尔特斯股票。为什么？因为局内人在现金恐慌的时刻还在提高派现率，简直就是跪在我面前求我从他们身上狠狠地赚一笔。这种诱惑就如同老年人对年轻时光的渴望。他们希望我赶紧沽空那只股票。

---

① 艾克斯累班（Aix-les-Bains），法国小城，老牌贵族休闲胜地。——译者注

我发电报吩咐经纪人帮我做空斯梅尔特斯的股票，然后建议几个在纽约的朋友也做空。等拿到经纪人的卖出报告时，我发现价格已经比在《巴黎先驱报》上读到的报价低了 6 个点。这已经能说明市场的具体情况了。

我本来的打算是，月底先回到巴黎，三周后再启程回纽约。但是等我拿到经纪人发来的电报后，我立即起身赶往巴黎。当天我到达巴黎，直接去了轮船公司，发现第二天还有一艘去往纽约的快船，毫不犹豫地买了票。

我回到了纽约，比原计划提早一个月。纽约是最适合做空的地方。我手头握有 50 多万美元的保证金，资金充沛；而这次急忙赶回来，并不是因为我是空头，而是因为知行合一。既然判断出市场要转为熊市，那就立即行动起来吧！

我继续卖出股票。随着资金越来越紧缺，银行拆借利率越来越高，股价继续下跌。这些我都预见到了。较早之前，这种预见能力差一点让我破产，但是我现在判断正确了，越来越容易赚钱了。作为一个交易员，真正的乐趣在于我意识到，我最终还是上道了。我仍在股海继续学习，但是已经知道该怎么办，再也不依靠半吊子水准去搏杀。阅读股票交易带仍是这场游戏里的重要组成部分，但是现在需要更多的技巧：要懂得把握正确的时机，坚守自己的头寸。而我最大的体会是，一个人必须考虑整体情况，抓住其中的机会，从而预测出各种可能性。简而言之，我已经学会了如何为财富工作，依靠努力工作和聪明思考来赚钱，再也不瞎赌博，或者不再费尽心思去学各种奇门绝技。我也发现了，没有人会自动避免做下等策略的风险，毕竟老虎也有打盹儿的时候。而对于一个下等策略来说，谁去采纳，谁就收获下等收益；而采纳上等策略的大赢家，一分耕耘一分收获，也不会错过上等策略带来的财富。

我的经纪公司也赚了钱。我的操作手法如此成功，以至于公司其他人也开始讨论我，不可避免地有夸张的成分在里面。人们把股票大跌的启动因素归在我身上，不认识的人也跑过来祝贺我。在他们眼中，最牛的事情是我赚钱的数目，而完全忘记了我第一次对他们说做空市场时泼给我的冷嘲热讽；他们以为我只是一个满心想报复股市的大空头，以为我预言的资金困境完全不是什么大事。经纪公司的账簿先生用了三分之一滴墨水书写我的账户余额，这对他们来说反倒是一个巨大的成就。

朋友们告诉我，好几家经纪公司都在传闻，提及我之前的绰号是哈丁兄弟公司的“少年狙击手”，说我现在要恐吓各位多头。在此前的做空战役中，这些多头在股价跌到较低水平的时候，还在努力提高股价。直到今天，他们还在讨论当初我的突袭策略。

9 月中旬以后，货币市场的恐慌情绪散布到整个资本市场。但是不少人心怀幻想，觉得没有必要售出剩余的投机性仓位。为什么这么说？有个经纪人在 10 月的第一周给我讲了一个故事，顿时让我感觉自己的操作手法还是太保守了。

这里我帮助读者回忆一下老式资金拆借流程。货币贷款在证券交易所的资金柜台完成。经纪人们收到银行的还款通知后，大体可以估算当天应该借入多少钱。接下来，尚有足额可贷资金的银行，就会进一步了解它们的仓位，然后把资金打到交易所账户上去。在交易所中，银行资金由几个经纪人处理，这些经纪人的主要业务就是处理短期贷款。到中午时分，当天的资金利率会被更新贴出来。在通常情况下，这代表了到中午为止，贷款市场公允利率的情况。商业活动是通过公开叫卖来完成的，所以信息对每个人都是透明的。在中午到下午 2 点之间，通常没有什么货币拆借的业务，但是在交割时间也就是 2 点 15 分之后，经纪人们就会精确地知道今天他们资金仓位的具体情况；接下来，他们就去资金柜台，或者把资金余额进行划拨，或者继续向银行借款。这些操作都是公开进行的。

接着在 10 月初，发生了一件事情。之前我提到过的一个经纪人跑来跟我聊天，说现在的经纪人不像以前一样做事了。当有资金可以贷出的时候，他们不再去资金柜台。原因是，一些大名鼎鼎的经纪人会派出一些成员在资金柜台那里盯梢，只要有钱可用，他们就立即借入。未能公开借出钱的债权人都会乐意借给这些大经纪人，毕竟他们偿款能力强，抵押物质量很好。但问题在于，一旦这些经济人大举借钱，债权人就没什么希望能把这笔钱给要回来了。他们只会说，眼下实在无法还钱了，债权人别无他法，只好继续给他们展期。所以，交易所过去都是把钱借给自己的伙计，现在直接派人到交易大厅而不是资金柜台，碰见熟识的朋友就小声说："要不要一百？"言外之意是："你想不想借 10 万美元？"那些替银行跑腿的资金经纪人现在也在用这个方法，现在资金柜台那边都没什么业务了。你可以想象一下这种情形。

为什么？这个经纪人告诉我，证券交易所的规矩是，在 10 月，借款人可以自己制定利率。结果，这些利率立即飙升，在年化 100%～150%之间波动。我认为，通过允许借款人自己决定利率的方式，债权人可以很微妙地防止落下"放高利贷"的名声。但最后你肯定会发现，他们最后该赚的一分不少。债权人不会去征收较低利率；他们会循规蹈矩，跟其他人一样收取利率。他们需要的是钱，能赚为什么还要去拒绝呢？

情况江河日下。最终，对那些多头、乐观主义者、天真的空想家和其他那些想四两拨千斤的人来说，世界末日来临了。他们将在没有麻醉的状态下接受截肢手术。而我永远也忘不了这一天，1907 年 10 月 24 日。

资金柜台那里传出来的报告显示，无论资金出借方给出任何条件，资金需求方都会答应下来；利息方面没什么回旋的余地。那天，想要借钱的人比平常多了很多。结算时间一到，资金柜台那里至少有一百多号人在围着；每个人都想迫切地借到公司所需要的资金。要是借不到钱，他们就得被迫卖出股票来平仓。这时要卖出股票，卖方会答应买方给出的任何价位。此时此刻，股票买方就如同资金一样稀缺，已经看不到什么买单了。

我朋友的合伙人和我一样，做空市场。因此他们的公司没有借钱；但是我的那位朋友，就是刚才提到的经纪人，一脸愁容地从资金柜台那里走了出来，找到我。他知道我此时此刻是个大空头。

他对我说："上帝呀，这是怎么回事！拉里，我真是不知道怎么回事，以前从来没有见过这种场面。肯定是发生大事了。每个人现在看起来都崩溃了。你不能再卖股票了，因为市场里压根没有资金了。"

我问他："什么意思？"

我没想到他给了我这个答案："你有没有听说过教室里做的一个实验？就是把老鼠放进一个玻璃瓶，然后把空气给抽出来。你会发现老鼠呼吸越来越快，肚子膨胀得跟个风箱似的；老鼠努力呼吸到足够多的氧气。你会看到它窒息，眼睛暴凸，最后绝望而死。当我看到资金柜台的那帮人的时候，我就想到了这个。现在市场里一分钱也没有了，你这会儿不能再交易了，因为不会有人去买它们。此刻整个华尔街都破产了，我绝不骗你。”

我听罢开始思考。我承认本来打算来个沉重一击，但现在是股市历史上最大的恐慌。如果市场继续恶化，那么任何人都不会获利。

到了最后，人们已经知道在资金柜台那里等待不会有任何结果。里面不会有任何资金，然后大恐慌爆发了。

后来我听说，证券交易所的主席 R. H. 托马斯先生（R. H. Thomas）了解到华尔街上的所有经纪公司都面临灭顶之灾，他就开始寻求援助。他给国民城市银行（National City Bank）的总裁詹姆斯·斯蒂尔曼[①]（James Stillman）打电话。该银行是美国最富有的银行。它对外吹嘘说，从它那里贷款，利率绝对不会高于 6%。

斯蒂尔曼先生听证券交易所总裁讲述完毕后，说：“托马斯先生，我们必须去拜会摩根先生了。”

这两位先生，心怀拯救美国金融历史上最严重恐慌的愿望，一起到达 J. P. 摩根公司，见到了摩根先生。托马斯先生把事情讲述了一遍，话毕摩根先生说：“你们可以回证券交易所了，然后告诉人们，资金马上会到位的。”

“钱从哪里来？”

“银行会提供给你们的。”

当时的人们对摩根先生力挽狂澜的能力从不怀疑，因此托马斯先生也来不及讨论更多的细节，直接火速奔回证券交易所的交易大厅，然后对那些被判了死刑的成员们宣布了缓刑的到来。

当天下午的 2 点半，J. P. 摩根先生安排范·艾姆博与阿特伯里（Van Emburgh & Atterbury）公司的约翰·阿特伯里（John T. Atterbury）先生来

① 詹姆斯·斯蒂尔曼（1850—1918），与洛克菲勒家族、标准石油公司、库恩·列博公司组建国民城市银行并任总裁。——译者注

到了交易大厅。人们都知道范·艾姆博与阿特伯里公司和J. P. 摩根公司的紧密关系。朋友告诉我，这位老经纪人快步走向资金柜台，就像是返场的明星一样举起自己的胳膊。听到托马斯主席宣布的通知后，人们一开始保持平静，紧接着就开始担心救援计划是不是流产了，世界末日是不是还要到来。所以当看到阿特伯里先生的面孔、看到他举起手的时候，他们迅速地陷入了恐慌。

死一般的静寂之后，阿特伯里先生宣布："现在，我授权借出1 000万美元。不要急，这些钱足够你们每个人使用!"

然后他就开始行动。他并没有把资金出借方的名字给每个借款人，只是匆匆记下了每个借款人的名字和借款数量，然后告诉借款人："一会儿有人告诉你该去哪里取钱。"他的意思是，过会儿这些借款人应该去哪个银行拿到资金。

过了一两天，我听说，摩根先生给每个纽约的银行家传了话，要求他们必须把钱借给证券交易所。

银行家们都在抗议："但是我们也没钱！我们都把钱给贷出去了。"

摩根先生怒吼道："那就用你们的准备金!"

银行家们哭嚎道："但是我们的准备金已经低于法定额度了!"

"那就使用这些准备金！准备金就是用来干这个的!"然后，银行家们只好乖乖听话，最后超额使用2 000万美元的准备金。这一举措拯救了整个股票市场；而银行业的恐慌则在接下来的一周到来。这就是摩根先生的魅力，再也找不到比他更有号召力的人了。

作为一个股票操盘手，我十分清晰地记得那一天，这是我这一辈子永远不会忘记的日子。那一天，我赚了100多万美元，这意味着第一次精心策划的交易策略大获全胜，我预测的事情最后的确发生了。但最重要的事情是：我的狂野梦想最终实现了。我简直就像当上了国王。

忆往昔峥嵘岁月稠。早年在波士顿的商号，年仅15岁的我跑赢了市场，而转战纽约的证券交易所后，我却总赚不到钱。随后待在纽约的岁月里，我绞尽脑汁搞明白到底是什么原因造成这前后的差距。最后我终于发现是什么出错了，接着学会了止损。我会依靠自己的知识来确保判断正确。这也就意味着力量。

请不要误解我。这不是一个富丽堂皇的梦想，或者是因为过度虚荣而产生的空虚。这是一种情感，在富尔顿办公室和哈丁兄弟公司时困惑我许久的市场，终有一天会被我所了解。我知道这一天最终会到来。而这一天就是1907年10月24日。

我之所以这么说，是因为那天早上，有个曾经给我做了很多交易的经纪人，知道空头策略让我狠狠地大赚了一笔。他跟银行家说，我是如何大举做空股票的，因为我把全部运气都压在上面了。本来就是嘛！如果判断正确却又没从中获利，那判断的意义何在？

或许经纪人夸大了一下，以显得他的故事很重要；或许我的追随者不止一个；也或许银行家比我更清楚市场恶化到什么程度了。总而言之，经纪人告诉我："你说在真正的出售开始的时候，市场会如何波动。我把这话告诉这个银行家了，他十分感兴趣。后来我要走的时候，他说当天晚些时候有些事会让我去做。"

当经纪公司们发现无论利率多高都借不到钱的时候，我知道时机来了。我把经纪人发配到不同人群中去打听情况。他们向我汇报说，联合太平洋铁路股票居然一张买单也没有，而且不管价格多低，买单始终不出现。读者可以自己想象一下当时的市场情况。其他的股票也是这副惨状。没有钱来买股票，也就没有人打算买它们。

我现在账面利润很多，但是很确定一件事：如果我现在继续打压价格，下单卖空1万股联合太平洋和6 000股高派息股票，接下来整个世界就会变成一片地狱。对我来说，这场恐慌的强度完全可以预测到，我觉得交易所理事们会接受关掉交易所的建议。后来在世界大战于1914年8月爆发的时候，他们的确这么做了。

继续卖空意味着我的账面利润会继续上涨，但同时也意味着市场可能崩溃，我就没法把这些利润转化为实实在在的现金。而且我还有其他考虑，譬如市场进一步下跌会阻碍我即将出现反弹的预期，因为血腥屠杀之后的市场需要补偿性超跌。另外，这种恐慌情绪也会极大地损害美国经济。

我改变了主意：既然继续坚持空头不是个明智之举，那就不应该继续做空市场了。所以我开始转向买入股票。

经纪人开始替我买入股票，而且都是在市场底部买入；这是银行家让经纪人转告我的价位。

这位银行家对经纪人说："我传话给你，要你立刻找到你的朋友利文斯顿，告诉他，我们不希望他今天再卖出任何股票，因为市场已经无法承受任何压力了。你们都看到了，现在要逆转一场灾难性的恐慌是件多么艰难的事情。用你朋友的爱国心来说服他吧。这一刻，任何人都应该为所有人的福利考虑。他要是有任何表态，请立即告诉我。"

我的朋友立即跑过来找我，他是个聪明人。他觉得我会继续摧毁市场，接受他的要求等同于放弃了赚 1 000 万美元的机会。当华尔街巨头们和我一样都知道要发生什么的时候，我肯定他们会选择继续抛售股票。

而实际上，这些大玩家们同样损失严重。之前我买入的很多股票都是在一些社会名流的名下；当时我并不知道这件事，虽然知不知道并不重要。我已经平了所有的空头仓位，低价买入股票倒是一个机会。如果没有人继续打击市场的话，我可以同时帮助一下这帮人。

我告诉我的经纪人："你回去告诉布兰克（Blank）先生，我同意他的方案。实际上，在他派你来之前，我已经知道了情况的严重性。今天，我不仅不会卖出一股股票，而且会尽我最大的能力买入股票。"我信守诺言，当天买入了 10 万股股票，转为多头。在之后的 9 个月里，我没有沽空任何一只股票。

这就是为什么我告诉朋友，说我的梦想已经实现，而且有那么一刻我觉得自己是救世主了。当天有那么一段时间，股市的走动完全取决于是不是有人大发慈悲不去捣碎它。我没有因为过度贪婪而受损，而实际上，我完全能体会被人指责搞烂了这个市场的感觉，特别是华尔街传闻说我的操作手法加剧了市场恶化。

我完好无损地从股市里脱身。新闻说，拉里·利文斯顿，就是那个"少年狙击手"，这次赚了几百万美元。但实际上，当天股市收盘后，我只赚了

100 多万美元。但是我最大的收获并不是这些钱，而是无形资产：判断正确，向前展望，而且遵循了明确的战斗策略。大道无形，我懂得了一个人要赚钱的话，必须要做什么。自此之后，我永远地从赌徒阶层脱身，而且学会用大格局来做交易。这是我毕生难忘的一天。

第十回　处变不惊非本性 疯狂惶恐是人心

认识到自己所犯的错，跟研究自己所获得的成功一样，使人受益匪浅。但人的本性就是逃避因犯错而受到惩罚。如果一想到犯错，你就联想到棍棒相加，那你绝对不会想着第二次犯错；所以，股市上各种错误虽然让你受到伤害、花了钱，但也消灭了你的无知。股票投机者也经常犯错，而且他知道自己正在犯错。在犯错完毕之后，他会问自己为什么犯错；在琢磨明白之后的很长一段时间内，他都不会忘记惩罚的痛苦。正是经历过这些痛苦，他才弄清楚自己为什么、在什么时候以及在哪个环节犯了错。他会懊悔万分地自我埋怨几句，然后又将教训抛在了脑后。

当然，如果有人聪明又幸运的话，他就不会在同样的问题上犯两次错误。但是他终归还是要在成千上万的错误中犯一个。错误这个大家族十分庞大，当你想在股海驰骋时，总会遇上其中的某一个。

我讲述一下曾经犯过的错误之一，它价值百万美元。那是在 1907 年的 10 月股市大跌之后，我第一次成为百万富翁。随着交易规模不断扩大，我对资金数目愈发不敏感，手握 100 万美元顶多意味着资金储备稍微大了一点。钱财不会让一个交易员更加舒服，原因在于不论钱多钱少，交易员总要犯错误，而犯错误总是不舒服的。当一个百万富翁判断正确的时候，资金也只是他的众多投资工具之一。但在我看来，亏损是最不烦心的麻烦事之一。如果我接受事实，就不会在意亏损，睡一晚上就忘记了。但是交易员心理上念念不忘账户上和内心上的损失，那他就会被百般折磨。还记得迪克森·沃茨（Dickson G. Watts）的故事吗？故事里，有个人紧张兮兮，他的朋友来问他怎么回事。

那个很紧张的人说："我睡不着。"

他朋友问："怎么回事？"

"我手头有很多棉花，现在天天想到这事就睡不着觉，筋疲力尽。我该怎么办？"

他的朋友说："那就在能让你睡着觉的点位卖掉。"

这算是一个规律吧。一个人过于迅速地适应了情况，会失掉自己的思考。他会感觉不出前后的区别，换句话说，他有可能找不回成为百万富翁之前的感觉，只会记得那些之前做不了但是能做的事情。一个年轻人忘掉贫穷中养成的习惯不难，但是忘掉骄奢的生活却非易事。我觉得，原因可能是金钱创造了人的需求，或者给人提供了消费眼界。一个人在股市里面赚了大钱后，会很快地放弃节俭的习惯。但是他亏钱之后，却要花费很长的时间来改掉挥霍无度的习惯。

1907 年 10 月之后，我开始减少空头头寸，增加多头仓位。此后，我决定好好享受一下，先买了一艘小游艇，然后计划去加勒比海附近游玩。我爱好垂钓，打算好好享受一下人生。那时我对垂钓计划充满了憧憬，迫不及待地想出发。但是我并没有成行，因为市场风云突变。

除了股票，我也经常交易大宗商品。早在商号时代，我就开始了这种交易。我对这些市场也很有研究，虽然不可能像对待股市那样勤勉，但是跟股票相比，我更喜欢大宗商品。这个市场更具合法性，而且比股市交易更富有商业精神。一个人可以用处理商业问题的方式来参与大宗商品交易。在大宗商品市场里，你可以用各种逻辑来辩护或者辩驳市场大势，而且成功只是暂时的，因为最后还是事实说了算。这样，交易员可以从交易或者观察中学到很多东西，就如同置身其中。光靠观察和审时度势，一个人就可以和市场上其他人一样了解各种信息。他也不用害怕内部人操控市场。在棉花、小麦或者玉米市场上，一夜之间，好消息会反映到市场价格上。长期而言，商品价格只会被一条法则决定：供需定律。商品市场的交易员只需要了解到需求和供给的信息，从现在到将来的各个时点的信息。而且不同于股市，交易员不需要做一大堆猜测。这一点让我对大宗商品交易如痴如醉。

在所有投机性市场上发生的事情也都差不多，交易带上记录的信息也是一样的。对每个人来说，同样需要花时间思考枯燥的事情。他会发现，如果自己提出各种各样的问题，再去思考各种可能的情况，答案自己就会蹦出来。但是人们很少会劳神去问问题，更不用说去找答案了。每个美国人都是这样，许多人是径直走进经纪人的办公室，查看一下股票交易带上的价格，不管是在股票还是商品市场。凡事预则立，不预则废。老话如此，但实际上人们不会去遵守。尽管交易任何产品都要求事先做好准备，但交易员一旦开始交易便失去了往常的机智和谨慎的质疑。如果一个人进入股市之前思考的程度都少于他买入一辆中级车时的决策，那么他要亏掉一半的资产。

虽然研读股票交易带看起来很难，但实际上也没那么难。当然了，你需要不停地练习，从而熟能生巧。但是更为重要的是，你脑袋里要记住一些基本原则。研读股票交易带并不是让老天爷告诉你该怎么办。就算你读了股票交易带，它也不会告诉你下周四下午 1 点 35 分股票市值是多少。研读股票交易带是为了让你有把握，知道接下来该在何时、如何去做交易，也就是帮助判断譬如现在买入而非卖出的策略是否更加明智。关于股票的这点知识，放在棉花、小麦或玉米上同样成立。

通过股票交易带，你可以观察市场价格的波动过程，目的只有一个：确定市场趋势，也就是价格趋势。我们都知道，价格会随着它们遇到的阻力大小而上下波动。为了方便讲解，可以这么说，与其他东西一样，价格会沿着阻力最小的那条线波动。哪个方向最容易，它们就怎么走动。如果上升的阻力很小，它们就会向上走动；反之亦然。

一旦市场开始启动，应该不会有人对于目前市场是牛市还是熊市感到困惑。一个人只要眼界开阔、思维清晰，就很容易看清趋势。但是对于一个投机者来说，让事实屈从于他的理论，这就大错特错了。如果能清晰地说出现在是应该买还是卖，那么这个人应该知道目前的市场是处在牛市还是熊市。

在市场启动的一开始，他应该知道是买入还是卖出。

我可以举个例子。假设市场像往常一样起起伏伏，波动区间在10个点位以内，介于120到130之间。市场跌倒底部时，看起来比较虚弱，在涨了8～10个点位后则看起来强劲有力。交易员可不能被这些蝇头小利给误导了，立马开始做交易。他应该一直等待，直到股票交易带告诉他，时间的确合适了。而实际上，经常会有成千上万美元被亏损掉，原因往往是操盘手看到股票便宜就买入，或者看到股票变贵了就卖出。记住，投机家可不是投资家。投机家的目的不是为了保证资金在合适的利率上能产生稳定的回报，而是要在价格波动中，用尽一切手段获取利润。所以想做交易的时候，一定要判断出阻力最小的投机价位，然后就一直潜伏着，直到股价到达可以卖的那一刻，而那也是接下来大举建仓的信号。

研读股票交易带后，假设判断出在130的点位上，卖方力量要大于买方力量，可以猜测接下来会有一波调整。而就在卖方力量压过买方力量的时候，肤浅的新手研读股票交易带后，会认为股价达不到150点不会下跌，会继续买入。而调整一旦开始，他们就硬扛着，或者卖出一点，或者转而做空市场准备做空头。等到市场点位跌到120点的时候，止跌的阻力变得巨大。这时候买方力量开始压过卖方力量，市场会有一波上涨收回部分点位。一跌一涨，普通投资者被严重打击了，但令人惊讶的是，股民们还是固执地不愿意接受任何教训。

接下来会发生一件大事，推动市场继续上扬或者下跌；最大阻力位也会上涨或者下跌。也就是说，有可能在130的点位上，买方力量第一次大于卖方力量，或者在120的点位上，卖方力量会压过买方力量。价格会突破原有的范围，开始扩大波动幅度。经验表明，经常会有一些人觉得市场很虚弱，所以在120的点位上做空，或者觉得市场看起来很强劲，所以在130的点位上做多。当市场趋势跟他们的仓位不一致时，他们要么就得改变看法、迅速调头，要么选择出局。不论哪种情况，他们都帮助市场更清晰地找到了阻力最小的头寸。所以那些聪明的交易员会耐心等待，确定目前头寸是不是反映了目前交易的基本格局。大家还应注意那些判断失误的交易员在纠正错误后市场力量是如何变动的，这些修正有助于推动价格沿着阻力最小的方向变动。

在这里容我多说一句：我很少认为有准确的概率数字或者某种投机宝典。经历了风风雨雨，我认为未知或者无法预测的事件往往有助于判断市场趋势，从而使得操盘决定是根据阻力最小的点位做出的。现在再回顾一下我在萨拉托加操盘联合太平洋股票的故事。我之所以做多市场，是因为当时的最小阻力位在往上走。我当时看多不是因为经纪人告诉我，说那些知道内幕的人在卖出股票。那些人是怎么想的并不重要；反正我不可能知道所有的信息。但是研读股票交易带后，我十分肯定以及确定的是：股价要涨起来了！紧接着，意想不到的是公司增发红利，股价一下子涨了 30 个点。就在股价到了 164 美元的时候，人们觉得有点高得离谱了。但是要记住我跟你说过的话：千万不要因为股票贵就不去买入，或者因为股票便宜就不去卖出。价格本身并不跟最小阻力位相关。

在实际操盘中，如果我告诉你在市场收盘和开盘之间哪些新闻是重要的，你就会发现你的交易和市场最小阻力位吻合得十分好。原因是，在新闻发布之前，市场趋势已经确定好了；在一个牛市里，那些熊市的信息都被忽视了，而与牛市相关的新闻都被夸大了，反之亦然。就如同在战争爆发之前，市场的情况已经很脆弱了，然后德国的海军政策就被火速宣传开来。我当时做空了 15 万股股票，不是因为我知道新闻马上要爆出来了，而是因为我一直在遵循最小阻力位原则。所以爆出来的新闻就如立刻消散在了明净的天空中一样，除非这跟我的交易相关。当然了，我也会利用这种情况，将我的空头交易平仓。

说起来容易做起来难。我告诉你们，唯一需要做的事就是研读股票交易带，然后确定好最小阻力位，沿着最小阻力位去交易。在实际操盘中，一个交易员要防范各种各样的事情，而其中最需要防范的就是人的本性。一个人要是判断正确，那么就有两股有利的力量支持他：一个是市场大势，另一个是判断错误的一方。在一个牛市里，熊市因素被人们完全忽视，等市场转熊之后，人们又总是惊讶于之前为何忽视了这些因素。譬如有人会告诉你，小麦收成要不行了，因为今年在某些地方天气很差劲，很多农场都被毁了。结果当整个谷物收割完毕，所有小麦产区的农民排着队到仓库存粮食时，多头们又惊讶于整个市场没受什么损失。他们发现自己倒是帮了大空头们的忙。

如果要进入商品市场投机，那么交易员绝不能让自己有先入为主的观点。交易员必须心胸开阔，凡事要灵活。无视股票交易带信息绝对是不明智的，不管你是怎么分析谷物的市场情况或者潜在需求的。我依然记得有次因为试图预测行情而损失巨大。我当时觉得对行情把握十足，没有根据最小阻力位来做交易。我甚至想到会帮助市价提前走到最小阻力位，因为从当时的情况看，我只要努力一点点就能实现。

有一次，我看多棉花。棉花价位在 12 美分附近波动，但波动区间有限，我看得清清楚楚。我知道只需要等待即可。但是我误以为再给一点点推力，棉花价位就会突破，超过较高的阻力位。

我买入 5 万包棉花，很快价格如期涨了起来；紧接着，只要我不再买入，价格就不再上涨。然后，价格又跌回我开始买入时的价格。我从市场退出，价格就下跌，这让我以为现在十分接近最佳点位，所以应该再次杀入。我又重新操作了一遍，同样的事情发生了。我把报价提高了一点，就是想看看我要是不再下单的话，价格会不会下跌。按照这个思路，我试了几次，直到最后自己大败而归。这次我付出了 20 万美元的代价，彻底玩完。没过多久，价格就开始上涨，一直涨到我如果不着急杀入的话肯定会大赚一笔的价位。

这次是我拥有的无数个悲伤记忆之一，而我也学到了一个血泪教训：在一个狭小的市场里，如果价格一直在很窄的区间里波动而且没有显示出向上或者向下的趋势，那就不要徒劳预测下一波趋势是向上还是向下；唯一要做的就是盯住市场，研读交易带，以此来确定这种类型波动的上下限在哪里；然后要牢牢记住只有价格向上或者向下突破了这个界限，你才能够杀入场内。作为一个投机者，必须时时刻刻提醒自己从市场里赚钱是王道，而不是一根筋地认为股票交易带必须符合自己的主观看法。在这个时候，去跟市场辩论，或者让某人来给你做解释都是徒劳的。股市从来不会对亡羊补牢的行为大发慈悲。

没过多久，我认识了一大帮朋友。他们正热火朝天地讨论着投机小麦。其中有些人看多，有些人看空。最后，他们就问我是怎么看待市场的。那会儿我正好研究这个市场略有心得。我知道他们不会去理会任何统计数字或者市场分析，所以就说：如果你们真的想从小麦投机上赚钱，那我来告诉你们该怎么办。

他们异口同声地说没问题，然后我就开始讲述策略了："要是真的想在小麦投机上赚钱，现在就盯住市场，然后耐心潜伏。等价格过了 1.2 美元的时候，赶紧杀入，紧接着速战速决。"

有个家伙问道："为什么现在不买呢？现在价格才 1.14 美元。"

"因为我也不是很确定价格是不是一定会涨上去。"

"既然这样，那么为什么还要在 1.2 美元的时候再买呢？价位看起来略高呀。"

"现在有两条路可以走：一个是瞎猜，有可能赚一大笔钱；另外一个是很睿智地投机一把，但是赚的钱要比瞎猜赚的钱少点儿。怎么选？"

他们都说愿意选择少赚点，但是把握较大的那种策略。所以我说："那就好办，按照我说的去办。等价格过了 1.2 美元，就开始杀入。"

如我所说，我已经观察市场很长时间了。连续几个月，股价一直在 1.1 美元到 1.2 美元之间波动，上下都没有突破。直到有一天，小麦收盘价高于 1.19 美元了。我已经准备好了弹药，第二天的开盘价锁定在 1.20-1/2 美元，大举买入。接着价格突破了 1.21 美元、1.22 美元，一直到 1.23 美元、1.25 美元。我继续买入。

即便现在，我也没法向你解释在那段无法突破的日子里，市场价格到底是怎么回事。我也不能预测价格突破时，会高于 1.2 美元或者是低于 1.1 美元，虽然我的确觉得价格会向上突破。原因是当时小麦价格大跌后，市场上的小麦并不充足。

而实际上，欧洲那边静悄悄地买入了不少小麦，很多交易员在 1.19 美元的价位上做空了小麦。由于欧洲方面的大笔买入以及其他原因，很多小麦都从市场上消失了，所以紧接着市场开始了剧烈波动。价格最终突破了 1.2 美元的价位。这个价位就是我所需要的价位，因为我知道，一旦突破了 1.2 美元，那就是因为向上的动力最终集结在了一起形成突破，而且有大事要发生了。换句话说，价位突破 1.2 美元后，小麦价格的最小阻力位已经确立，市场情况已经完全不同了。

我记得有个节假日，美国所有市场都休市了，结果当天加拿大温尼伯（Winnipeg）小麦的开盘价上升了 6 美分/蒲式耳。当美国市场第二天开市的时候，也涨了 6 美分/蒲式耳。价格的确是沿着最小阻力路线变化的。

在前面我把以研读交易带为基础的交易哲学的精华说明白了。意思很简单，要了解价格最有可能波动的方向，就要通过测试单来检验自己的判断，来确定市场的心理活动。一旦开始交易以后，我就通过盯住价格波动来确定自己的策略。

当买入价格处于上升期的股票时，我经常付出较高的价格；当卖出股票的时候，我经常卖得很低，或者压根没赚头。当我把自己的这些手法告诉很多老练的交易员时，他们都觉得这不可思议。其实对于一个交易员来说，如果他能坚持自己的原则，赚钱并不困难。而原则无非就是寻找市场的最小阻力位，然后让价格自行找出突破口；在研读股票交易带后，发现价格要上涨了就赶紧买入，价格要下跌了就赶紧卖出。假设某个交易员买入了满仓的 1/5，如果这还没有给他带来利润，那就应该停止加仓，原因是他估计已经判断失误。如果失误只是暂时的，那么没赚到钱倒也不是什么大事。相同的股票交易带给出的信息是价格上涨，不要去错误理解这个信息，因为价格上涨也需要机会。

宜将剩勇追穷寇。在那次棉花“大战”中，我大获全胜。我有了自己的交易哲学，而且彻底靠这个哲学为生。做个假设，我的仓位是 4 万～5 万包棉花。经过研读交易带，我在寻找一个买入或者卖出机会。再假设现在的最小阻力位暗示下一波价格要大涨。这样的话，我就买入 1 万包棉花。接下来，要是市场价格上涨超过初始买入价 10 个点，我就继续买入，再买入 1 万包。接下来，如果我收获了 20 个点的利润，或者 1 包赚 1 美元，那么我就会继续买入 2 万包。这样我就会满仓。但是假设另外一种情况出现：如果一开始买入 1 万或者 2 万包后出现了亏损，我就会离开市场。这说明我错了，当然有可能是暂时出错。但是如我所说，犯错的话，就什么也赚不到了。

因为忠于自己的逻辑体系，在每次价格下跌的时候，我都买入棉花建仓。

我在逐渐满仓的过程中，总共花了 5 万～6 万美元。我在这个过程中寻找感觉；虽然看起来我花了一大笔钱在做测试，但实际情况并非如此。有人怀疑一旦行情开始了的话，要是我扔下 5 万美元就是为了确保在合适的时间加仓，那我得花费多久的时间才能赚回来？其实，压根花不了多久。一个人在合适的时间做出正确的判断，总会有回报的。

正如我前面所说的一样，如上行为刻画出了思维体系是如何帮我做出最佳判断的。当你盈利的时候，一定是盈利很多；当你亏损的时候，仅仅损失了一点筹码。这种简单逻辑是显而易见的。如果一个人可以按照我刚才说的去交易，他肯定能够把握住赚大钱的机会。

职业交易员往往会有一套自己的交易哲学。这些哲学是在屡次的市场打拼中积累出来的，而且被两种心理支配：一种是他们对于投机本身的态度，一种纯粹是出于欲望。在棕榈海滩的时候，我曾经遇到一位睿智的绅士，他的名字我记不清楚了。但是我知道他已经在华尔街上混了很多年，曾经经历过内战时代。有个人告诉过我，这位老者可是个超级睿智的人，经历了股市的起起伏伏、风风雨雨，其名言就是：太阳底下没什么新鲜事，在股市里更是没有什么新鲜事。

这位老先生问了我很多问题。我把自己的经历讲给他听，然后他仔细分析了我的日常交易策略，点头赞许道："一点都没错！你的这种策略很正确。思维的建立过程就是思维的导向过程，这让你的交易策略百分百地适合你的特点。拿自己的思考来练手，因为你下赌注的钱可是自己的。这让我想起了帕特·赫恩（Pat Hearne）。你有没有听说过他？他可是个很有名的运动员，在我们这儿开了一个股票账户。这个人十分聪明，而且对事物很敏感。因为他赚了不少钱，所以很多人找他咨询意见。帕特从来都会给这些人任何意见。他的一句至理名言就是'你要是不拿真金白银来玩，那就什么也别谈了。'他就在我们的经纪人办公室交易。他的通常做法是，先买入 100 股看起来很受追捧的股票，要是股价涨了一个点就再买入 100 股；再涨一个点，就再买入 100 股；依此类推。他常常告诉人们，把钱送给别人可不是他喜欢的事情，所以他设了一个止损线，就是当股价从他最后一次买入时跌了一个点的价位。要是股价继续涨了，他就继续买入；要是跌了一个点，他就打住止损。对他来说，损失超过一个点位，简直是没法忍受的事情；他也不管这种损失是源自他的原始利润还是账面利润。”

“所以，你得知道，一个职业的赌徒不会放长线钓大鱼，而一定会抓住有把握的利润。当然了，要是他们进场的时机不错，放长线也没什么不好。在股市里，帕特不会去追逐一周就能赚 20 个点的刺激游戏，而是会用足够的资金去赚有把握的钱，这样他日子过得很舒服。我在华尔街见识过太多的股民了，但是帕特·赫恩却是我认识的唯一把股票投机当作玩纸牌或者俄罗斯飞盘的人，而奇怪的是，他又有一种坚持自己赌博策略的直觉。”

“帕特·赫恩死后，我们公司有个之前一直跟赫恩做交易的顾客，开始模仿赫恩的策略做交易，而且在拉克万纳（Lackawanna）赚到了 10 万美元。接着，他就转向做了其他的股票。这个人觉得自己有大笔筹码保证金，就头脑发热不想用赫恩的策略了。结果股价跌的时候，他不仅没有迅速止损，而是任其跌落。最后，他一分钱的利润也没赚到。当他离开股市的时候，已经欠了几千美元的债务了。”

“这个人就这么晃晃悠悠地过了两三年。虽然钱没有了，但是他还是对股市一如既往地狂热；只要他不做什么违法的事，我们也就对他比较客气。我记得很清楚，有次他很坦然地承认了，没有继续坚持帕特·赫恩的操盘手法是他这一辈子做过的最愚蠢的事情。然后有一天，他找到我，很兴奋地要求我借给他一些股票来做空。考虑到早年间他在我们经纪人办公室还是个很不错的客户，所以我告诉他，我个人可以出资在他的账户里放 100 股股票。”

“这个家伙最后沽空了 100 股湖滩（Lake Shore）公司的股票。要知道，那个时候正好是 1875 年，比尔·特拉弗斯（Bill Travers）正在大举砸盘。这个家伙，名字叫罗伯茨（Roberts），就在那会儿做空了这只股票，并且不停地卖出股票，操盘手法正如他当初坚守帕特·赫恩的策略；以前的好日子就是因为他坚守了这种策略，而不是去听路边的八卦。”

“结果，通过四天的连续投机操作，罗伯茨的账户已经有了 1.5 万美元的利润。看到此时他并没有设置止损线，我就问他怎么回事，结果他说大跌还没有开始，所以他不会被一个点的利润诱惑下单。彼时是8月。结果在9月中旬的时候，他已经亏得一塌糊涂了，居然找我借了10美元来给孩子买小推车。他没有坚守住之前已经被证明很成功的策略。当然，这也是那类人的麻烦之处。”说罢，这位老先生无奈地对着我摇了摇头。

这个老先生无比正确。我时常在想，投机活动应该是一种反自然的生意，因为根据我的观察，如果投机者资质平庸，往往为自己的天性所困。人类的弱点往往是投机成功的致命障碍。通常来说，这些弱点使得投机者易于听从他人的建议，从而忽略了防范操作中的危险，尤其是在股票和大宗商品交易中。

投机者的最大敌人是与生俱来的内在人性。要把一个人的“希望”和“恐惧”从人性中分离开来，这几乎是不可能的。而在投机活动中，当市场行情不利的时候，你就会开始希望每天都是大跌的最后一天。结果呢，你如果不去抱着反弹的“希望”，你亏损得倒没那么多。而当市场行情有利的时候，你就会开始担心万一明天利润都亏干净了怎么办？然后你就快速平仓离场。恐惧使得你赚的钱比原本该赚到的钱少得多。成功的交易员就得努力地跟这两种根深蒂固的本性做斗争。他必须逆转人们口中所说的那种自发冲动。在人人都充满希望的时候，他就得恐惧；在大家都恐惧的时候，他就得满怀希望。他必须担心现在这笔损失会发展成更大的亏损，而同时也得希望现在的利润会越滚越大。要是根据普通大众的方式来操盘，那就犯了滔天大错。

我自从十几岁开始，就投身于这种投机游戏。所以说，我经历了一切该经历的事情。个人认为，我知道现在说的这些东西的价值和意义。经过30多年的连续交易，我曾经身无分文，也曾经富得流油，而最后的结论是：一个人可能会在某个时点在一只或几只股票上赚钱，但是没有人会跑赢整个股票市场；一个人会在棉花或者谷物的某次交易中赚大钱，但是没有人会干得过整个棉花或者谷物市场。这就跟比赛一样。一个人估计能押对某匹赛马，但是不可能干得过整个赛马比赛。

如果我知道如何把这些结论说得更加吸引人，那我肯定会那么去干。所以，要是有人站出来反驳我，其实结论并不会改变多少。我知道，当我说出这些无可辩驳的结论时，我自己是无比正确的。

第十一回　专业厚积勤致远　莫为浮利害心偏

现在，我把日历翻回到 1907 年 10 月。我刚入手一艘小游艇，为离开纽约去墨西哥湾的旅游做足了准备。我这个人就是喜欢垂钓，此时不去，更待何时？

要说有一艘自己的游艇有什么好处，那就是可以随心所欲地去自己想去的地方。万事俱备，东风也不缺！我刚刚在股市上狠狠地赚了一笔钱，但是在最后时刻，我却被玉米期货缠住了。

这里我得补充一下一个遗漏的故事。有一阵子我赚到了人生的第一笔 100 万美元，但在那之前，我在芝加哥专门交易谷物。在芝加哥，我做空了 1 000 万蒲式耳小麦，做空了 1 000 万蒲式耳玉米。在此之前，我已经研究谷物市场很长时间了，一如我在股市上的操作一样，决定做空玉米和小麦。

一开始的时候，这两种谷物都在下跌，但是没过多久，虽然小麦维持了跌势，但是芝加哥的期货大亨斯特拉顿[①]（Stratton）开始介入玉米，并且囤积了大量的买单。我的股票清仓后，准备南下开游艇度假。此时，我已经在小麦上狂赚了一笔，但是在玉米上，由于斯特拉顿抬高了价格，我损失惨重。

我心里很清楚，现在整个国家的玉米数量要比高价所体现出来的需求多得多。供需定律虽然不会失效，但是问题在于，斯特拉顿把控了市场的整体

① 为避免不必要的麻烦，作者此处用的是化名。——译者注

需求，而市场供给却姗姗来迟。问题在于玉米运输方面出现了大拥堵。我现在都还记得，那时候我天天祈祷快来点儿冷空气，这样无法通行的道路就可以冻住，而农民们就可以把玉米运到市场上。但是，老天并没有眷顾我。

这就是我当时的窘境。我当时迫不及待地想去开始欢乐航行，但是深陷玉米亏损，不能自拔。市场都变天了，我不能就这么一走了之。当然了，斯特拉顿先生紧紧地盯着他的短线利润。他知道我的命运掌握在他手里，我自己对这一点也十分清楚。我希望当时能感动老天爷变一下天气来帮帮我。结果老天爷没有帮我，也没有什么勤奋的神奇工人来帮我，我开始研究如何自救，依靠自己的努力来自救。

我先清了小麦的仓位，赚了一大笔钱。但是玉米期货的问题实在太大了。要是能按照当前价格平了 1 000 万蒲式耳玉米的仓位，我肯定毫不犹豫地立即操作，虽然亏损也会不小。但是，只要我开始买入玉米，斯特拉顿肯定就开始抬高价格压榨我，结果由于自己的单子，玉米价格继续上涨，这无异于手操利刃割了自己的脖子。

虽然玉米的价格很强势，但是我想去垂钓的愿望更加强烈。这倒是刺激了我赶紧想法子解围。我必须琢磨出个策略性的撤退路线：买回自己做空的 1 000 万蒲式耳订单，这样亏损就不至于那么大了。

皇天不负有心人。那会儿斯特拉顿开始买卖燕麦期货，而且紧紧地盯着整个市场。我费尽九牛二虎之力去追踪所有的谷物市场，不断地看谷物新闻，了解市场八卦消息。结果了解到，另一个巨贾阿穆尔（Armour）先生不待见斯特拉顿先生。当然了，我自己也知道，斯特拉顿不会让我买到玉米的，除非是以他给出的价格。但是我听到阿穆尔先生喜欢跟斯特拉顿先生对着干的八卦后，立即就想到，此时此刻我应该去找芝加哥的交易员寻求帮助。这时候唯一能帮我的方法，就是卖给我斯特拉顿绝对不会卖给我的玉米。一旦有了玉米，其他的就水到渠成了。

首先，玉米价格每下跌 1/8 美分，我就买入 50 万蒲式耳玉米。其次，我把这些单子分给四家经纪公司，让它们立刻在市场上卖出 5 万蒲式耳燕麦。我算了算，这一下会让燕麦价格下跌很多。我对交易员的思维太熟悉了，他们肯定以为阿穆尔先生准备要跟斯特拉顿先生大干一场。他们听到燕麦的枪声打响，就会合理地推断，下一个战场就是把玉米价格搞下来，所以这些交易员就赶紧卖出玉米。如果玉米价格扛不住了，那就大获丰收了。

我对芝加哥交易员们的心路历程真是琢磨到家了。当看到燕麦有大量卖单时，他们就立刻蜂拥卖出玉米的单子。结果，10 分钟我就买到了 600 万蒲式耳的玉米。

等到他们不再卖出玉米的时候，我在市场上又买入了 400 万蒲式耳玉米。结果，这一笔操作让玉米价格涨了起来，但是我的努力没有白费：仅仅用了不高于行权价 1.5 美分的价格买入了整整 1 000 万蒲式耳玉米。一开始我用来挑唆斗争的 20 万蒲式耳燕麦的做空单子仅仅花费了 3 000 美元。这个诱饵实在太便宜了。我在小麦上的利润十分丰厚，而在谷物上的所有损失加起来也才 2.5 万美元。接下来，玉米价格又涨到了 25 美分一蒲式耳。毫无疑问，斯特拉顿先生扑了一场空。要是当初没演这么一出戏，按照正常行权价买入 1 000 万蒲式耳小麦，我估计自己也不知道最后会怎么收场。

一个人最忌讳的事，就是不去深入地钻研一件事情，结果入行很多年还是跟个半吊子似的，依然保持肤浅的习惯。而这也是如何区分专业人士和新手的标准。在投机市场上，如何分析事情决定了一个人赚钱还是亏钱。普通大众总是对自己的投资抱着一种闹着玩的心态，自大的人又总是高看自己，结果思维方式要么比较肤浅，要么过于钻牛角尖。专业人士的特点是关心自己是否做正确的事情，而不是只关心赚钱，因为他们知道，如果还要关注其他事情，利润就会自己跑丢了。一个交易员要按照专业人士的方式来玩这场游戏，他会高瞻远瞩，而不是仅仅考虑眼前利益。最后，你就会本能地知道该怎么判断仓位。

下面讲一个故事，故事的主人公叫艾迪生·坎马克（Addison Cammack）。我希望通过这个故事，读者能理解我上面那段话的精髓。根据我的所见所闻，坎马克先生应该是迄今为止华尔街上本事最大的股票交易员。虽然很多人都相信他不是“熊市死粉”，但是从他个人角度讲，他更喜欢在熊市时做交易。而他自己也说，利用的是人性的两个特质：希望与恐惧。而他也被认为是下面这段经典名言的来源：千万别卖出正在恢复元气的股票，盛世莫空头。华尔街上的老人家们也常常告诉我，要想赚大钱，还真就得在牛市里。可想而知，坎马克绝对不是靠偏见，而是靠判断市场大势赚钱。总而言之，他是个技艺精湛的交易员。一旦大牛市要调头发生反转，坎马克先生立即变成大空头。阿瑟·约瑟夫（J. Arthur Joseph）对这一点门儿清；阿瑟本人是一个财经专栏作家，特别善于八卦华尔街上的各种逸闻趣事。此时的市场风头正劲、强力爬升，主要是被牛市敢死队和报纸的乐观报道所刺激。阿瑟已经比较清楚像坎马克这种类型的交易员能如何从利空消息中获利，所以某日他怀揣一则内幕消息冲进了坎马克的办公室。

“坎马克先生，我有个很好的朋友在圣保罗公司办公室负责资金划拨，他刚告诉了我一些内幕，我觉得应该告诉你。”

坎马克无精打采地问：“是什么内幕？”

阿瑟为了以防万一，先问了几句试探口风：“你已经调转做空头了对不对？”在阿瑟看来，要是坎马克先生对此不感兴趣，也就没必要继续浪费口舌了。

“没错。现在告诉我，你那里有什么让人振奋的消息？”

“我这个人一周得出去转悠两三趟搜集新闻素材，这回我晃悠到了圣保罗公司。那边有个朋友找我耳语，‘老人家正在清仓卖出股票’。他说的老人家，是指威廉·洛克菲勒[①]（William Rockefeller）。我问他，‘吉姆啊，这个消息不是逗我玩的吧？’这个哥们接着告诉我，‘我骗你干嘛？现在股价每涨 3/8 个点，他就卖出 1 500 股。现在我已经负责股票交易两三天了，门儿清。’所以我忙不迭地跑到你这里来，就是为了告诉你这则内幕消息。”

坎马克这个人兴奋阈值比较高，而且各色各样的人都会疯疯癫癫地跑到他这里来，告诉他各种新闻、八卦、谣言、内幕和谎言，所以已经修身养性到一定程度了，都是先抱着不相信的态度。他淡淡地说：“阿瑟，你确定你听

① 威廉·洛克菲勒（1841—1922），与其长兄约翰·洛克菲勒共同创建了著名的标准石油公司。——译者注

到的是这些消息吗?”

阿瑟说:“你还问我确定不确定?我百分百确定!你可千万别以为我聋了。”

“我是说,你对那个朋友信任不?”

阿瑟理直气壮地说:“当然百分之一万地相信了。我认识他很多年了,他从来不对我撒谎,而且他这人也不会这么干的!我素来知道他极度可靠,也愿意用脑袋为刚才的消息做担保。与你对我的了解相比,我对这个朋友的了解那简直是不能再清楚了。我们可是至交。”

然后坎马克又看了一眼阿瑟·约瑟夫,问道:“看来你已很有把握了,呵呵。”接着又说道:“嗯,那你就应该知道这是真实内幕了。”他拨通了经纪人的电话,经纪人的名字叫作惠勒(W. B. Wheeler)。阿瑟十分期望听到坎马克先生挥斥方遒,至少得卖出 5 000 股圣保罗公司股票。要知道,威廉·洛克菲勒正急于出手圣保罗股票,这会儿市场还不错,帮了他大忙。其实,持有股票是为了投资还是投机,这并不重要。重要的是,标准石油公司最厉害的股票交易员正在卖出圣保罗公司股票。如果一个资质平庸的人收到了来源可靠的消息,他应该怎么办?其实不言而喻。

作为那个年代最牛的交易员或者说操盘手,坎马克先生掉头做空市场的消息已经被坊间传来传去,但此时他却坚定地对自己的经纪人说:“赶紧到报价台那儿,圣保罗公司的股票每涨 3/8 分,你就给我买入 1 500 股。”彼时,股价是 90 美元。

阿瑟·约瑟夫急促地插了一句话:“你这是不打算卖出了?”阿瑟也是华尔街的老滑头了,但是在思考市场走向的时候,依然是从媒体人或者普通大众的角度出发。在他看来,根据这次内幕情报,股价肯定是要跌的,而且没有买方力量能大得过威廉·洛克菲勒先生要卖出股票这样的重磅内幕。标准石油公司正在狂卖,而坎马克先生却在大举杀入!这不科学!

坎马克先生说:“你说的没错,我的意思是要买入!”

“看样子,你是不相信我了?”

“我相信你啊!”

“那你是不相信我的内幕消息了?”

“我相信你的消息!”

“难道你现在不做空头了?”

“我还是空头啊!”

“那我就不明白了!”

“这就是我为什么要杀入市场买入的原因。你记住，继续跟那个靠谱的朋友保持联系。等洛克菲勒大规模卖出停止的时候，立即通知我。一刻也别耽误！明白了吗?”

“这个没问题。”阿瑟·约瑟夫应答道，然后走出了办公室。他心里一直嘀咕，自己是不是真的明白了坎马克先生买入威廉·洛克菲勒抛出的股票的真正原因。其实这事也不难理解。坎马克先生目前做空整个市场，要求他把复杂的操盘策略解释得很透彻，这的确比较难。不过，阿瑟·约瑟夫还是找到了那个柜员朋友，告诉他要是老人家（威廉·洛克菲勒）还在卖出股票的话，就一定要通知他。差不多每隔两天，阿瑟·约瑟夫就给这个朋友打电话问问最新进展。

直到有一天柜员告诉阿瑟·约瑟夫：“老人家（威廉·洛克菲勒）应该是没有什么股票继续卖出了。”他千恩万谢后，就火速跑到坎马克先生的办公室，告诉他这个消息。

坎马克先生认真地听着，然后转向惠勒，问了一句：“我们现在吃了多少圣保罗公司的股票?”惠勒翻了一下记录，然后告诉他，公司已经累计持有 6 万股股票了。

坎马克先生作为一名大空头，开始买入圣保罗公司股票之前，仓位全是做空各种股票。也就是说，他满仓做空。现在他果断命令惠勒迅速卖出之前买入的 6 万股圣保罗公司的股票，而且能卖多少卖多少。他现在用之前买入的圣保罗公司股票来当作杠杆，以此打压整个市场走势，然后趁机在股价大跌之际狂赚一笔。

圣保罗公司的股票一泻千里，一直跌到每股 44 美元，坎马克先生大赚了一笔。他熟练地安排出牌顺序，顺水推舟般获利。整件事情成功的核心因素在于他对于交易养成的习惯性态度。这一点是不言自明的。他慧眼独具，知道对自己来说区区一只股票的盈亏远远没有整个资产组合的盈亏重要。他老奸巨猾，有力地抓住了不怎么光彩的机会，然后借助熊市走势，在准确的时间点上做出致命一击，力度刚刚好！圣保罗股票的内幕消息促成了他买入的决定，而不是卖出的决定，原因恰恰就在于，他敏锐地感觉到，这只股票为他提供了运作大熊市所需要的大量弹药。

话题再回到我身上。我把小麦和玉米交易平仓之后，就带着游艇到南方去了。在佛罗里达的海面上，我悠闲快乐，垂钓更是趣味十足，所有的一切都太美好了。我那时一点儿都不关心这个世界上的其他事情，也不去操心任何事情。

有一天，我在棕榈海滩登陆，在那里碰见了很多华尔街上的朋友。他们兴奋地谈论着当时最炙手可热的传奇棉花投机大王珀西·托马斯（Percy Thomas)。那天纽约来了一份报道，说珀西·托马斯亏得一分不剩。这并不是一起普通的商业破产事件，坊间八卦说这不过是世界顶尖操盘手在棉花市场上的第二次滑铁卢。

我本人其实十分敬仰珀西·托马斯先生。我第一次听说他，是在读一份报纸的时候，上面提到在纽约证券交易所的谢尔登与托马斯公司①的大溃败。在那场战役中，托马斯试图逼空棉花市场。跟他的合伙人托马斯先生相比，谢尔登（Sheldon）先生这个人既无胆量，也无勇气，结果在胜利的前夕居然缩手缩脚。至少，当时华尔街上的人都这么说。结果，他们不仅没有大赚一笔，反而经历了近几年中最严重的溃败。我已经忘了他们亏了多少钱了。公司亏得伤痕累累，托马斯决定独立门户，全身心地投入到棉花交易中。没过多久，他东山再起，一分不剩地把本金和利息还给了债权人，在法律上不再受到任何人的起诉。最后他手头还剩 100 万美元，再次杀回棉花市场闪亮登场，就如一年前迪肯·怀特成功地偿还掉 100 万美元债务的爆炸性新闻一样。

① 谢尔登与托马斯（Sheldon & Thomas）公司，美国很多公司都用合伙人的姓名作为公司名称，因此可以推测这家公司的两位合伙人姓名分别为谢尔登、托马斯。——译者注

托马斯先生的胆识和智慧令我对他无比敬仰。

棕榈海滩的大街小巷都在议论托马斯先生 3 月在棉花市场的失利。估计你也能猜出来这种八卦是如何滋生、扩大的，没过多久你就会听到各种乱七八糟的信息，添油加醋都是十分寻常的。我就曾经听到一个关于自己的八卦。有个朋友不知道为什么开始谈起了我的一件事情，结果还不到一天再传回他这里的时候，已经有了很多新料和各种栩栩如生的细节。

听到珀西·托马斯先生最近失利的消息，我的思绪立即从垂钓转向了棉花市场。拿到一大摞交易材料后，我开始仔细研读，试图搞明白市场是怎么回事。回到纽约后，我就不再研究市场了。市场上的人都在做空，疯狂卖出 7 月交割的棉花，你可以大体想象一下这幅场景。我认为，榜样的传染性很厉害，会让一个人不顾一切地做某件事情，因为周围的人都在这么干。或许这是一个阶段，也有可能是羊群效应的一种。无论如何，在成千上万的交易员看来，最明智的事情就是卖出 7 月的棉花，没有比这更稳妥的事情了。你也不能贸然地将这种行为称为鲁莽，我觉得反而应称其为“过于保守”。交易员们只看到了市场的一个侧面和巨额利润，所以他们一厢情愿地期待市场大跌。

我敏锐地察觉到了这些，但令我吃惊的是，这些家伙们净想着做空，居然忘记了补仓。等看完资料，我无比清晰地确认了这一点，所以决定大举买入 7 月交割的棉花。我立即投入工作，买入 10 万包棉花。这没花费我什么力气，因为卖的人实在太多了。看起来，要是市场上还有人没有卖出 7 月的棉花，那我就是白白给他贡献了 100 万美元的账面利润。但现在没有任何人来赚这笔钱。

我要提醒读者的是，那会儿已经是 5 月下旬。市场上有源源不断的单子卖出，我不停地买入，直到把市场上所有的浮动期货都全部买入。最后，我的持仓量是 12 万包棉花。在我买入市场上最后一份期货的几天后，棉花价格开始上涨。市场的上扬趋势一旦确定，价格就会继续延续这个势头。也就是说，一天能上涨 40～50 个点。

到了 10 天后周六的早上，价格依然在上涨。此时，我不确定市场上是否还有 7 月交割的棉花期货，需要自己动手找了，所以我一直潜伏到交易结束前10分钟。此时，交易员们正一如既往地做空棉花，而如果在当天市场收盘前我全部吃入，他们就稳稳地上了我的鱼钩了。我同一时间发出了4份不同的买入合约，每份5 000包棉花，价格立即上涨30个点，也就是说空头们正竭尽全力扭转乾坤。最后，市场高位收盘，而我买入最后的2万包棉花合约。

第二天是星期天，没有交易，一切风平浪静。但是到了周一，事情发生了突变。原本利物浦开盘要比纽约高20个点，这是为了公平起见。但是当天，利物浦居然高出了50个点开盘。也就是说，利物浦那边比我们这边提前上涨了100%。利物浦市场如此大涨，我却无动于衷。这证明了我之前的推测是正确的，而且我是在最小阻力位上进行交易。同时，我也没有忘记一个事实，那就是手头有巨量仓位需要处理。对于特定量的卖出单子，一个市场或许会急剧上涨，或许会慢慢上涨，当然，也或许没那么大的容量去吸收海量抛售。

不难猜到，利物浦那边传来的消息让我们这边的市场无比疯狂。但是我注意到，价格越高，7月交割的棉花合约就越稀少。我不会放出任何持有的仓位。总体来说，那个周一的行情十分有趣，但是对空头们来说却不愉快。但是我也没有感觉到空头们对大祸临头的恐惧，他们也没有补仓的意识。我持有14万包棉花，需要一个巨大的市场来处理掉。

周二的早上，在我去办公室的路上，有人在大楼的入口处拦住我。

他微笑着说："今天早上的《纽约世界》[①] 可真是有个天大的新闻！"

我问："什么新闻？"

"什么？你是说你还没看到那则新闻？"

我说："我从来不看《纽约世界》。到底是什么新闻？"

"你居然真的不知道！是关于你的。上面说你逼空了7月交割的棉花。"

"我还没来得及看呢。"说罢我就走了。我不知道他会不会相信我。他估计会以为我这个人居然不告诉他真伪，这太不够意思了。

---

① 《纽约世界》（*New York World*）是一份古老的报纸，是1860—1931年在纽约出版的一份报纸；其中1883—1911年，由普利策先生拥有并担任编辑。——译者注

等我到了办公室，我找了一份报纸。在报纸的头版，赫然印着几个硕大的字：

拉里·利文斯顿先生逼空7月交割的棉花期货！

我立刻意识到，这篇文章会在市场上掀起轩然大波。本来我应该十分谨慎地研究出处理掉这14万包棉花的方法，而且要卖得刚刚好，结果抓耳挠腮也没有想出一个好方案。这可能是个无解的难题。但是就在这么一个节骨眼上，这篇文章迅速地被《纽约世界》千千万万的读者阅读了，人们争相谈论这件事情。而且通过欧美电缆，这篇文章已经严重影响了利物浦的市场价格。整个市场彻底失去理智。难怪，这则新闻太具有爆炸性了！

聪明如我，当然知道纽约市场会怎么反应，而且十分清楚自己该怎么操盘。纽约市场在10点开盘。10点10分，我的棉花单子全部卖光，14万包棉花合约卖得一包不剩，而且大部分卖在了市场的最高价。这些交易员给我创造了一个市场，而我需要做的就是像个天使一样不停地抛出棉花卖单，以缓解他们的饥渴。因为我实在情不自禁了，这个机会不得不抓住。不然，你让我如何是好？

我想破脑袋都没法琢磨出来解决方案的难题，居然被一个偶然事件给解决了。要不是《纽约世界》写了那篇文章，我压根不会有机会在不损失账面利润的情况下，稳妥地平掉这么高的仓位。要知道，一下子卖掉14万包棉花合约同时还得保住价格，世界上没有几个人有这个本事做到。但是《纽约世界》从天而降，替我扭转了乾坤。

至于《纽约世界》为什么要写那篇文章，我也无从得知，而且也不会知道。姑且认为作者从棉花市场上的某个伙计嘴里知道了这个消息，然后就自以为抓住了一个市场亮点。而那天9点以后我才知道这条新闻。要不是朋友提醒，我甚至9点也不知道这则消息。

如果没有这则新闻，我很难找到一个合适的市场机会来完全脱身。所以说，盘子一旦大了，问题就很大了。当你做大了，就不能随心所欲地溜了。换句话说，你不能在你想清仓的时候就清仓；而当你可以卖出的时候，必须确定市场能全部消化掉你的仓位。如果没能把握住这个机会，估计你得大放血了，亏个几百万美元也说不定。在机会面前，千万不能犹豫不决，稍有犹豫，那就准备亏钱吧。按照这个逻辑，在熊市的时候也不能像傻子一样狼吞虎咽吸入大量股票来抬高股价，因为这样会减弱你的吸盘能力。此外，嗅到机会的到来绝对不是件轻而易举的事情。交易员必须十分警觉，只有等机会悄悄到来的时候，他才能一下子抓住。

也不是所有人都知道我的幸运经历。在华尔街上有个不成文的传统，要是因为某件事赚钱了，人们就会觉得这是个意外。而要是因为某件事亏钱了，人们则不会觉得这是个意外，而是贪婪或者狂妄自大的结果。要是赚了大钱，人们就会默认为是掠夺的不义之财，还会口口相传这人得多么贪婪才敢深入虎穴，话语间充满了病态的保守心态。

有些人指责我精心策划了这场惊天变局，其他人也是这么看待我的。我认为，是他们的粗心大意导致了这种扭曲心理。

过了几天，棉花期货市场上一个大亨找到我说："利文斯顿，其实这是你最漂亮的一次做空操盘。当你满仓来到市场的时候，我一直好奇你要亏损多少美元。你自己也知道，这个市场容量不大，顶到天也就消化五六万包的单子，你肯定卖不完。我那会儿在琢磨，你该怎么处理掉最后的那些合约同时还不会亏损呢。所以我认为这不仅是你谋划的，而且还是个百分百漂亮的阴谋。"

我尽可能谦虚地回应他："其实我什么也没干。"

但是他还是不停地回应我："我的小伙计，这绝对是个伟大的阴谋！你可千万别谦虚！"

这次战役没过多久，一些媒体就封我为"棉花大王"。但是，我自认为配不上这个称号。当时在美国不会有谁有那么多钱买通《纽约世界》，或者有个人魅力来保证媒体统一宣传这样一个人。但这件事情的确给了我旷世难寻的美名。

我讲这个故事不是为了说"棉花大王"这个称号，也不是为了说明抓住机会的重要性。我的目的仅仅是想说，由于这份报纸传播的广泛性，这无意中促成了我 7 月棉花的交易。要不是因为这份报纸，我也不会遇到那位伟人——珀西·托马斯。

第十二回　经验法则都违背 债魔缠身势必然

我的 7 月棉花合约平仓没过多久，一个突如其来的馅饼砸到了我头上。这是一份面试的邀请信，珀西·托马斯先生亲自署名。当然了，我迫不及待地回复说，我愿意在办公室、在任何时间接待他。第二天他就来找我了。

长久以来，我对他崇拜至极。对每个热衷棉花交易的人来说，他的名字都是如雷贯耳。在欧洲乃至整个美国，人们都是口口相传珀西·托马斯先生的市场观点。我记得有次在瑞士的度假村，我与一个开罗的银行家谈话。当时他对埃及的棉花十分感兴趣，而且跟欧内斯特·卡斯尔[①]（Ernest Cassel）先生有不浅的交情。当他听说我是从美国纽约来的时候，立即问我关于珀西·托马斯先生的观点，因为他一直奉托马斯先生的报告为不可动摇的判断。

我一直以为，托马斯先生按照科学规律经营着他的投机事业，是一个真正的投机家、一个思想家，有着梦想家的眼界、斗士的勇气和不同寻常的消息通道。他善于聆听，又能熟练表达自己的想法、理论和思维。他严格控制自己的谈论范围，很少谈及不熟悉的棉花市场操盘策略。他曾经在棉花市场浮沉很多年，赚了、赔了巨额的资金。

在股票交易所，托马斯先生曾经有个公司叫谢尔登与托马斯公司。该公司破产后，他就自立门户单干了。两年后，他光芒万丈地回归市场。我记得

① 欧内斯特·卡斯尔（1852—1921），德裔著名银行家。——译者注

在《太阳报》上读到，他回归后干的第一件事就是找到以前的债主，全额偿还了债务；第二件事是找专家研究和判断如何投资剩余的 100 万美元。这个专家仔细研究了各种资产，写了一份关于几家潜在公司的投资价值报告，建议他买入特拉华与赫德森（Delaware & Hudson）公司的股票。

想想吧，托马斯先生曾经亏了几百万美元，后又带着几百万美元杀回市场，这次又在 3 月交割的棉花上被扫地出门。他来见我没有什么时间可以浪费。他建议形成同盟，无论他收到任何消息，都会在公之于众之前先交给我。而我的工作就是做实际交易，因为他觉得我有这个天分，而他自己却不拥有。

这对我来说一点吸引力也没有。我坦白地告诉他绝对不会再这么干了，而且也不愿意去尝试这种事情。但是他坚持认为这是理想组合。最后我说绝对不愿意通过影响其他人交易的方式来从事这一行当。

我告诉他："如果我愚弄我自己，那么我就要自作自受，自己承担责任和亏损。这绝对不会有例外。我一向独来独往，因为这是最聪明和廉价的操盘方式。用自己的大脑来分析其他交易员的思维方式，我收获了很多乐趣，即便我没见过这些交易员，也没跟他们谈过话，更没有建议他们买卖某项资产。若赚了钱，我会认为自己的思维和观点得到了验证。我绝对不会出卖或者利用自己的这些观点和判断。否则无论通过任何方式赚了钱，我都会认为和没赚一样。因此，你的建议对我来说，真的没有吸引力。我只会对自己操作、靠自己思维的玩法感兴趣。"

他紧接着说，要是我这么认为的话，他深感遗憾。然后他继续试图说服我，认为拒绝他的计划，将是我犯下的巨大错误。但是我坚持了自己的观点。接下来就是愉快的聊天了。我告诉他，我知道他早晚会杀回市场，如果能够在财务上给予他任何帮助的话，我会深感荣幸。但是他明确地说不会从我这儿贷款，继续问我 7 月棉花战役的操作细节。我和盘托出，关于如何进入市场、在什么价位买了多少棉花以及其他相关或者不相关的细节。最后我们又多聊了一会儿，然后他拍拍身就走了。

之前我曾经对读者们说过，一个投机者一辈子会有很多弱点，其中很多是与生俱来的，而我脑袋里就记着自己的错误。我有过一个教训，那就是一个人可能会因为某种初衷，形成一种独立思考的终生习惯，但是很容易受到某些富有说服力的人的攻击而沦陷。我对于普通的投机性说辞是免疫的，譬如贪婪、恐惧或者希望。但是，作为一个普通人，我同样也可能被某些说辞轻易征服。

在这种情况下，我应该更加坚守自己的立场。棉花战役没过多久，我就有了一次经历，这次经历教育了我，一个人是多么容易就被说服去做有违自己立场或者理想的事情。这事发生在哈丁兄弟公司，他们给我分配了一个房间，我可以独自占有，其他人在市场交易时间要进来的话必须获得我的允许。我在做大额交易或者分析账面利润的时候，特别不喜欢别人来打扰我。他们把我保护得好好的。

有次交易结束后，我听到有人在喊："下午好呀，利文斯顿先生。"

我扭过头来发现一个陌生人站着，他看起来30岁或者35岁上下。我不知道他是怎么进来的，但是他的确办到了。我心里思忖，这个人跟我相关的生意估计要黄了。但是我保持沉默。我看了看他，没过多久他开始说："我来拜见你，是想和你谈一下沃尔特·斯科特（Walter Scott）的书。"然后他就扭身走开。

原来他是个图书销售员。从现在看来，他没有以让人舒服的方式来谈话，而且看起来貌不惊人。但是他的确有一种性格魅力。他不停地说，我不停地听，但是搞不明白他在谈论什么，听得晕晕乎乎的。他结束没完没了的演讲后，递给我一支钢笔，然后递给我一个空白表格，我居然签名了。这是以500美元买入一套沃尔特·斯科特[①]著作的购书合同。

我签完合同的一刹那，醒了过来。但是他已经稳稳地把合同揣入了怀中。我并不想要这些书，因为已经没有地方去摆放了。这些书对我来说，几乎没有什么用，而且也找不到人愿意要这些书。但是我的确用500美元买入了这些书。

我这个人已经习惯亏钱了，所以在犯错的一刹那，并没有意识到已经犯

① 沃尔特·斯科特（Walter Scott），英国著名诗人和历史学家。——译者注

错这一点。我往往想到操盘本身，而不是背后的原因。首先，我只想知道自己的局限和思维惯性。其次，我自己不想犯第二次错误。一个人只有从错误中吸取教训，并从教训中受益后，才能原谅自己所犯的错误。

这个时候，我已经犯了 500 美元的错误，但是却还没有找出自己的麻烦出在什么地方，所以只好无奈地看着这个家伙。如果他没有对我送出会意的一笑，我简直被绞刑了都不知道！他能读出我的心思。我感觉不需要向他解释所有的事情，而他已经明白了我的心思。所以我直接忽略所有的解释和假设，问他："你拿到了我的 500 美元的单子，能赚到多少佣金？"

他立即摇了摇头，说："对不起，我没法告诉你！"

我坚持问道："告诉我你到底赚多少佣金？"

他回答说："三分之一。但是我真的不能还给你单子！"

"500 美元的三分之一，就是 166.66 美元！这样吧，我给你 200 美元，你赶紧把我签的合同退给我怎么样？"为了显示诚意，我赶紧把手伸进口袋掏钱。

他说："我跟你说了啊，这事我不能干。"

我继续："难道所有的客户都会像我一样给你这种好买卖吗？"

他回答道："这倒没有。"

"那你凭什么觉得我肯定会这么干呢？"

"因为你们这种类型的人肯定会这么干。你是华尔街上数得着的亏损大户，而这也是你能做出一番成就的原因。我很感激你这么做，但是我却不能退单。"

"那现在告诉我，你为什么不愿意赚一笔比佣金还多的钱？"

他说："你说的不完全对。我工作不只是为了佣金。"

"那你还有什么其他所图？"

他回答道："为了冲击佣金的业绩记录。"

"谁创造的业绩记录？"

"我自己的。"

"那是什么驱动你这么干？"

他问我："那你工作这么努力，仅仅是为了赚钱吗？"

我说："是的！"

他摇了摇头："不对，你根本不是为了赚钱。只为赚钱，你绝对不会有什么乐趣。对于你来说，仅仅为了在银行户头上再增加一点儿美元来工作，你绝对不干；而且你也绝对不会为了赚快钱而留在华尔街。你是通过其他方式来获得乐趣的。而我，也同样如此。"

我没打算跟他辩论，而是继续追问他："那你是怎么寻找自己的乐趣的?"

他坦白说："呵呵，我们每个人都有自己的弱点！"

"那你的弱点是什么?"

他说："是虚荣！"

我告诉他："嗯，反正你成功地唆使我在这个合同上签字了。现在我想把合同取消，而你只要轻轻松松地答应我，10 分钟之内就能赚到 200 美元。这个足够买你的骄傲了吧?"

他回答说："绝对不够。你看，华尔街上的其他人都在努力工作，好几个月可能一点儿钱也赚不到。所以他们就说这是慈悲心或者恐惧心在作怪。公司派我来证明，问题是出在它的销售技巧上，而不是出在图书或者销售地点上。这些人努力工作就是为了 25%的佣金。我之前在克利夫兰（Cleveland）2 周之内成功地完成了 82 单图书生意。现在我在这里，不仅要把图书卖给那些压根儿不会从其他销售手里买书的人，还要卖给那些看都不看这些书的人。这就是为什么我能拿到三分之一的佣金的原因。"

"我不明白你到底是怎么卖给我这单书的。"

他略带安慰地对我说："不要太想弄明白原因。我也卖给了摩根先生一单。"

我说："这不可能啊！"但是他一点儿也不生气，只是说："我没撒谎，真的卖给摩根先生了。"

"把沃尔特·斯科特的图书卖给了 J. P. 摩根先生，他可是个有名的收藏家，还有一些小说的手稿呢！"

"嗯，那你看看吧，这是他的亲笔签名。"说罢他迅速地把合同拿给我扫了一眼，上面显示的是 J. P. 摩根先生的签名。也有可能那不是摩根先生的签名，但当时我也没时间去怀疑这点。

那他会不会在口袋里也放了我的合同？我感到很好奇，所以就问他："那你是怎么让摩根先生的管理员放行进去的？"

"我没看到什么管理员。那时我就看到摩根先生自己在办公室。"

"你这就编得太假了！"我吼道。人人都知道，要想空手进入摩根先生的私人办公室，简直比闯进白宫还要难。

但是他坚持说："我真的做到了。"

"那你得讲清楚是怎么进他的办公室的。"

他反问："那你觉得我是怎么进入你的办公室的？"

我说："我还真不知道。你跟我说说是怎么进来的？"

"这没什么大不了的，我进入摩根先生办公室的方法，也就是我进入你办公室的方法。我与门口守卫的伙计聊了聊，当然我知道他的职责就是不让我进来。我让摩根先生签署合同的办法，也就是我让你签署合同的办法。你绝对不会为了一堆书而去签合同。你只是拿起了我给你的钢笔，然后做了我让你做的事情。这没什么区别。你也是这样的人。"

我怀疑了几分钟之后，问他："那也就是说摩根先生的签名是真的喽？"

"是的！他从小就知道该怎么写自己的名字，怎么会有假？"

"就这么简单吗？"

他回答道："就是这么简单。我自己很清楚自己在干什么，这就是所有的秘诀所在。我很感谢你，利文斯顿先生。再见。"然后他准备离开。

我说道："你稍等。我一定要给你一次赚到 200 美元的机会。"然后我递给了他 35 美元。

他摇了摇头，说道："对不起，这点我做不到。但是我能做到这个！"然后他从口袋里掏出合同，一撕为二，然后递给了我。

我数了数 200 美元，然后递给他。但是他又摇了摇头。

我说："是我会错意了吗？"

"没有。"

"那你为什么要撕毁合同呢？"

“因为你没有发牢骚，而是接受这件事情了。要是我处于你的位置，我也会像你一样接受。”

我说：“但是我愿意从我自己的账户里给你 200 美元呀。”

“我知道，但是钱不是一切。”

他的话语中有些东西让我脱口而出：“你说的一点都没错。那现在你有什么事情我可以帮忙吗？”

他说：“你反应真快。你确定真心想为我做点事情？”

我告诉他：“是的，我愿意。但是我做不做取决于你脑袋里想的到底是什么事情。”

“那就带我去哈丁先生的办公室，然后告诉他我能否与他聊 3 分钟。说完了你就可以走了。”

我摇了摇头，然后说：“他可是我的好朋友。”

这个图书销售员说：“他已经 50 岁了，而且还是个股票经纪人，你还担心什么？”他说的倒是一点儿也没错，所以我就带他到了爱德华·哈丁先生的办公室。我也没有去打听一下这个图书销售员的事情。几周以后的某个晚上，正当我去往住宅区的时候，在第六大道的 L 火车上遇见了他。他举起帽子，礼貌地跟我打招呼。我也回敬他。他走过来问我：“利文斯顿先生，最近可好？哈丁先生可好？”

我感觉他有什么事情没讲全：“他很好，你为什么这么问？”

“那天你带我去见他之后，我卖给了他价值 2 000 美元的图书。”

我说：“他从来没有跟我提起过这件事情。”

“他肯定不会说的。他那种人是不会谈论自己的丑事的。”

“那哪种人会谈？”

“那种因为做某件事不光彩而从不去犯那类错的人。这种人很清楚地知道自己想要什么，别人怎么说都无济于事。这类人也教育了我的孩子，而且让我的妻子充满了友好的幽默感。利文斯顿先生，你帮我实现了这个转变。你当时迫不及待地给我 200 美元的时候，我放弃了；这一点就是我长期以来等待的事情。”

“那如果哈丁先生不签你的图书订单呢？”

“我知道他肯定会签的。我发现了他这种人的特点，就很容易搞定他了。”

我继续说：“这倒没错。但如果他不买你的任何图书，该怎么办？”

“我会回来找你的，然后继续卖点什么东西给你。今天就到此为止了，利文斯顿先生。我现在得起身去见市长了。”说完，我们走到了公园地铁站，他就走了。

我说：“嗯，我希望你能卖给他 10 套图书。顺便告诉你，市长是坦慕尼派。”他看起来光芒四射。

他说：“呵呵，我也是个共和党人。”然后就走了，一点也没拖沓，十分轻松，富有自信，仿佛列车肯定会等待他。而这真的发生了。

我如此不厌其烦地讲述了故事的细节，是因为这涉及了一个很有特色的人物，而且这个人物让我买了一些我压根不会去买的东西。他是第一个让我这么干的人。以后这种事再也没有发生过。在这个世界上，你大可以不用寄希望于会有这么一个富有魅力的销售人员出现，或者寄希望于能够免于他们人格的影响。

当珀西·托马斯先生离开我的办公室后，我自以为跟他的生意合作再也不会有可能了。毕竟，我虽然很有礼貌，但还是很坚定地拒绝跟他达成工作同盟。我也不确定以后是否有机会见到他。但是第二天，他就给我写了一封信感谢我主动提出给予他帮助，而且要请我去他那里坐坐。我回复说十分乐意。他又给了我回复，我就去拜访他了。

我想对他了解更多。聆听他说话是件十分有趣的事情，因为他学识渊博，而且可以表达得栩栩如生。我认为他是迄今为止自己遇到的最富有魅力的人物。

我们谈天说地，而他正是一个博览群书的人，能够了解到很多有趣的话题，同时可以幽默地铺展开谈论。他的演讲智慧也是令人印象深刻的。而谈到真实性，他就没那么让人佩服了。我听说过很多人背后里议论珀西·托马斯先生，说他做人不够真诚之类的话，但是有时我在想，他的非凡说服力是不是来自这个显而易见的事实：他首先彻底地说服自己，然后再去获得足够的能量来说服别人？

我们深度交流了对市场的看法。我并不看多棉花，但是他看多。我看不到任何应该看多棉花的信息，而他却看到了。他给我说了很多事实和数字，理应会碾压我，但是却没有。我没法证伪这些数字，因为我没法否认它们的权威性，但这些数字也没有动摇我相信自己的信念。而他一直试图说服我，直到我不再对自己的信息感到自信，这些信息是从交易记录带和日报上搜集而成的。这意味着我已经无法从自己的视角来看待整个市场了。一个人不能被有违自己信念的说法给征服，否则他会被说服而充满疑虑。这就十分糟糕了，因为这意味着这个交易员无法充满自信而得心应手地做交易了。

应该说我没有完全陷入混乱，但是我至少也没有把握住自己的立场；也就是说，我暂时失去了独立思考的能力。这里我没法细致地刻画出自己是如何一步步地陷入当时的状态的；要知道，这种状态很要命。他对说出来的数字的精确性把握十足，而且这些数据是他独有的，我完全接触不到。而我独有的数据，却是大家都知道的信息。他的数据高度可靠，已经被他在南方的一万名合作伙伴证实。最后，我开始像他一样分析情况，因为我们读的是同一种信息。他正把数据放在我眼前，而且他思维清晰、富有逻辑。一旦我接受了他传递的事实，那就意味着我的结论会跟他的结论一模一样。

当他跟我谈论棉花市场的时候，我对市场转为看空，而且开始做空市场。慢慢地，当接受他的信息和数字时，我开始后怕，感觉自己之前的很多头寸判断都是建立在错误的信息基础上的。当然了，有了那种感觉后，我不会不去补仓。等我一旦开始补仓，托马斯先生就让我感觉自己判断失误，我就转而看多市场。我的思维和运作方式开始变成这样！读者们也都知道了，我这一辈子除了交易股票和商品，没接触过其他营生。我自然而然地想，如果看空是错误的，那么看多就是正确的。如果看多是正确的，那么就立即做多。正如在棕榈海滩时，帕特·赫恩所说，所有的判断都得靠真金白银来验证。我必须证明自己对市场的判断是否正确。而判断的证据就是每个月底从经纪人那里拿到的月度交易汇总。

与托马斯先生聊完后，我开始买入棉花，很快就满仓了，合计持有 6 万包棉花。这是我职业生涯中最愚蠢的一次操盘。我没有像以往一样依靠自己的观察和推理做出判断，而是别人告诉我什么，我就去怎么操作。而且这还不是我的愚蠢操盘的终点。我不仅在没什么可做空的情况下大量买入，而且没有根据以往敏锐的判断调整仓位。这压根就不是什么正确的交易方式。我听信了别人的话，注定要马失前蹄。

市场走势开始偏离我的预测。如果我对自己的判断很自信，那就不会担心或者失去耐心。但是就算是托马斯先生给的信息准确无误，现在市场的走势也完全不对路。我犯了第一次错误后，紧接着又犯了第二个、第三个错误，根本打不住了。这下子我完全乱了阵脚。我不仅纵容自己承担起了各种损失，而且完全被市场牵着走。这种操盘手法不仅有违我的本性，而且和我长期形成的交易原则相反。当年我在商号里做交易都比现在做得好。此刻，我完全不认识自己了，变成了一个托马斯化的陌生人。

我不但做多了棉花，而且重仓持有小麦。这个操作策略人人熟知，还算有笔不错的利润。但是我愚蠢地拉动棉花上涨的努力，让我进一步持有了15万包棉花。坦白地说，此时我的感觉非常不好。我这么说，不是为自己的鲁莽行为找个冠冕堂皇的理由，而是要陈述一个事实。后来我去海滩稍作休整。

在海滩休整时，我反省了一下自己。现在看来，我的投机规模已经过大了。我并不是很弱小，只是感觉比较紧张，这促使我决定减仓来缓解压力。所以，棉花或小麦，我必须二选一来清仓。

读者肯定觉得这是一件十分荒唐的事情：我精通投机操盘，而且在股市和商品市场有长达12～14年的投资经验，最后却精确地犯了所有的愚蠢错误。持有小麦赚钱，但是我却卖掉了。持有棉花亏损，但是我却继续持有。这是愚蠢至极的操作，但是我却有个冠冕堂皇的理由来推脱：这不是我的主意，而是托马斯先生的建议。在所有的投机性操作中，努力止损从来都是重要的事情。我持有棉花的策略，后来完全证明了这一点。读者们要再次记住这个法则：要卖出亏损的资产，保住盈利的资产。这么显而易见的原则，这么熟悉的交易准则，而我却鲁莽地做了相反的操作。

然后我卖出小麦，这进一步压缩了利润。等我全部抛出后，小麦价格上涨了20美分每蒲式耳，而且上涨势头不减。我如果持有不卖的话，估计会赚到800万美元的利润。当时，我持有亏损资产的心意已决，于是购入了更多的棉花!

我到现在还清晰地记得，当时每日不停买入棉花的过程。读者们估计很好奇，我到底为什么要买这么多棉花?其实就是为了防止价格下跌!如果这种行为不是超级大傻瓜的话，我也找不出还有什么叫傻瓜了。当时，我不断地把钱投入到购买棉花中去，一次次地加仓。经纪人和朋友们无法理解我的行为，而且直到今天也不能理解。当然了，如果行情突然发生惊天逆转，我肯定就是个奇才了。他们不止一次地提醒我，不要太相信珀西·托马斯先生。但是我毫不在意，依然继续买入棉花，以防止价格下跌。就连身在利物浦时，我也不忘买入棉花。最后，在我脑袋清醒前，已经买入了44万包棉花。此时大势已去，我不得不吐血清仓。

我在遇到天才的珀西·托马斯先生之前积攒的几百万美元都赔了进去。当然，我还没被彻底洗牌，最后只剩下千百块。所以对于所有的人来说，违背了长期积累出来的宝贵经验是无比愚蠢的行为。

一个人会因为各种理由去做出愚蠢的行为，这是个昂贵无比的教训。这次交易花费了我数百万美元，最后学到的是：对交易员来说，另一个危险的敌人，就是相信那些富有魅力的人物说出来的话，尤其是如果这个人异常聪明。对我来说，只花100万美元，我也能学到这个教训。但是命运女神从来不会固定每个人的学费。她给了你教训，再直接给你学费收据，因为她知道，不管学费多么昂贵，你肯定是要支付的。在懂得自己有多么愚蠢之后，我立即停止了那次事故。而珀西·托马斯先生也彻底从我的生活中消失了。

在那段时期，正如著名银行家吉姆·菲斯克（Jim Fisk）所说，我90%的个人财富化为乌有。一年前，我还是个百万富翁。这几百万美元的财富是我用头脑在运气的帮助下赚到的；而我却用相反的操作全部亏掉了。我卖掉了两艘游艇，再也不能过奢侈的富有生活了。

屋漏偏逢连夜雨，运气也跟我作对。我先是生了一场大病，然后紧急需要20万美元的现金。这要是在几个月之前压根不是什么大事；但在这会儿，我就是倾家荡产也只剩这么点儿钱了。火烧眉头，现在我该怎么办？经纪人账户里的保证金我不想动用，因为我不想以后做交易的时候没有足够的保证金；尤其是现在，我无比需要这些交易保证，因为我得尽快赚回几百万美元。眼下就剩下一条路可以走了：从股市里赚钱。

从股市里赚钱可不是张口就来的。如果你认识任何一家经纪公司的某个客户，跟他聊聊，你就会万分同意我的如下观点：抱着从股市里赚钱的幻想而导致的亏损，是在华尔街上最容易出现的亏损。你要是坚持幻想，最后会亏得一分不剩。

为什么？我来给读者们讲个故事解释一下。在某个冬天，在哈丁兄弟公司一群高频交易员都花 3 万～4 万美元买了一件厚外套，但是又不穿。这种事经常发生，直到有一天，纽交所的某一知名的大厅交易员穿了件海獭皮做成的大衣。在那个时代，皮草价格还没飞上天，所以那件大衣的估值也就在 1 万美元左右。结果，一个哈丁办公室叫鲍勃·基翁（Bob Keown）的家伙决定买一件俄罗斯紫貂做的大衣。鲍勃到曼哈顿住宅区订了一件，成本也差不多，在 1 万美元左右。

结果公司的另外一个人说："这真是花了一大笔钱！"

鲍勃·基翁倒也不含糊，直接承认："哈哈，是的，是的！这差不多是一个月的工资嘛！除非你们大伙为了表扬我是营业厅里最好心的人，花钱买下来当礼物送给我，算是礼轻情意重吧。我是听到有人要掏钱了吗？没有！很好。那我就让股市给我这件外套买单！"

爱德华·哈丁先生问他："你为什么买了件紫貂大衣？"

鲍勃说："对于我这种身材的人来说，穿上这件衣服会很好看。"说罢，还自己伸展了一下。

吉姆·墨菲（Jim Murphy）是当时办公室的八卦天王，也问道："那你打算怎么支付这件大衣？"

鲍勃回答道："通过短线的合法投资。吉姆，懂不懂？"鲍勃深知墨菲就是想打听一下八卦消息。

吉姆继续问道："那你打算买哪只股票？"

“瞧瞧你又问错了！现在不应该买入任何股票。我打算卖空 5 000 股美国钢铁公司的股票。我看它的价格至少还能跌 10 个点，但是我只打算赚 2.5 个点。我的策略可是很保守的，是不是？”

墨菲又急切地问道：“你是不是听到什么风声了？”墨菲是个又高又瘦的男人，一头黑发，看起来如饥似渴，主要原因是从来不出去吃午餐，怕错过了任何交易带信息。

鲍勃转身对爱德华·哈丁先生说：“我听说，这件大衣是我计划买入的所有物品中最时髦的一个。所以，爱德华，赶紧给我卖空 5 000 股美国钢铁公司的普通股股票！今天就卖！”

鲍勃本人是个十足的投机者，喜欢诙谐的谈话方式。他一向喜欢让全世界都知道他钢铁般的意志。等他卖出了 5 000 股美国钢铁公司的股票后，股价居然迅速攀升。鲍勃张口说话的时候虽然混蛋味十足，但还是在 1.5 个点的时候止损了，然后对办公室的人说纽约的天气对皮草大衣来说过于柔和，而且那看起来既不环保又太俗气。办公室的其他伙计则开始讥笑他口无遮拦。但是没过多久，其中的一个人买了些联合太平洋公司的股票，打算赚钱买皮草大衣。结果这个家伙损失了 1 800 美元，最后抛下一句话，说紫貂大衣其实只适合给女人包装一下虚荣的外表用，而不适合内心稳重、充满睿智的绅士。

没过多久，其他人也都纷纷尝试在股海里赚点钱买件皮草大衣。某日，我也开口说，我打算买下这件皮草以防止这帮投机分子都破产了。但是公司里的伙计们异口同声地说这可不是件娱乐的事情，如果我真的喜欢皮草，就应该踏踏实实地在股市里赚钱来买。只有爱德华·哈丁先生强烈支持我的想法，所以那天下午我就去商店买了一件。而我发现一个芝加哥来的家伙一周前刚刚买走了这件大衣。

这只是一个例子。在华尔街上那些单纯想从股市里赚点儿钱来支付一辆汽车、一条项链、一艘摩托艇或者一幅油画的人，无一例外地都亏损了。股市非常抠门和吝啬，从来不会为谁的礼物买单，心怀让股市买单所赔掉的钱都足够建所医院了。实际上，我认为华尔街上最黑暗的灾难就是有种决心，那种决心可以诱导人们去幻想股市会扮演无所不能的阿拉丁神灯。而这种决心经常无所不在，日复一日。

所有的灾难都有其根深蒂固的原因。如果有人想让股市给他的额外需求支付账单，这个人会怎么做？不要问为什么，假设这个人就是这么幻想的。这个人会想用赌博的方式来操盘，因此要冒更大的风险。而如果他谨慎地投机，遵循自己的投机理论，加以冷静的分析，并不需要冒这么大的风险。为了尽快开始操盘，他会追逐快钱，失去等待的耐心。这个时候，他只能祈祷市场对他会好点儿。这种人往往会自我欺骗，说自己所希望的无非是一点儿四平八稳的小钱。因为这种人打算速战速决，所以就会在 2 个点的时候止损，虽然他所幻想的是 2 个点的利润。这种人就陷入了一种幻觉，以为每种情况的可能性都是 50%。我之所以知道这些事情，是因为我见识过有些人在这种交易上损失了数千美元，特别是在市场大调整的前夕，他们还在大笔买入。这种做交易的手法绝对是最不应该的。

接下来，曾经的股票操盘手身份成了我最后的救命稻草。这次愚蠢的错误彻底击垮了我，在棉花大败中仅剩的一点资产也付诸东流。这次对我的打击更大，因为我不停地亏损又不停地做交易，而且傻傻地以为市场最后肯定会赏我一口饭吃。到了最后，我山穷水尽了，而且陷入债务危机，不仅欠了主经纪人的巨额债务，而且还欠了其他接受交易的经纪人的债务，因为他们没有要求我缴纳足够的保证金。更为麻烦的是，自此之后我一直处于欠债的状态。

第十三回　最是感情牵绊日
恰逢理智丧失时

就这样，我再一次破产了。这次破产源于愚蠢至极的交易手法，让我雪上加霜。我开始变得敏感、多疑、焦虑，不能冷静下来思考问题。总而言之，彼时我的个人状态完全不是投机者应有的状态，所有的事情似乎都跟我作对，而我也怀疑自己不会再获得各种灵感。我已经习惯了各种大手笔操作，一出手往往是 10 万股，到如今，我开始担忧自己能否准确地判断来操纵小额资金。我现在手头可动用的股票只有 100 股，即使判断正确，也赚不了什么钱。我已经习惯动用海量资金赚取高额利润，现在并不确定是否可以从小额资金中赚到钱。这个时候简直无法描述自己缺枪少弹的窘境。

虎落平阳！我又一次破产了，身陷巨额债务又持续地判断失误，而且难以精力十足地振作起来！这么多年来我经历了各种跌宕起伏，为后来更大的成功奠定了坚实的基础。但是现在的我，面临的状况要比当初在商号时还要糟糕。在过去的股票投机游戏中，我已经洞悉了其中的各种把戏，但是远远没达到洞悉人性弱点的程度。在这个世界上，没有机械似的思维能让人做出决策。当时我终于明白，不能再任由自己被其他人或者各种坏运气左右了。

其实我最不担心的反倒是钱财上的亏损，而担心的是其他方面的麻烦。我仔细研究了各种灾难性的错误，很快发现了自己为什么犯了那样愚蠢的错误。时间、地点、人物，各种线索一气呵成地串起来了。如果一个人要在充满投机性的股市上做出精彩的交易决策，那么他得全盘认识自己。懂得如何控制愚蠢的行为，这是人生中漫长的一课。有时候我在想，对于一个投机者来说，也许没有什么比管住发热的脑袋更有价值的了。如果细细追究各位亿万富翁曾经犯过的错误，其实都可以追溯到彼时的头脑发热。这是一个学费昂贵的教训，每个人在任何地方都会发生，尤其是对于华尔街上的投机者来说。

在纽约，我变得越来越郁闷，尤其是想到之前操盘时犯的各种错误。经过一番思考，我觉得先不操盘了，因为那会儿我的交易灵感也消失了，还不如远走高飞，换个地方先赚点投资本钱。换一下生活环境应该有利于我再度认识自己，所以我再次带着投机败绩灰溜溜地离开了纽约，承受着比破产更加难受的状态。在离开时，我欠多家经纪公司的债务高达 10 万美元。

我在芝加哥安顿了下来，发现了可以赚回本钱的机会。这个机会的回报不是很丰厚，但是可以允许我花点时间赚回财富。在芝加哥，有家经纪公司记得我曾经在它那里做过生意，对我的操盘能力十分信任，愿意让我用小本钱来证明一下这个能力。当然，我需要在它的经纪交易厅来做这件事。

我开始操盘，但是手法比较保守。其实想到要站在那里操盘，我心里都不知道会害怕到什么程度。但是峰回路转，职业生涯中一次最伟大的经历一下子缩短了我要待在芝加哥的时间。这事回想起来简直不可思议。

原委是这样的。某日我收到了来自卢修斯·塔克（Lucius Tucker）先生的电报。他担任股票交易所某公司办公室经理的时候，我和他比较熟识。那会儿我比较照顾他的生意，但是后来没再继续联络。打开电报，上面简短地写着：

速来纽约。卢修斯·塔克。

看样子是一些共同的好友告诉了他我流浪到芝加哥的际遇。他肯定是无事不登三宝殿，有要事与我相谈。那时，我没有钱进行一趟毫无意义的纽约之旅，所以没有按照他说的去做，而是给他打了一个长途电话。

我问他："我收到你的电报了。有什么事情?"

他回答道："纽约有个大银行家想要见见你。"

我问道："是谁啊?"听到这个，我一下子想不到是谁要见我。

"等你到了纽约，我自然会告诉你。不然跟你说了也没用。"

“你是说有个大人物想见见我？”

“没错。”

“你觉得他会跟我谈什么？”

卢修斯说：“如果你给他个机会见见面，他私下里会跟你说清楚的。”

“你就不能给我写封信说说怎么回事？”

“不能！”

我说：“那你就再跟我说点儿其他相关的事情。”

“别为难我了，我真没法再多说了。”

我说：“卢修斯，是这么回事。我就想知道，我会不会白白浪费一趟去纽约的行程？”

“你肯定不会浪费的。你要是来的话，肯定收获颇丰！”

“你嘴巴就这么严，一点暗示也不给？”

他说：“一点暗示也不给。这对他老人家来说太不公平了。而且，我也不知道他会给你开什么价钱。但是听我一句话，速来纽约！”

“别嫌我啰唆，但是真的有个大人物想见见我？”

“真的不骗你！人家除了你，谁都不见！赶快来吧，还在想什么？买好车票就给我发个电报，把车次告诉我，回头我在车站接你。”

我说：“嗯，那好吧！”然后就挂掉了电话。

我不喜欢各种神秘的事情，但是很清楚卢修斯的确挺讲哥们义气，他要是这么说的话，肯定有他的理由，而且理由还不错。在芝加哥，我也没有赚钱赚到舍不得离开这个城市的地步。按照当时操盘交易的情况来看，攒够以前那种操盘规模的本钱，不知得熬到猴年马月。

我就这样坐上了回纽约的火车，对自己的未来茫然无知。在火车上我不止一次担心，有没有可能是竹篮打水一场空，而且还得倒赔进一大笔火车费外加来回几天的时间。那时的我，完全没有预料到自己即将迎来人生经历中最离奇的一页。

在火车站接到我之后，卢修斯急切地告诉我，其实是丹尼尔·威廉森（Daniel Williamson）派他来的。丹尼尔·威廉森是纽交所里赫赫有名的威廉森与布朗（Williamson & Brown）公司的合伙人。丹尼尔·威廉森先生让卢修斯转告我，他愿意提供给我一个商业计划，而且他深信我肯定会接受这个计划，因为这份计划将会带给我十分丰厚的利润。卢修斯拍着胸脯对我发誓说他绝对不知道这份计划的半个字。这家公司给予了保证，说绝对不会要求我去做任何不合适的事情。

丹尼尔·威廉森先生是这家公司的高级成员，该公司是埃格伯特·威廉森（Egbert Williamson）先生在19世纪70年代成立的。公司成立时，并没有所谓的“布朗先生”。在丹尼尔父亲掌舵时，这家经纪公司可谓光芒四射，然后丹尼尔继承了一笔相当大的财富，这样就不需要到外面去打拼了。这家经纪公司有一个大客户，资产应该相当于一百个普通客户，他的名字叫作阿尔文·马昆德（Alvin Marquand）。阿尔文·马昆德是艾波·威廉森的姐夫，同时还是十几家银行与信托公司的业务主管，另外还是切萨皮克与大西洋铁路系统的主席①。阿尔文·马昆德在铁路行业内极富个人魅力，是继詹姆斯·希尔②之后最有标志性的业内人物。此外，阿尔文·马昆德还是道森帮③的发言人兼核心成员，道森帮是一个有强大银行资源的内部小团体。阿尔文·马昆德先生身价5 000万～5亿美元，当然了，这个身价估值依赖于他本人的身体健康状况。后来他去世后，人们发现他留下了2亿5 000万美元的财富，全部是在华尔街上挣的。所以，不难看出阿尔文·马昆德是个超级大客户。

卢修斯跟我说，威廉森与布朗公司已经给他量身打造了一个职位，他接受了这个职位。看样子，他估计是个负责总体商业销售的员工。现在公司需要一个可以负责佣金业务的人，卢修斯向威廉森先生推荐说可以多开几个分支机构，有一个设在曼哈顿住宅区的大酒店，另外一个设在芝加哥。我当时希望他们会派给我一个在芝加哥分支机构的岗位，譬如办公室经理，这样的

---

① 切萨皮克与大西洋铁路系统（Chesapeake and Atlantic Railroad system），是切萨皮克海湾附近的铁路。切萨皮克是位于弗吉尼亚州的一个海湾，紧邻大西洋。——译者注

② 詹姆斯·希尔（James J. Hill）（1838—1916）是加拿大与美利坚铁路系统的主席，被誉为铁路大王。——译者注

③ 道森帮（Fort Dawson Gang），因为Fort Dawson是华盛顿在领导内战时修建的一所堡垒，位于Cacapon River入河口，故此帮派应该位于该位置附近。——译者注

话我就不会接受了。我之所以没有直接回绝卢修斯，是想在彻底拒绝之前，先拿到录取通知，看看是怎么回事。

卢修斯把我带到威廉森先生的私人办公室，快速地把我介绍给他后，就火急火燎地离开了。这般匆忙劲，貌似是在避免成为两边熟人的目击证人。我盘算着静观其变，然后拒绝这个工作机会。

威廉森先生是个地道的老派绅士，为人和蔼、举止得体、笑容温和。我很快发现他是一个社交广泛、善于结交朋友的人。读者肯定会问我是怎么看出来的。你看，他精神矍铄，谈吐幽默。他很有钱，因此不会有人怀疑他喜欢占别人的便宜。此外，他接受的教育和从小接触的社交礼仪，让他看起来不仅礼貌，而且友善；不仅友善，而且睿智。

我坐下之后就保持沉默。我并没有要说的话，而且在开口之前也习惯于让别人把话说完。有人曾经跟我说过詹姆斯·斯蒂尔曼的故事，也就是后来的国民城市银行总裁，同时也是威廉森先生的密友。任何人要找他谈商业计划，他总是静静地先聆听别人说话，让别人看不出他的表情。等到别人说完了，斯蒂尔曼先生继续盯着这个人，让人感觉他应该继续说下去。结果，这个人也感觉自己应该继续说点东西，嘴巴只好继续张开。因此，单单通过注视和聆听这两招，斯蒂尔曼先生已经让别人知无不言，把对银行的各种有好处的建议都说出来了，有时候比原本打算提出的还要好。

在跟别人谈判的时候，我也保持沉默，但绝不是为了刺激别人进一步拉低报价，而是因为我喜欢搞明白事情的来龙去脉。让一个人和盘托出，有利于我做出最终决策。当有人带着商业计划书来找我时，只要参与程度足够深入，我都会给出最终答复，区别只在于我是否答应了他。反过来说，要是这个商业计划的细节没有被和盘托出，我肯定不会立刻答复。

这次丹尼尔·威廉森先生主说，我主听。他说之前已经听说过很多关于我的消息了，尤其是驰骋股海的逸闻趣事，顺便表达了对我脱离本行、折戟棉花期货经历的遗憾。当然，这次十分愉悦的会谈是源于我的坏运气。他认为我的宿命是股票市场，我生而就是为了在股市驰骋，离开股市的确有违天意。

他愉悦地说道："利文斯顿先生，而这就是我们愿意和你做生意的原因。"

我问他："那你说该怎么做生意呢?"

他说："我们做你的经纪人。我们公司很愿意照料你的股票生意。"

我说："我当然很愿意让你们做我的经纪人，但是我现在不能啊。"

他问："为什么不能?"

我回答："我手头没钱!"

他友善地笑道："这没什么可担心的，我来搞定。"说罢掏出一个支票簿，写了一张 25 000 美元的支票，接收人是我的名字。写完后，他把支票递给了我。

我问："你这么做是为了什么?"

"为了让你到银行存上这笔钱。你可以随时提取这笔钱。而我所需要的就是你到我的经纪公司做交易。说实话，你赚钱还是亏损不是我关注的重点。要是钱都花光了，我可以再给你写一张个人支票。所以你可以随意对待这张支票。我的意思你明白了吗?"

以前听说过，这家公司资金实力雄厚、生意兴隆，远不至于央求某个人去他们那儿做交易，更不用说还要给这个人一笔钱当作保证金。但是丹尼尔·威廉森先生居然给了我这个优惠条件。他们原本给我一笔信贷就不错了，但是现在居然给了我一笔真金白银，而且只有他一个人知道这件事情！而我需要做的就是通过这家经纪公司做交易。更让人心潮澎湃的是，他许诺我，一旦钱花光了，还可以找他继续要！事出反常必为妖。我觉得这背后应该有什么特别的理由。

我问他："你为什么要这么做?"

"原因很简单，我们希望公司里有个高频交易的大客户。华尔街上的人都知道你是个狙击手，经常短线交易、大出大进，而这正是我欣赏你的地方。"

我说："说实话，我还是不明白。"

"那我就敞开天窗说亮话吧！利文斯顿先生，我们公司里有几个富可敌国的客户，他们经常大笔买卖股票。他们打算卖出几万股某只股票，但不想让华尔街上的人猜测是不是这几个客户在做空。如果别人知道你在我们公司做交易的话，情况就不一样了。他们猜不到是你在做空某只股票，还是其他顾客在做多某只股票。”

这下我就明白了。他想让我给他姐夫的交易打掩护！因为人人都知道我是个股票狙击手。一年半之前，我经常在熊市的时候大杀四方，于是，华尔街上的八卦新闻就开始习惯于把每次的股价下跌都归功于我的操作。时至今日，如果市场不景气，他们还会说这是我操盘的结果。

我不假思索地答应了。我火眼金睛地发现，丹尼尔·威廉森先生给了我一次回归股市的机会，而且是很快地回归。我拿起支票去银行存起来，然后在他的公司开了一个账户，开始做股票交易。彼时的股市交易十分活跃，而且可选择的股票很多，不至于非得盯着一两只股票。正如我曾经告诉过读者的，一开始我十分害怕，担心自己没有抓住准确的时机。但是情况看起来没那么糟，在三周的时间里，我赚了 112 000 美元，而本钱就是丹尼尔·威廉森先生借给我的 25 000 美元。

我找到丹尼尔·威廉森先生说：“我要偿还你借给我的 25 000 美元。”

“不用，真的不用！”他边说边挥舞着胳膊，就好像是我给他一杯蓖麻油鸡尾酒一样。“真的不用，我的小伙计！等你的账户攒到一大笔钱的时候，再来谈这事吧。但是现在还没到那个时候呢，你只是攒到了一点喂鸡的饲料而已。”

我犯了大错。与自己在华尔街上犯的其他错误比起来，我实在找不出一个比这更让我后悔的错误。这让我在未来漫长的时间里饱受煎熬。我当时应该坚持让他收回本金的，毕竟我当时已经回到了快速赚钱的轨道，而且操作十分频繁。这三周，我的周均利润率是 150%，交易规模也开始稳步上升。那时我真应该让自己从各种义务关系里解脱出来，但实际上却让他的计谋得逞了，没有强迫他收回 25 000 美元。当然了，因为他没有收回借给我的25 000 美元，我觉得不好意思将利润提现。我承认他有恩于我，但是我有自己的套路，不喜欢欠别人的钱或者恩情。我可以用金钱偿还金钱，但是却没法偿还别人的恩情和友善。结果，你很快会发现，要偿还这些道德义务就得付出几倍的代价，而且这种偿还是无穷无尽的。

我没把利润提出来，而是继续做股票交易。总体来说我干得很漂亮，恢复了以往的犀利，感觉不用过多久就可以回到 1907 年巅峰时的盛况。要是到了那一步，我所求的就是让市场继续停顿一会儿，这样就有机会弥补自己的损失了。但这里我想说的是，挣钱并不是我最关心的。我最关心、最自豪的事情是，自己是否摆脱了判断失误、迷失自我的习惯。连续几个月，我的交易十分成功，但是心中谨记自己的教训。

就在那段时间，我转向空头，开始沽空多只铁路股票，其中包括切萨皮克与大西洋铁路公司。记忆中，我已经改成重仓做空，应该在 8 000 股左右。

一天早上，我刚到曼哈顿市中心，股市还没开盘，丹尼尔·威廉森先生就把我招呼进他的私人办公室，关起门来对我说："拉里，今天不要买卖任何切萨皮克与大西洋铁路公司股票。你要是卖空 8 000 股这只股票的话，肯定亏损累累。今天早上伦敦市场那边，我已经给你平仓，而且帮你做多了。"

我十分确信切萨皮克与大西洋铁路公司的股票会大跌。根据股票交易带的信息，我对此把握十足。此外，我也做空了整个股票市场，手法没有那么激进，但是足以有很不错的短线收益。我对威廉森先生说："你为什么要这么做？我做空了整个股票市场，而且股价还在进一步下跌中。"

而他却摇了摇头，对我说："我这么干是因为凑巧知道了这家公司的一些内幕信息，但是你却不知道。我的建议是，如果我没告诉你做空是安全的，你千万不要这么做。"

我还能怎么做？这又不是一个疯子的建议，而是来自董事会主席的小舅子的建议。丹尼尔不仅是阿尔文·马昆德的密友，同时也是我的大恩人，对我既友善又慷慨。在关键时刻，他展示出了对我的信心以及对我的信任，我对他无以为报。所以情感再一次战胜了理性，我做出了让步。让我的判断屈从于他的欲望，这是我走向毁灭的原因。一个绅士理所当然地会认可滴水之恩当涌泉相报，但是这也是他完全被束缚住手脚的原因。我很快就知道自己不仅输掉了所有的利润，而且还欠该经纪公司 1.5 万美元的巨额债务。我真是倒霉到家了，但是丹尼尔告诉我不要担心这件事。

他对我许诺："我会帮你走出困境的，我很有把握。但是只有你从内心接受我，我才能帮你。你靠自己的智慧的话，肯定会没法做交易的。我替你操盘后，你再逆向操作，这一多一空就完全抵消了。而你要做的就是暂时离开市场，给我一次机会为你赚钱。拉里，现在告诉我，你会不会照我说的去做?”

我再一次问读者们：我该怎么办?我满脑子都是他的善良，不忍心去做任何被别人视为缺乏感恩之心的行为。我开始喜欢他，他依然十分友善而和蔼可亲。我现在都还记得，从他那里获得的都是满满的鼓励。他不停地安慰我，说一切都会好起来的。大约6个月之后的某天，他面带笑容地找到我，然后给了我一些支票。

他说：“我早就跟你说过，会帮你脱离困境的，现在你看看，我没食言吧!”接着我发现，他不仅把我的全部债务一笔勾销，还给了我信用授权。

说句心里话，其实我自己可以渡过这个难关的，因为市场走势跟我预期的一样。但是他却这样对我说：“我给你买入了1万股南大西洋（Southern Atlantic）铁路公司的股票。”这个公司的铁路同样被他的姐夫阿尔文·马昆德控制着。而这位马昆德先生同样操纵着这只股票的市场走势。

要是你也经历了丹尼尔·威廉森先生对我干的这些事，你除了说“十分感谢”之外，什么也没法说，哪怕你对市场的判断正确。而即便你很自信判断正确，也别忘了前面我提过帕特·赫恩先生的警世名言：“你要是不拿真金白银来玩，那就什么也别谈了。”但此时此刻，丹尼·威廉森先生却用他自己的钱替我下注。

接下来，南大西洋铁路公司的股价直线下跌，看不见上涨的苗头，我这次又亏大了。在丹尼尔替我卖出之前，我自己都不知道这1万股股票带来多少亏损。这下，我欠他的债务更多了。但是我这一辈子，从来没见过比他更友善的债权人。他从来不责备我，相反每次都给我讲鼓励的话，安慰我千万不要担心各种事情。到了最后，他同样以慷慨而神秘的方式把股市亏损带给了我。

丹尼尔·威廉森先生从来不告诉我操盘细节。这些账户都是带编码的，而他只是简单地告诉我：“我们公司用其他的一笔交易赚的钱弥补了你在南大西洋公司股票上的损失。”然后他就会告诉我，他如何卖掉了某只 7 500 股的股票，然后狠狠地赚了一笔。我可以拍着胸脯说，要不是他告诉我那些债务都销账了，我自己都不知道这些交易的任何信息。

这种事情连续发生了好几次后，我开始深思了。从另外一个角度来看待整件事情，我终于清醒了。意识到自己被丹尼尔·威廉森先生利用了，这对我是一拳重击。想到这一点我就无比愤怒，可是想到自己没有更快地清醒过来，我更是怒上加怒。等彻底明白整件事情的来龙去脉，我直接找到丹尼尔·威廉森先生，告诉他我跟公司彻底断绝关系，然后就离开了威廉森与布朗经纪公司。走的时候，我没有与他或者公司的任何人说一句话。再跟这类人说话，能有什么好处？但是我也承认，我极度痛恨威廉森与布朗经纪公司，同样也痛恨我自己。

我以前提到过，亏钱对我来说并不是什么大事。每次在股市上亏了钱的时候，我总固执地认为，自己其实学到了重要的教训。吃一堑长一智，这些亏的钱就当是交学费了。毕竟嘛，一个人要是想长记性，就得乖乖地掏学费。但是这次在丹尼尔·威廉森先生公司的经历却不一样，对我打击十分沉重，因为我失去了一次前所未有的黄金机会。一个人亏的钱真的不算什么，因为他可以再挣回来。但是机会如果失去了，就如同一江春水向东流，永不回头，下次什么时候再来你就不知道了。

当时的市场交易十分活跃，而我通过精确地研读股票交易带，做出了各种准确的判断。当时赚几百万美元的机会唾手可得。但是我却任由自己的感恩之心干扰了交易策略，自缚手脚。我任由丹尼尔·威廉森打着伪善的旗号替我胡作非为。这些乱七八糟的事情连在一起，简直堪比与亲戚做生意，还是玩砸了的生意！

屋漏偏逢连夜雨。没过多久，我就发现市场上没有赚大钱的机会了。整个市场只轻微波动，事情变得越来越糟，我不仅亏损了所有的钱，而且深陷债务泥潭，负担比历次都严重。接下来就是漫长的平淡期，1911 年、1912 年、1913 年，一直到 1914 年。年景不好，真是喝白水都塞牙，一分钱也没赚到。股市上一点儿机会都没有，我陷入困境，境遇越来越差！

亏钱的时候，如果你能够老道地意识到事情原本的发展轨迹，那么亏点儿钱并没有什么大不了的。而我却不能控制住自己不去想之前那件事情，而且越想越烦恼。一个投机者这一辈子容易犯的错误和易于忽视的弱点有很多，而自己在丹尼尔·威廉森先生公司犯的错也是一个普通人容易犯的。但是如果我把自己当成一个投机者来看的话，那就既不合适，也不明智，尤其是任由自己被有悖于自己判断的顾虑给干扰了。在股票市场上，滴水之恩当涌泉相报这种想法没有任何生存空间，这是因为股票交易带不是白衣骑士，它不会奖赏任何忠诚。这下子我知道自己原本可以交易得更加漂亮。因为希望自己赚够了本钱可以在股市上驰骋，所以很难原谅自己错失良机。但是生意归生意，作为投机者，我的生意就是要永远坚持自己的判断。

回过头来看，这也是次很有趣的经历。我来告诉读者们接下来发生了什么事情。丹尼尔·威廉森先生在第一次见我时说的话，十分真诚。每当他的经纪公司交易几千股某只股票的时候，华尔街上的人就认定这是阿尔文·马昆德在做交易。在他的经纪公司里，阿尔文·马昆德是个大客户，而且所有的交易生意全部在这一家公司。其实放眼望去，他也是当时最厉害、资产最高的交易大户之一。结果他们让我来充当烟幕弹，替马昆德的卖出打掩护。

阿尔文·马昆德在我介入后就病了。没过多久，他的疾病就被诊断为不治之症，丹尼尔·威廉森当然提前知道了这件事情。这就是为什么丹尼尔迅速地平了我持有的切萨皮克与大西洋铁路公司的股票仓位。他需要立即启动程序，清理掉他姐夫持有的这只和其他股票的投机性头寸。

这事其实很明晰。马昆德死后，遗嘱委员会就得清理掉他持有的投机性和半投机性的股票仓位，而等到那个时候，整个市场已经进入熊市。丹尼尔通过捆住我的手脚，帮了遗嘱委员会的大忙。我说自己是个顶尖的股市狙击手，而且对股市的判断无比正确，这并不是在吹牛。在 1907 年的大熊市中，威廉森先生清楚地记得我是如何大获全胜的，所以有我在股市上，他没有那个胆量去冒险。为什么？如果我能继续按照之前的操盘方法交易，那么肯定已经赚了一笔巨款了。而到了那个时候，威廉森准备清理掉阿尔文·马昆德的股票资产时，我必然是成千上万股地买入卖出！作为一个能量十足的大空头，我肯定会让马昆德继承人的资产损失几百万美元，毕竟他遗留下来的资产也就几亿美元。

对他们来讲，让我深陷债务泥潭，然后整日思索如何还债，要比任我在熊市里操盘的做法廉价得多。这也就是我在干的事情，而原因就是我觉得自己千万不能辜负了丹尼尔·威廉森的恩情。

我把这次经历归为自己股票操盘手职业生涯中最有趣、最不幸的一次。我得到了教训，但是代价实在太高，而且花费了我几年的时间才恢复元气。当然，我很年轻，有足够的耐心赚回这迟到的几百万美元。但是对一个处于穷困中的人来说，这几年真的很漫长。不论是年轻人还是老年人，这实在太煎熬了。我可以忍受没有游艇的生活，但是却没法忍受失去驰骋股海的机会。在这一生中，最伟大的赚钱机会就近在咫尺，而我却把自己的钱包给丢掉了。我没有伸出双手接住它。丹尼尔·威廉森是一个十分狡猾的人，上帝把他们这类人造得深谋远虑，而且富有同情心和魅力，光芒四射。丹尼尔是一个思想者，懂得给人制造幻觉，能够察觉到别人的可攻击的软肋，然后像冷血动物一样攻击这个人。他把自己的钱赚到手了，然后很快地就谋划出该怎么对付我，这样的话，我就不会在市场上兴风作浪给他们带来麻烦。他实际上没有帮我赚到一分钱，反而只是装出帮我赚钱很高兴的样子。他热爱他的姐姐，马昆德女士，而他正是用自己理解的方式来尽到弟弟的义务。

第十四回 轮廓分明牛市起 脱胎换骨又新生

离开威廉森与布朗经纪公司之后，股市蛋糕上的甜头已经没有了，这让我无比烦恼。我们进入了漫长的低水平盈利期，4 整年的平淡期，要说一分钱没赚到真是毫不夸张。我记得比利 · 亨里克兹（Billy Hen-riquez）说过一句话："这种市场太枯燥了，以至于臭鼬都没有味道了。"

看起来我这次折戟股市是命中注定的。或许这是上帝打算惩罚我，但是反过来说，我至今也没有品尝过这种被称为坎坷的骄傲。每个交易员都得接受债权人的赎罪，而我却从来没有犯过这种投机性的罪恶，也没有过这种典型的犯傻的操盘策略。我曾经做过的，或者说尚未完成的事情，是收获荣耀的大事情，而不是咒骂 42 街[①]以北的人们。在华尔街上，这种事既荒唐可笑，又代价昂贵。但是迄今为止最坏的事情是，它不太轻易让一个有血有肉的人将感情放纵于股票市场。

离开威廉森先生的公司后，我又去了其他几家经纪公司。在每家公司里，我都亏了不少钱。其实这没什么可抱怨的，因为我在绞尽脑汁强迫股市偿还给我原本不该给我的东西，譬如说赚钱的机会。有不少公司愿意给我保证金信用，因为它们对我有种莫名的信任。读者们可以想象一下它们是多么的愿意相信我，尤其是我告诉你们，等我打算停手不再交易的时候，已经欠它们

① 42 街是曼哈顿的著名街区，其与百老汇交汇处的纽约时代广场附近有很多剧场。——译者注

100 多万美元了。

麻烦不在于我失去了股市操盘的敏锐性，而是在于在这曲折的 4 年中，没有赚钱的机会。但是我依然坚守在股市里，努力想为以后的崛起赚点儿本钱，忙碌半天的结果，无非是增加了自己的负债。最后我决定不再用自己的钱做操盘交易了，原因是我没法再向朋友们借债了。结果，我靠给别人操盘赚钱，那些人还相信我的本事，觉得我即便是在熊市里也能赚钱。通过这种服务，如果赚到一些钱的话，我就会分到一点儿利润。这就是我怎么度过那段时间的。也可以说，我是怎么维持基本生活的。

事无绝对，我也不是天天亏钱，但是也从没有赚到足够多的钱来大幅减少债务。最后，随着事情的恶化，我第一次感觉到我人生中暗无天日的生活要开始了。

当时所有的事情都在跟我的愿望反着来。我没有沉沦于失去了数百万美元财富和游艇后吃糠咽菜度日的堕落感，只是不喜欢当时的状况，并没有自怨自艾。或许有人会耐心地等待时间来带走自己的各种不幸，但是我却在研究自己的各种问题。毫无疑问，我的唯一出路就是继续赚钱，而要赚钱的话，就得准确判断、精准交易，我之前已经这么干过，所以还得重操旧业。回顾过去，自己不止一次利用小额资金赚回了几十万美元。我坚信，市场迟早会给我一个机会。

出错后，我总是内省，不去怪罪市场。我经常研究自己交易中的问题，现在还在按照这种精神质疑自己。现在问题出在哪里？经过冷静分析，我总结认为最大的问题在于过于担心自己的负债。细细想来，我自己从来没有从这种心理负担中解脱出来。这里我稍微向读者们解释一下，这种负担不只是感觉到自己身负债务，毕竟每个生意人在做买卖的时候肯定会欠债，没什么可奇怪的。更何况我的大部分债务是生意债务，是因为不利的商业环境造成的，与普通商人的债务相比没什么不同。譬如说，有的商人很不幸，由于恶劣的天气导致交货延迟形成了负债，我的情况也差不多。

随着时间的流逝，我依然还不上欠债，但是自己开始不太关心这些债务了。我给自己开脱：这 100 万美元的债务主要是在股市中的损失造成的，不是胡乱花钱造成的。大部分债权人对我还不错，没有对我太刻薄，除了有两个人天天咒骂我之外。他们以前经常围着我转，一旦看到我赚到大钱，就不停地拍我马屁，想方设法打探我的交易细节，目的无非是印证他们的想法。其中的一个人，我欠他 800 美元，居然威胁说要起诉我，直接没收我的财产，来来回回地拉锯了好几个回合。我自己都搞不明白，他为什么会以为我隐匿了资产？难道是因为我还没有穷困潦倒到跟流浪汉一样？

我仔细研究了所处的困境，发现这不是关于研读股票交易带的事情，而是关于研读我自己的事情。这下，我认清了血淋淋的现实：只要愁云密布，我就没法干成任何事情；只要还在欠着钱，我就会继续沉沦于忧愁之中。我的意思是，只要还有债权人来骚扰我，或者坚持让我在赚到炒股本钱之前就得还债，我就没法集中精力。这是件很现实的事情，所以我下定决心经历一次破产。不然，我真想不到其他可以缓解头脑紧张的办法。

这件事看起来容易，做起来难。我很负责任地告诉读者，我极度讨厌这件事情，因为这样的话，我就会被人误解。我这个人不是那么介意钱，但要是撒谎的话，我真心认为这太不值了。反过来，我也知道不是所有的人都认可这种观点。另外，我如果打算东山再起，就必须把每笔债务还干净，因为这是我的责任和义务所在。挑战在于，我如果没法像过去一样操盘，就不能还清这 100 万美元的债务。

怀着惴惴之心，我忐忑不安地去见债权人。我鼓足了所有的勇气才能面对这件事情，毕竟大部分债权人都是我的密友和老朋友。

见到他们后，我毫无保留地把情况如实说明。我说道：“我真不想走到这一步，因为我从来就没想过欠债不还。但现在的情况是，从法律意义上来说，我必须赚钱才行。这两年多以来，我不停地在琢磨赚钱方案，但是我一直没有鼓足勇气和盘托出真实情况。其实如果我早点儿说的话，我和在座各位的情况都会好很多。今天唠叨这么多就是为了说下面这件事：如果我继续债务缠身，估计永远找不到过去的那个利文斯顿了。我现在决定做一年前就该做的事情，那就是申请破产，而我该说的也就是这些了。”

第一个人站起来发言，而他的出发点和目的也是其他人想说的。他代表他的公司发言。

他说："利文斯顿，我们完全理解你的心情，而且对你的情况洞若观火。接下来，我直接挑明了告诉你我们的打算，我们愿意放弃对你的债务。你可以让律师准备好合同，按照你的意思组织条款，然后我们签名。"

以上是最大的债主说的话。这也是华尔街上的另外一面，里面不尽是漠不关心或者丛林法则。我的这个决定很明智，而且看起来前途还算光明，我感谢这些朋友的善良和商业胆量。

这些债权人累计给我豁免了超过 100 万美元的债务，但是有两个少数的异类不愿意签字同意。一个就是之前我给读者们讲的我欠他 800 美元的人，另外一个是一家经纪公司，它原本都要破产了，但是接收人不知道怎么知道了我的情况，天天追着我要钱。其实即使这两个少数派随大流签了字，法庭也不会判决他们豁免我的债务。最后，我算了算，申请破产后我只需要偿还 10 万美元的债务。但是读者们要记住，之前我欠债超过 100 万美元。

从报纸上看到我破产的新闻，我心里十分不是滋味。我也曾经破产过，但是都偿还干净了。这次全新的经历让我永生难忘，我发誓只要我还活着一天，肯定会还清欠每个人的债务。但是破产新闻的读者是不会知道这一点的。自从看到自己被这样报道后，我也没有颜面出去逛街了。让人欣慰的是，债务算是一笔勾销了，我简直没法描述自己从压抑的紧张感中解脱出来的轻松心情。我以后再也不会被那些人妨碍了，他们是无法懂得这一点的：一个人全神贯注地从事股票投机时，脑海里没有牵挂是件多么重要的事情。

现在我的思维被股海里披荆斩棘的美好情景所充斥，我不再为债务忧虑，琢磨的事情是如何再赚到本钱。纽约证券交易所从 1914 年 7 月 31 日一直关闭到 12 月中旬，整个华尔街笼罩在一片阴霾之中。在很长的一段时间里，华尔街上一点业务也没有。自己已经亏欠朋友很多了，现在不能因为他们过去对我还算不错而再次向他们开口求助；实际上我也知道，现在不会有谁还有闲工夫去帮助别人。

拿到体面的本钱真是比登天还难，因为纽约证券交易所关门了，我根本找不到还愿意借钱给我的经纪公司。前前后后我跑了不少地方，一点儿用也没有。

最后，我去见丹尼尔·威廉森先生。那是1915年2月的一天。我坐下之后，把心理上克服对债务困扰的过程告诉了他，说现在已经准备好恢复到以往大杀四方的利文斯顿了。读者们应该都还记得，当初他需要我的时候，都不用我开口，就主动给了我25 000美元。

事到如今，等我需要他的时候，他是这样说的："你要是发现了什么好的股票，打算买500股还差钱的时候，直接去买就行，不用担心什么，算我借你的。"

我感谢了他，然后就走了。在过去的日子里，他不停地从我身上赚钱，而且他的公司也从我身上赚走了大笔的佣金。威廉森与布朗经纪公司居然对我这么吝啬，实在是让人恼火。我打算先从保守交易开始，如果操盘仓位可以大于500股，财务上就会好过点儿了。但是就算是眼下发生了这么苛刻的情况，我还是坚定地认为这是杀回股市的大好时机。

离开威廉森的办公室后，我沉下心来研究市场大势和自身问题。现在是牛市，所有的交易员和我有同样的判断，大家再次蠢蠢欲动。但是我只有区区500股可供交易，手头太紧了。换句话说，我没法快速回到以前的交易状态，只好慢慢来。交易伊始，我没法抵抗任何小的行情回调，必须立即开始盈利以增大本金筹码。这500股股票担负着赚钱重任，必须给我带来真金白银的利润。我心里清楚地知道，没有足够多的本钱，很难做出正确的判断。保证金不够，我就没法在操盘时保持冷静、客观的立场。而这种游戏需要的就是操盘手可以承受亏钱的单子，原因是在大举操盘之前，我需要测试市场的暗潮。

现在我正处在职业生涯的最低谷。作为投机操盘手，如果这次失败了，我下一次何时能再弄到本金筹码进入股市就是未知了。现在的情况一目了然，我必须等自己的心态达到最佳状态。

之后有段时间，我刻意让自己远离威廉森与布朗经纪公司。为什么？在六周的时间里，我需要认真研读股票交易记录，就得强迫自己远离他们。我担心到了他们公司，心里惦记着只可以买入500股，就会在错误的时间买入错误的股票。一个优秀的交易员，除了要研究市场基本情况之外，还要记住市场进展、其他参与者的心态和经纪人能力的不足，以及要认清自己，懂得让自己的弱点不被利用，克制为了自己的人性局限而发怒。我逐渐领悟到，一个人既要能读懂股票交易带，也要能读懂自己。对于重大突发事件，或者活跃市场的诱惑，我经过仔细研究，依赖自己的判断做出决策。在分析市场行情和公司财报时，我也保持同样的心情。

在接下来的日子里，我每天都怀着破产和焦虑的心情重操旧业。在另外一家经纪公司的报价板前，我安静地坐着，没买任何一只股票。相反，我认真研究了市场，不错过交易带上的任何一笔交易，等着激动人心的一刻的到来，然后全力以赴。

由于众所周知的原因，在 1915 年初，我十分看好伯利恒钢铁（Bethlehem Steel）公司的股票。那时，我十分确定这只股票会上涨，但是为了确保旗开得胜，必须耐心地等待股价突破临界值。

读者们应该还记得，我有个操盘手法，等到某只股票第一次突破 100、200 或 300 美元整数位的时候，股价就会继续上涨 30～50 个点，而且过了 300 美元之后会涨得比突破 100、200 美元的时候更快。我最心爱的股票之一就是亚纳康达公司的股票。等它的股价突破 200 美元的时候，我买入了，结果一天后以 260 美元的价格卖出。这种操盘策略可以追溯到我还在商号做交易的时候。掐指一算，这可以看作一个古老的交易准则。

读者们现在估计可以想象到我是多么渴望再次回到以前的操盘规模。自己天天这么幻想，结果脑袋里什么都不想了；幸运的是，我控制住了自己。正如我所预测的那样，伯利恒钢铁的股价一天一个台阶，但是我抑制住了自己的冲动，没去威廉森公司买入 500 股股票。对我来说，自己的首轮回归赛必须在力所能及的范围内接近完美。

股价每上涨 1 个点，就意味着我少赚 500 美元。股价每上涨 10 个点，就意味着原本我可以连续投机，将 500 股变为 1 000 股，股价每上涨 1 个点就可以赚1 000 美元，而不是区区的 500 美元。但是我依然稳如泰山，没有听命于虚幻的希望或空洞的信息，而是毫不动摇地听命于自己的经验和操盘常识。

等攒够了筹码，我就可以抓住各种机会。但是手中没粮，巧妇难为无米之炊，即便很小的机会，也远远超出了我的能力范围。耐心等待了六周后，我终于迎来了胜利，一场常识压过贪婪和欲望的胜利！

等股价突破 90 美元的时候，我手舞足蹈、热血沸腾。要知道，之前一股也没买，导致我一分钱也没赚，虽然那时我极度看好股市。等股价突破 98 美元时，我暗自说："伯利恒钢铁的股价一定会突破 100 美元，要是股票突破了这个顶，就会一飞冲天。"股票交易带也做出了一模一样的预言。而实际上，等股票价格收报机打出 98 美元股价的时候，我已经在股票交易带上读到了 100 美元的信息。我十分确信，自己的判断不是来自幻想或者欲望，而是那一刻股票交易带的确认。所以我对自己说："不能等股价突破 100 美元才入手，必须现在动手。现在正是势如破竹的时刻！"

然后我火速赶往威廉森与布朗经纪公司，下单买入 500 股伯利恒钢铁公司的股票。当时的市价是 98 美元，我的买入价在 98 美元到 99 美元之间。然后股价就开始飙升，当晚收盘价应该在 114 美元到 115 美元之间。之后我再次买入 500 股。

第二天开盘时，伯利恒钢铁的股价是 145 美元，我赚到了操盘本金！六周的漫长等待，就是为了现在这一刻的精彩。而这也是我所经历过的最折磨人的六周。最后我的等待得到了补偿，收获了足够的资本来提升操盘规模。仅仅靠 500 股的授信，我是走不到这一步的。

在这次的交易中，我判断准确。虽然略有风险，但是在这次战役后，我开始得心应手。别人都不相信这是之前他们所知道的利文斯顿操盘手法。实际上，我脱胎换骨了，不再是以前那个任人摆布、错误百出的操盘手，现在我轻松上阵、判断犀利。没有债权人找麻烦，也没有钱财困乏的烦恼，外加冷静思考、服从经验，我开始沿着正确的道路前进。

在我从胜利走向胜利时，突然发生了卢西塔尼亚事件[1]。人总是时不时遇

---

[1] 卢西塔尼亚号（Lusitania），1907—1915 年服役，长 239.8 米，宽 26.9 米，载客 2 165 人，隶属于英国卡纳德公司（Cunard）。1915 年 5 月 7 日，它在爱尔兰外海被德国潜艇 U－20 击沉，造成共 1 198 人死亡。由于伤亡者中大多数为美国人，卢西塔尼亚号的沉没同齐默曼电报事件一起成为美国参加第一次世界大战的导火索。——译者注

到麻烦，如肝脾出了毛病，然后才记起这个让人沮丧的事实：没有人会一直判断准确，更不用说超越恐怖灾难的影响范围。我听人说，作为一名专业的投机操盘手，不应该被鱼雷击中了卢西塔尼亚号这样的新闻所打击，然后他们就开始追忆很久之前华尔街上的人是怎么应对这种事情的。我没有聪明到预知未来然后逃离股市，但是我可以给读者们一个交代：经历过卢西塔尼亚事件和其他类似事件后，我都亏损了，因为的确没办法聪明到可以预见未来。1915 年底，我的账户里有了 14 万美元的余额，这全部都是我自己挣的。在这一年里，我一直判断十分精准。

在接下来的一年里，我做得更好，遇到这种难得的行情真是太幸运了。当时股市牛气冲天，我疯狂做多各种资产。一切美好的事情正排山倒海地向我扑过来，以至于我除了赚钱都没有时间去做其他事情。这让我想起标准石油公司总裁亨利·罗杰斯（Henry H. Rogers）说过的一句话：一个人有时候会遇到赚大钱的机会，就如同遇见了暴风雨不撑雨伞一样，不用躲避全身就是湿的。这完美诠释了那个时代的黄金牛市。当时举国都知道同盟国正在疯狂地采购美国生产的物资，这造就了当时世界上最繁荣的时代。美国生产了其他国家所不能供应的物资，以惊人的速度赚取全世界的钱。放眼望去，全世界的黄金潮涌般进入美国，通货膨胀当然不可避免，所有商品的价格都在上涨。

这场盛宴从一开始就没有必要做任何投机热身。与历史上的牛市相比，在这次大牛市中，投资者不需要太多准备工作就可以享受胜利的果实。而且，不仅战争贩子获得了前所未有的大发展，而且这也是史无前例的普通民众获得巨额利润的时代。至于老百姓没有把账面利润迅速转化为真金白银，或者他们没有长久地持有这些赚到的钱，这种事情倒是在历史上发生了很多次。与其他地方相比，华尔街是重复历史最多的地方。如果读者看到了繁荣或恐慌的消息，或者令人惊愕的账面利润，你会震惊地意识到，当今的股票投机以及投机者，与历史上的情况没什么不同。游戏没有改变，人性也没有改变。

整个 1916 年，我乘风破浪继续前行。虽然我跟其他交易员一样做多整个市场，但是我心存警惕。天下没有不散的筵席，股市也不例外。我耐心地等待警告的号角吹起。我本人并不热衷于预言从哪个季度开始整个市场风向会变，所以就不用天天盯着一个热点。此外，我从来也不认为自己应该立场坚定地站在市场某一边。即便在牛市里我赚得盆钵满满，或者在熊市里收益更加凶猛，这都不是我坚持做多头或者空头的充分理由，除非我感受到了清盘离场的信号。一个交易员不应该发毒誓坚守做多头或者空头，而是应该关注如何判断准确。

还有一件事得记住，万物都是螺旋式上升、波浪式前进的。上涨时，市场绝对不会一骑绝尘、直达峰顶；下跌时，市场不会探底后迅速反弹。一个正常的股市，在股价应该触顶下跌前，经常会从牛市扭头转为熊市。这么多年的从业经验告诉我，如果注意到市场中的明星股票价格首次从顶峰下跌几个点后，如果在随后的几个月没有收复点位，这就说明危险的信号发出了。它们竞相下跌说明资金要出逃，也就说明我的交易策略必须进行巨大改变。

这再简单不过了。在牛市的时候，股价肯定一往无前向上攀登。因此，任何一只股票要是逆市下跌几个点，你可能会以为，顶多是这一只股票而不是整个大盘出了问题。但是，这对于老奸巨猾的交易员来说，已经足以警示现在出问题了。他肯定不会期待股票交易带站出来把话说得更直白。此时，他唯一需要做的就是捕捉“赶紧离场”的警示，而不是等着提交一份待批准的法律简报。

正如我前面所说，我注意到市场的几只明星股票停止上涨。目前来看，它们已经下跌了 6～7 个点且停滞不前，而市场中的其他股票依然大幅上涨。这几只明星股票的公司并没有出现经营困难，因此肯定是其他地方出问题了。考虑到这几只股票已经随大势涨了好几个月，现在停止上涨，也就说明这几只股票的牛市行情已经结束，哪怕是其他股票的牛市依然在。对于股市中的其他股票而言，趋势依然是上涨的、不可阻挡的。

现在没有必要完全不进行交易，因为交叉大浪还没有到来。那时我也没看懂整个市场，因为股票交易带也没有指示这一点。整个牛市还没有到达尽头，但是尽头的确近在咫尺了。在它到来之前，依然可以做多头来赚点钱，所以，我就做空那些停止上涨的股票，买入卖出双向操作那些市场中起主要推动力的股票。

我开始卖出停止上涨的领先股票。操作手法是对于每只股票，我下了5 000股做空的单子；对于新的领先股票，我做多它们。虽然做空的几只股票表现一般，但是做多的股票价格继续攀升。当这些新的领先股票也停止上涨时，我卖出它们，然后对于每只股票，我继续下 5 000 股做空的单子。到了这个时候，我的仓位已经是做空大于做多，原因在于，下一笔主力资金就要流入到空头一边去了。但是，即便我很确信在熊市真正开始之时，牛市还没有完全结束，做一个激进的空头也不合时宜。要知道，谁也不应该比国王对国家更忠诚，更不用说皇上不急太监为什么要急。股票交易带上的信息只是表明，空头主力的参与各方刚刚集结完毕。此后，时机才真正开始。

我继续买入和卖出的双向操作。一个月后，我已经做空了 6 万股股票：对 12 只股票，每只做空 5 000 股。而这些股票在年初那会儿还是普通老百姓的最爱，因为它们是牛市的领导者。我的仓位并不高，因为现在的市场还没有彻底转为熊市。

熊市终于来了。在这一日，整个市场变得异常虚弱，所有股票的价格都开始下跌。前面我提到过已经做空了 12 只股票，等它们帮我赚到了 4 个点以上利润时，我确信自己的判断完全正确。股票交易带上的信息告诉我，做空交易已经十分安全，肯定有利可图，然后我开始加倍做空。

我已经建立仓位。在熊市里，我对各种股票都做空，因为不需要任何推波助澜，市场就会向着我期望的方向发展。心里谨记着这一点，我就有耐心等待。仓位翻倍后，很长一段时间内，我没怎么做交易。满仓操作七周后，我们终于等来了著名的“大漏斗”行情，股价剧烈下跌。据说有人提前散布消息，说威尔逊（Wilson）总统在华盛顿准备签署一项法令，打算把欧洲迅速带回和平发展的轨道。毕竟，战争繁荣的起始和终结都靠这次世界大战，所以任何有关和平的消息都是巨大利空。后来，人们指责纽约证券交易所的某位天才级交易员提前知道这条消息获利颇丰，而他是这么辩解的：他并没有依靠任何内幕消息赚钱，而是认为当前的牛市已经过度繁荣，所以才做空。而我早在七周前已经把做空的仓位翻倍了。

等市场大跌的消息传出来时，我自然大赚，其实我对这事没什么感觉。一个人在制订作战计划的时候，如果预料之外的事情发生了，你就应该抓住命运女神送来的好机会。读者要记住一件事情：当波谲云诡的市场发生大跌时，如果你还能及时抽身，就必须抓紧把账面利润换成真金白银。即便在熊市，一个人如果不能靠自己把价格托上去，那么他根本不可能赚回12万股仓位的亏损。这个人需要耐心等待，直到市场信号表明可以在无损利润的价位买入股票。

在那个特定的时刻，我并没有因为特殊原因去等待特定的下跌。正如前面所说，30年的交易员职业生涯告诉我，这种事情往往会发生在市场仓位确定后的最小阻力位。此外，请记住：千万别打算卖在高峰价位，这么做十分不明智；市场下跌后，如果上涨力量还没有集结，就赶紧卖出。

就这样，在1916年市场牛气冲天时，我坚定地做了多头；在市场熊气弥漫时，我坚定地做了空头。最后，我赚了300万美元。前面我已经告诉过读者了，除非生死两茫茫，否则一个交易员就千万不要坚定地站在市场的某一边而不做任何改变。

我同时做空了股票和小麦，都赚得盆钵满满。此时再也没有让我烦恼的事情了，而我打算去享受一番。如果我不去欧洲，就肯定断不了跟股市或商品市场千丝万缕的联系。例如，在阿迪朗达克山脉①度假时，我就可以直接拨电话到经纪人办公室咨询各种事情。

在棕榈海滩的时候，我经常去经纪公司当地的分公司。之前我对棉花没什么兴趣，但是注意到棉花价格强势上升。此时已经是1917年，我听了很多关于威尔逊总统打算终止欧洲战争的消息，其中大量报告来自华盛顿，既有正式的新闻出版物，也有棕榈海滩朋友的私人建议。鉴于此，我开始留意各个市场的价格走势，因为价格反映了大众对威尔逊总统落实计划的信心。等到和平鸽重归欧洲的时候，也就是股票和小麦价格大跌、棉花价格上涨的时候。而那个时候，如果我的资金全部被用于购买股票和小麦，那就没有一点

① 阿迪朗达克山脉（Adirondacks），纽约州的一个山脉。——译者注

儿钱可用来购买棉花了。

当日下午2点20分，我一包棉花也没有买入，而在2点25分的时候，我坚信和平终将到来，因此转为棉花多头，买入了15 000包试水。根据长久总结的交易法则，只要自己看准的事情，我最终会全仓持有。

而就在那个下午，市场收盘后，我们收到了无限制战争①的消息，只能耐心地等待第二天股市开盘。我还记得在格瑞德利（Gridley）的那个夜晚，美国最有权势的工业巨头提出要按照美国钢铁公司当日收盘价下调5个点的价格卖出该股票的所有仓位。当时几个来自匹兹堡的百万富翁在现场听到了这则消息，但没有任何人愿意去当接盘侠，因为他们知道等明天开盘的时候，市场价格肯定会狂跌。

果不其然，第二天早上股票市场和商品市场在一片混乱中开盘，读者可以自行脑补当时的情形。有些股票的开盘价甚至低于前一天收盘价高达8个点。不过对我来说，这可是平掉空头仓位斩获利益的千载难逢的机会。读者们可以回忆一下我之前提到的那句话：在一个大熊市里，狂风暴雨的突然到来，也是最佳平仓空头的时机。

对满仓空头订单的投机者来说，当时就是把巨额账面利润兑现之时。时机来得很快，平掉空头仓位绝对不会后悔。以我为例，光是美国钢铁公司，我就做空了15 000股；除此之外，我也做空了其他股票。我只要发现市场上还有机会平仓，就毫不犹豫地去操作，最后赚了150万美元。当时根本没有时间让我去犹豫。

但是我的棉花策略却遭遇重挫。前一天下午收盘前的最后半个小时，我做多了15 000包棉花，今天开盘就跌了500个点！血淋淋的大跌！一夜之间，我亏掉了37.5万美元！在股票和小麦大跌的时候，我平仓大赚；而在棉花上，我无能为力了。这件事让我思考良久。以往每次亏钱的时候，我都说服自己：你的确犯了错！但是那天早上，我打心里不愿意去接受这个损失。但

① 无限制战争（Unrestricted Warfare），即德国军队实际负责人之一鲁登道夫推行的战略，意在打击美国与英法之间的货物贸易。——译者注

是转眼间我就想到，我要去南方美美地度假、垂钓，不要让自己沉浸在棉花市场的失败中。何况我在小麦和股票市场上狠狠地赚了一笔，还是能接受棉花市场上的亏损的。赚的 150 万美元抵上亏的棉花期货，一负一正，净赚 100 多万美元。这事就如同你问了股票发行员很多问题，结果他告诉你，这都不是事，只是笔头记几个零的问题。

如果那天下午收盘前我没有做多棉花，就不会亏掉那 40 万美元。这也说明，哪怕是一个中规中矩的仓位也会让一个人亏掉一大笔钱。我的主要头寸还是绝对正确的，而且受益于突发性事件，但与当初在股市和小麦市场建仓的理念是完全相反的事件。这里读者们就得注意，最小阻力位对于交易员来说是多么重要！一开始价格如我预期的那样波动，但是这被德国人的无限制战争给扰乱了。如果最后结局与我预料的一致，我就会在三个仓位上大获全胜。因为和平要到来，股票和小麦价格就会下跌，而棉花的价格就会上涨，我可以顺利地给三个仓位平仓。但是不管和平与否，我准确地判断了股市和小麦市场，这也是突发事件还能帮助我的原因。而在棉花上，我把假设建立在市场之外可能发生的事情上：我赌威尔逊总统能够成功地落实他的和谈计划。结果，德国军方的突发指令让我在棉花市场上马失前蹄。

等 1917 年返回纽约的时候，我已经还清了所欠的债务，总额 100 多万美元。1916 年真是美好的一年，让我赚够了还债的资本。其实我本可以早几个月把钱还给债主，但没有那么做。我有自己的小算盘，毕竟自己需要大量资本才能又快又狠地做交易、赚大钱。在 1915 年到 1916 年的股市超级繁荣中，我十分感谢自己，也感谢那些债权人！自己赚了一大笔钱，但是没着急还债，而是让他们多等了几个月，毕竟他们没想到这笔钱还会还回来。另外，我也没打算一点一点地还给他们，要还就要一次性还干净。接下来，只要股市对我还有利，我就用尽自己所有的资本去做尽可能大的交易。

我本来打算连本带利一起还，但是所有债权人都明确表明一分钱的利息也不要。我最后偿还的那个人，就是欠了他 800 美元的那个。他那会儿天天骚扰我，日日给我增添负担，以至于我都没法儿交易股票。我就是要给他一个血泪教训，让他明白下次再有人找他借几百美元的时候，要多体谅别人。

这就是我如何回归的过程。

等把所有的债务偿清后，我把剩余的一大部分资金投入了年金。这次我下定决心再也不陷入绝境或者完全负债。等结婚后，我又给妻子设立了一个信托基金。等儿子出生后，我又给他设立了一个信托基金。

我这么做的原因不全是因为对股市的担心，虽然股市会让我亏得一分不剩。真正的原因在于，我清楚地知道一个交易员会花光他手头的每一分钱。我这么对待自己的妻子和孩子，是要让他们从我这里获得安全感。

我认识的很多人都这么干了，但是最后在需要钱的时候，还是勒令他们的妻子签字取消信托基金，结果钱也就打了水漂。而我很聪明地解决了这个问题，不论我或者我妻子如何需要钱，这笔信托基金都不能动。这让我俩中的任何一个人都不至于因为其中一人的灾难而分文不剩，也让信托基金免于股市对我的压力，免于我妻子于心不忍时把钱提出来。我在这件事上绝对不冒任何风险！

第十五回　意外之事最致命 投机谨记道无常

在与投机相随的风险中，我认为意料之外的事件最致命。现实中经常会发生以下事情：即便是最谨慎的交易员，只要不满足于当一个商业大亨，都会冒险抓住一些机会。正常商业活动中的危险，同一个人从屋里跑到大街上去或者在火车旅行中遇到的危险，没本质区别。因常人无法预测的情况而亏钱，要跟遇到了暴风雨时的心情一样，不要烦恼。每个生命从产房到坟墓都是一场赌博，因为没有先见之明而无法避免的事情，我都坦然面对。但是我在职业生涯中有过几次经历，不仅判断正确而且立场坚定，但是最后被缺乏竞争精神的对手用卑鄙的手段打败，损失惨重。

思维敏捷、高瞻远瞩的商人，会让自己免于骗子、懦夫和愚昧大众错误行为的伤害。包括在商号里，我一直都没有放弃过对不诚实行为的反对立场。原因在于，即便是在恶霸横行的商号里，诚实也是最好的通行证。巨额利润绝对是依靠正直而不是花言巧语赚到的。要是经纪人会在没人察觉的情况下骗你，那么在任何时候、任何地方都不要掺和这种不良生意。但是在实际情况中，秀才遇见兵有理说不清，一个绅士往往无力对付一个号啕大叫的无赖。因此，公平游戏玩的就是公平。关于缺乏诺言或者打自己嘴巴的不诚实的遭遇，我可以告诉你许多本人经历过的这类事情。但是我不打算这么干，因为起不到什么作用。

小说作家、牧师或者修女总喜欢把纽约证券交易所的大厅称为受贿者的战场，将华尔街的日常交易描述为低劣的厮打。虽然这种描述戏剧效果十足，但是我认为有极端误导性。我并不认为自己的买卖有多可耻，而且也从来不跟任何个人或者投机小团体斗争。我觉得自己与他们的不同，是观点的不同，是对市场基本情况解读的不同。被各种剧本称为商战的斗争，并不是人类之间的斗争，而是商业智慧的竞争。忠于事实始终是指导我行为的准则。这也是伯纳德·巴鲁克[①]（Bernard M. Baruch）成功的诀窍。有时候，我看不清全部事实，或者看得没那么透彻，所以无法很有逻辑地思考。每次在这种情况下，我都要亏钱。而每次亏钱，我都交了不菲的学费。

交易员只要还有理性，肯定愿意为失误付出代价。在为自己的错误买单这方面，不会有例外。但是在我判断正确的时候，就拒绝为此亏钱。这么说，不是否定那些突发事件导致的亏损。我打心底里认为，不时发生投机风险的事件会提醒一个人：无论赚多少钱，只有落袋才为安。

第一次世界大战在欧洲爆发之后，大宗商品的价格如市场预期般迅猛上涨，因此不难预见战争带来的通货膨胀也要发生。而且只要战争不停止，这种趋势就不会改变。读者从前面了解到，我于 1915 年再次回到股市。那会儿股市牛气冲天，而我义不容辞地把握好了这种机会。对我来说，最安全的、最简洁的、最迅速的大手笔就是在股市里驰骋。命运垂青我，让我大赚了一笔钱。

到了 1917 年 7 月，我不仅还清了所有的债务，而且还攒了一大笔钱。彼时，我有时间、资本和冲动去商品市场做点儿交易，如同我在股市上大获全胜一样。这么多年，我已经养成了研究各种市场的习惯。与战前相比，大宗商品的价格已经上涨了 100％～400％。但是唯独有一种商品还没涨价，那就是咖啡。当然这是有原因的。战争突然爆发，导致了欧洲各个市场被迫关闭，大宗咖啡货轮只好来到美国，毕竟美国也是个大市场。结果美国的咖啡供应立即过剩，导致价格十分便宜。为什么这么说？因为考虑投机咖啡的时候，

---

① 投机大师巴鲁克，美国金融家，股市的投机者，政治家和政治顾问。他在商业上成功后，成为美国总统伍德罗·威尔逊和富兰克林·罗斯福的经济顾问，之后又成为了一个慈善家。——译者注

其价格低于战前价位。如果这种反常状态的原因看起来十分普通，那么下面这个逻辑就没那么普通了：德国和奥匈帝国的海军日益猖獗，意味着海上用于商业用途的船只会越来越少。最终的结果是，咖啡的进口量会急剧下降。供给减少、消费需求保持不变，那么多余的咖啡库存就会逐步减少。等到商船数目急剧减少的时候，咖啡价格就会上演之前其他大宗商品的一幕：价格迅速上涨。

要抓住这种机会，并不需要福尔摩斯般聪明的头脑。我不能告诉读者为什么市场上的人不去买入咖啡。当我决定大举买入咖啡的时候，并没有把它当作一次投机，相反，是当作一次投资来看待的。毕竟，这笔买卖需要花点时间才能兑现利润，但是我知道最后会带来一笔不菲的收入。从这一点来说，这更像是一笔银行家做的保守交易，而非一个赌徒做的投机游戏。

1917 年冬天，我开始买入并囤积了很多咖啡。但市场却一点儿反应也没有，继续之前的冷淡行情，价格持续低迷。这一切早在我的算计之中。我满仓等待了九个月，最后合约到了交割的时候，我把期权全部卖出，居然结结实实地亏损了一大笔钱！我可是对自己的判断十分有把握的！之前自己曾经在时点的把握上犯了不少错误，但是这次我对自己的判断很有信心：咖啡早晚会与其他商品一样爆发。因此我不仅没有卖出任何仓位，还不停地加仓。在这九个月的时间里，我持有的咖啡足足增加了三倍。同时，我也买入了尽可能晚交割的期权。

而实际上，这一次我的操盘并没有错得十分离谱。等我满仓时，咖啡价格开始上涨，市场上的人立即意识到咖啡交易会发生惊天逆转。这笔投资看起来要给我带来一笔相当不菲的回报。

我持有的期货合约的卖主都是烘焙商人，他们大部分都是德国后裔。以前这些人都在巴西买入咖啡，然后隐蔽地带回美国。但现在没有商船来做这事了，所以他们现在毫无咖啡可以交割。读者们大概还记得，我开始做多咖啡的时候，价格几乎等于战前水平；而且也还记得，因为持有了九个多月的咖啡，我亏了一大笔钱。犯错的代价就是要支付学费，而判断正确的奖赏就是收割利润。现在我不仅判断正确，而且满仓操作，因此期待着狠狠赚一笔钱。价格不需要上涨太多，我就可以赚到让人满意的利润，要知道我可是买入了 70 万袋咖啡。关于操盘的具体数字，我不想讲太多，因为听起来太不可思议了，以至于有人会以为我在吹牛。但实际上，我仅仅根据自己的理念去交易，就可以赚到一笔很安全的利润。在这次战役中，我操作极为保守。而之所以要买入期权，是因为我感觉不到要亏钱的节奏。现在我彻底感受到了天时、地利、人和。自己足足等了一年，是时候补偿自己的耐心等待和准确判断了。闭上眼我都感觉到钱哗哗地流进口袋。而这里面没有任何的小聪明，全仰仗我没有盲目操作。

毫无疑问，我要赚好几百万美元了！但是钱却没有流入我的口袋，一分钱也没有。并不是市场形势发生了剧变，整个市场没有显现任何突发的形势，而且咖啡也没有突然涌入美国使供给增加。到底发生了什么事？不可测的意外！这种事没有发生在任何人的经历里，而我也从没想过去防范这种事情。自己曾经列了一个长长的表单，写出了所有可能的投机风险，这样我就知道该怎么保护自己了。不可测的意外事件是这样的：那些卖给我做空咖啡合约的家伙们，知道自己的仓库里什么都没有，费尽全力也没有保住自己开出的空单价格，结果设计出了闻所未闻的逃避责任的手法。他们居然跑到华盛顿寻求政府的帮助，而且成功了！

或许读者们还记得，美国政府那个时候搞出了各种花样来防止奸商在必需品价格上发财。估计你们也知道大部分情况是怎么样的。现在摆在战争工业委员会物价稳定局的各位领导面前一个问题：每天都要喝的咖啡居然短缺了！我认为这个物价稳定局是政府设计出来，让爱国者们感觉这个机构是来保护美国老百姓早餐的。他们声称：一个专业投机者的名字叫作劳伦斯·利文斯顿，已经逼空了市场上的咖啡；要是这个投机者的阴谋得逞，他就会利用战争的特殊性大发横财，美国老百姓就被迫为日常咖啡支付极为昂贵的价格。这件事简直不可想象：这帮所谓的爱国者把咖啡都卖给了我，因为找不到运输咖啡的商船，结果 1 亿美国人被迫为这些毫无良知的投机商人支付学费。他们代表的可是咖啡贸易，而非咖啡赌博，因此他们十分乐意帮助政府限制奸商的行为。

现在，我害怕自己变得喋喋不休。我并不是说价格稳定局没有最诚实地尽最大的努力来限制奸商和浪费。但反过来，这也不能阻止我表达如下看法：物价稳定局不应该在咖啡市场的某个专业问题上介入太深。它出台了措施，限制了咖啡的最高售价，规定了平掉现有合约的最后日期。这个规定等同于让整个咖啡交易所无事可干。而我只剩下一条路，那就是卖掉所有的合约。原本妥妥到手的几百万美元利润，就这样烟消云散了。过去和现在，我一直跟其他人一样警惕着奸商，但是这次物价稳定局对咖啡做出规定的时候，其他的商品价格都高于战前价格250%～400%，但是咖啡的售价居然要远低于战前市场价格。我看不出谁持有这些咖啡这个问题会造成什么不同。咖啡价格肯定要飞涨，原因并不是这些毫无良知的投机商的操作，而是进口减少导致过剩咖啡在不断减少，最后受到德国海军对世界船运的打击而最终显现出来。委员会没有等到咖啡价格开始上涨，就直接踩了急刹车。

从制定政策的速度来看，关掉咖啡交易所绝对是个巨大的错误。如果战时委员会放任咖啡市场自由发展，价格会按照我所陈述的原因大幅上涨，而这种上涨跟它所指责的逼空行为毫无关系。这种高价格会促使市场提供更多的供给，从而平抑价格。我记得伯纳德·巴鲁克先生曾经说过：战时工业委员会曾经考虑通过固定价格来保证商品供给，但是以此为由对特定商品设置最高限价，这么做不公平。当后来咖啡交易所恢复营业的时候，咖啡的价格锁定在23美分。而美国人民则为此付出了代价，因为咖啡供给很小，而供给很小的原因是价格被锁定得很低，以至于无法支付高昂的海运成本来保证持续的进口。

在所有的商品交易中，我认为这笔咖啡交易是最合法的。我个人愿意把这次交易当作一笔投资，而非一次投机，因为我做了整整一年的时间。而在这次交易中要是有什么投机行为，那也是德国人和他们后裔中的爱国烘焙商人们干的。他们在巴西采集咖啡，在纽约卖给我。然后物价稳定局居然把唯一没有出现价格上涨的咖啡的价格给锁定了，它事先试图让公众免于奸商的盘剥，但是却无力抑制不断上涨的价格。而且事情不止于此，在生咖啡的价格徘徊在9美分一磅的时候，烘焙咖啡的价格早就跟着其他物价飞涨了。事后，只有烘焙商赚了大钱。而只要每磅生咖啡的价格上涨 2～3 美分，我就可以赚到几百万美元，老百姓也不用忍受后来的高价咖啡了。

事后诸葛亮，在投机界是件很浪费时间的事情。别人让你走投无路，但是这个特例又极具教育意义，正如同我经历的其他事情一样。价格肯定要上涨，有着坚实的逻辑分析基础，然后我就单纯地控制不住自己想赚这笔钱，但是最后却竹篮打水一场空。

我曾有过其他两个经历，当时交易委员会毫无预警地改变交易规则。在当时，我的头寸管理从技术上看无懈可击，但是在商业上却没有彻底站住脚，一如这次咖啡战役。在任何一次投机操作中，你是不可能对任何事情抱有百分百的肯定的。我对读者们讲的关于咖啡的这件事情，最终促成我在没有预料的危险中加入了额外一条：不可预期性。

咖啡一战后，我在其他商品交易中大获成功，在股市上的空头仓位也赚了不少，但是却开始受到流言蜚语的攻击。华尔街的分析师和新闻专栏作家已经习惯于指责我，让我为各种价格的下跌背黑锅。他们指责我的抛售行为是不爱国的，而不管我是不是真正抛售了。我自己认为，他们之所以这么夸大我的行为以及我操盘的结果，无非是想满足公众为每次价格波动寻找替罪羊的心理需求。

我曾反复强调过，不会有人为操作能够打压股票价格，让股价一直跌下去。至于原因，你花上几分钟仔细想想就会明白。如果交易员突袭一只股票，然后把价格打压到真实价值水平以下，那么接下来会发生什么事情？这个突袭者会迅速地转向多头以防止内部有人抢占这个先机。只要有人知道这只股票的真实价值，那么价格低于正常价位时，他们就会持续买入。而如果局内人不能买入的话，往往是因为市场情况与他们自身动用资源后的结果不一样，而市场情况在这种情况下多半不是牛市。当人们谈论突袭操盘时，言语间的意思是这并不正当，甚至跟犯罪还擦边。但是把一只股票的价格压低至其内在价值的水平，这也是一种极度危险的行为。读者们需要牢记：一直被突袭的股票没有价格飞涨，是因为没有获得太多买盘；而每次有道理上讲不通的卖空突袭时，也往往伴随着内部买入。以上行为发生时，股价反而不会一直处于下跌趋势。我敢说，这种行为十有八九都是合理合法的股价下跌，有时会加速下跌，但不是交易员操盘造成的，尽管他会从事大笔交易。

有一种说法是这么认为的：股票价格的突然下跌，往往是一些股票狙击手的操盘导致的。这些说辞往往被那些毫无水平的盲目投机者所相信，这种人最喜欢相信道听途说而不愿花脑子去想想整个逻辑。这些不幸的投机者往往在突袭中损失巨大，每次他们从经纪人或者金融段子手那里听到的各种理由往往是与事实迥异的“金科玉律”。真正的差异是体现在这里的：熊市里的建议是很有特点的，你要是听一个正能量的建议那就是卖空；而一个与事实迥异的“金科玉律”往往并不去解释应该解释的事情，反而阻止你去明智地做出卖空行为。毕竟，当股价大跌时，人们的自然反应就是卖掉它。这里我给出了一个理由，一个没人知道但是很不错的理由。在股价大跌时，赶紧离开股市吧！但是，如果股价大跌真的是由操盘手的突袭行为造成的，那么就不要离开股市，因为操盘手停止突袭之时，也是股价上扬之时。

第十六回　内幕信息多诱惑 赚得公众尽着魔

难以想象普通老百姓对小道消息的渴望。他们不仅热衷于打听小道消息，还不遗余力地去散布。这其中包含了贪婪与空虚。有时候观察那些睿智的人故意要弄这些人，的确很有趣。小道消息的原创者不用关心谣言质量，因为消息掮客不仅喜欢好消息，而且会追逐各种消息。如果效果很好，那就皆大欢喜。而如果这次不奏效，也不用灰心，接着好好干呗！我以某个经纪公司里的普通客户为例分析一下。从实践来看，消息推波助澜者和捏造者会在一开始、最后以及自始至终相信小道消息，只是程度不同。成功散布一则消息可以被视为优秀的公关案例，也可以被看作世界上最好的营销案例，因为消息追逐者和接受者是消息传递方，而消息传播变成了连锁的广告行为。“消息制造—传播机制”这一链条上的人坚持认为，只要消息被合理地传递出去，那么就不会有人拒绝它。他们十分细致地研究传递消息的艺术。

我每天都会从各种渠道获得数不清的所谓消息内幕。这里不妨讲一个故事，关于婆罗洲锡矿（Borneo Tin）公司。大概读者们还记得这只股票是何时入市的吧？是在股市繁荣期。股票发行公司接受了投资者的建议，决定在公开市场直接发行，而不是让承销团继续持有。这个建议相当不错。但是发行公司的唯一漏洞是，它没有什么发行经验。它不知道在股市疯狂的时候，会发生什么事情；此外它也不够聪明。最后它同意抬高价格，这样可以更好地营销这只股票，但是等它开始交易的时候，设定的价格过高，交易员和投机者难以痛快地接受。

按照常理，面对这种情况，发行公司会手足无措。但是在狂热的牛市里，它贪婪的高价策略居然被认为相当保守。只要某只股票被反复八卦，普通投资者就一股脑儿地扑上去全部买下来。此时任何的投资哲学都被抛弃。市场上需要的只是快钱，类似赌博的利润。借助巨大的战争物资订单，黄金如海水般涌进美国。有人告诉我，婆罗洲锡矿公司股票的发行多亏了这帮公众“帮忙”。在IPO之前，发行公司先后三次修改了开盘价。

有人游说我加入这家发行公司。我仔细研究了情况后，决定拒绝他的好意。在股市搏杀，我还是想依靠自己的信息，遵循自己的交易哲学和策略。当婆罗洲锡矿公司上市的时候，我已经很清楚发行公司可动用的资源有哪些、市场策略是什么以及公众们能够做什么事情，所以在交易当天的第一个小时买入了1万股。婆罗洲锡矿公司的华丽登场十分成功，但是很快发行公司发现市场需求十分旺盛，结果认为一次卖出去这么多股票是个错误决策。接着，它又发现我买入了1万股。就在我买入的时候，它觉得把价格抬高25～30个点还能卖出所有的股票。因此它得出了结论：我在这1万股上赚的利润会超过几百万美元，而且是妥妥地赚到的，风险就与把钱存进银行一样小。所以，它打算停止抬高股价操作，试图把我震荡出局。但是我稳坐如泰山。最后它放弃了在我身上打算盘的想法，因为不想因此让市场价格偏离太远；紧接着它又抬高股价，在可承受范围内没有损失更多的股票。

散户看到了其他股票价格疯涨的程度，决定也参与一把。等婆罗洲锡矿公司的股价飙到120美元后，我把1万股全部卖出，他们顺利接盘吸筹。这阻止了股价上涨，发行公司经理让他的手下暂停托市操作。等股价下一次上涨的时候，他们努力让市场交易异常活跃，趁机处理了不少股票，但是这次行动代价昂贵。最后股价飙升到了150美元。接下来，牛市的繁荣期终于结束，发行公司被迫改变策略，宣传股票在大跌之后会在什么价位上受到追捧；他们还在幻想，既然股价能升到150美元，后面再便宜也得130美元吧？最差也得120美元。他们把这个消息传递给了场内交易员，这些交易员有能力短暂地控制市场；然后这个消息会被传递到经纪公司。每一次传播对他们的帮助都很大，而这个团队也用尽了所有工具。麻烦在于，抬高股价的时机已经错过了，市场上的小羊羔们已经去吃其他诱饵了。而婆罗洲锡矿公司的这些人过去没看到这一点，将来也不会看到这一点。

之后我和妻子在棕榈海滩度假。某日，我在格瑞德利俱乐部赚了点钱，回到家后，就给我妻子开了500美元的支票。凑巧的是，在当天晚上吃饭的时候，她遇到了婆罗洲锡矿公司的总裁维森斯特恩（Wisenstein）先生，他同时担任股票池的操盘经理。后来我们才知道，那天晚上维森斯特恩先生精心安排，好让自己坐在我的妻子身边。

他身心放松，对我的妻子十分友善，不停地讲些娱乐八卦。最后，他十分隐蔽地对我的妻子说："利文斯顿夫人，我打算做点以前从没有尝试过的事情。而我十分愿意去尝试，因为你很清楚这代表什么意思。"他说完之后，十分紧张地看着利文斯顿夫人，以确保她不仅十分睿智，而且口风很紧。她从他的脸上读到了这些信息，表现得同书本一样冷静，但是最后只说了一个词，"好的。"

他说道："是这样的，利文斯顿夫人。见到你和你丈夫，对我来说是个莫大的荣幸。而我打算向你们证明，我所说的都发自内心，而且我希望给你们两位都带来些好处。我下面要告诉你们，希望你们能够严格保密。"然后他用很小的声音嘀咕道："如果你们现在买点儿婆罗洲锡矿公司的股票，我保证你们能大赚一笔钱。"

我的夫人问道："真的是这样吗？"

他说："我刚要离开酒店的时候，收到了一些电报消息，这些消息过几天才会发布给大众投资者。我打算能买多少股票就买多少。如果你明天开盘就买入，就能获得我买入的价格。我向你保证：婆罗洲锡矿公司的股价肯定会上扬。这个消息我只告诉了你一个人！我对天发誓，真的只有你一个人。"

我的妻子感谢了他，然后告诉他，其实自己在股票投机上一窍不通。但是他安慰她说，她只要知道这个消息，这就足够了。为了保证我的妻子准确地记住，他又重复了一遍，"你唯一需要做的就是尽可能地买入这只股票。我可以向你保证，你绝对不会亏一分钱。这事我还没跟第二个人讲过，因为这关系到我自己能不能买到这只股票。但是我很确定的是，股价绝对要突破 200 美元，所以打算让你赚点儿钱。你也知道，我一个人买不了这么多。如果可以让除我之外的人收获这次股价上涨的好处，我宁愿是你而不是路边认识的陌生人。而我之所以这么自信地告诉你，是因为我知道你绝对不会四处乱说这件事情。利文斯顿夫人，请相信我的话，赶紧买入婆罗洲锡矿公司的股票吧!”

他对这件事十分严肃，而且成功地让我的妻子上钩了，以至于我的妻子开始思考今天下午我给她的 500 美元是不是可以在这件事上发挥作用了。那点钱在我看来不值一提，而且是给她的零用钱。如果她运气不好，亏了也就亏了。但是他告诉她肯定会赚，如果她上钩亏损了，事后再告诉我这一切，应该比较合适。

第二天股市还没开盘，她就跑到哈丁兄弟公司的分支机构，告诉经理：“哈雷（Haley）先生，我想买点儿股票，但是不想用我平时的账户，因为在赚到钱之前，我可不想我丈夫就知道这件事。你能帮我吗?”

哈雷经理说：“这个没问题，我给你开个特别账户。你想买哪只股票？打算买多少?”

她把 500 美元交给了经理，然后告诉他：“请记住，我不想亏损大于 500 美元。如果的确亏损了，我也不想欠你任何钱。而且我也不想让利文斯顿先生知道这件事情。请用这笔钱给我买婆罗洲锡矿公司股票，能买多少买多少，开盘就买!”

哈雷接过这 500 美元，然后告诉她他绝对不会对任何人吐露半个字。开盘后，哈雷买入了 100 股股票。我觉得买入的价位是 108 美元。当天股票交易很频繁，收盘前股价上涨了 3 个点。利文斯顿夫人对此十分高兴，尤其是瞒着我还能赚到这么多钱。

与此同时，我对整个市场越来越看空。婆罗洲锡矿公司股票的异常情况吸引了我的注意力。在我看来，现在不论哪只股票出现上涨都不正常，更何况婆罗洲锡矿公司股票的涨势还这么奇特。就在那一天，我决定开始做空操作，先卖空了 1 万股婆罗洲锡矿公司股票。如果那天我没卖空的话，估计股价还会上涨5～6个点，而不仅仅是3个点了。

第二天，一开盘我继续卖空2 000股婆罗洲锡矿公司股票，收盘前我又卖空了2 000股。最后，股价跌破了102美元。

哈丁兄弟公司驻棕榈海滩分支机构的经理，也就是这位哈雷先生，在第三天的早上等待着利文斯顿夫人的到来。通常，她每天早上11点的时候会走进房间，看看我在干什么。

哈雷把她拉到一边，说道："利文斯顿夫人，如果你打算让我继续持有那100股婆罗洲锡矿公司股票，现在你得追加保证金了。"

她告诉他："可是，我真的没钱了呀！"

他说："我可以把这批股票转移到你的日常账户。"

她一口拒绝了："那可不行，要是那么办，利文斯顿先生就知道这件事情了。"

他继续说："可是，你的那个账户已经亏损了！"

她说："可是我早就明确地告诉你，我不想亏损超过那500美元。而且亏了那500美元我都觉得心疼。"

"我知道你的意思，利文斯顿夫人。但是我不想没征求你的意见就把股票卖掉。现在如果你不给我授权的话，我就得卖掉它们了。"

她说："但是买的那天，股价走势很好啊！我简直不能相信最后居然变成这个样子了！你怎么看待这件事?"

哈雷回答道："我相信，经纪公司的办公室里，肯定有什么阴谋。"

"哈雷先生，你觉得是什么事?"

哈雷当然知道是怎么回事了，但是他不能出卖我来告诉我的妻子是怎么回事，而且对客户的交易保密是很重要的。所以他回答："我倒没有听到什么特别的事情，毕竟这里耳目混杂。股价就是这么跌了呗！现在就是行情不好的时候。"说着他指了指报价板。

利文斯顿夫人盯着不断下跌的股价开始大哭起来："哈雷先生，我真的不想亏掉那500美元！这可怎么办才好呀！"

"我也不知道该怎么办。不过我要是你的话，就会去找利文斯顿先生问清楚是怎么回事。”

“绝对不行啊，他早就说了，不希望我靠自己的判断来投机股票。如果我找他帮忙，他说会帮我买卖股票的。但是在咨询他的意见之前就直接买股票，这事我从来没做过。我倒是不怕告诉他。”

哈雷语气和缓地说：“嗯，这样也好。他是个很厉害的交易员，肯定知道该怎么办”。但是看到她在猛烈地摇头，又阴险地加了一句：“不然的话，你就得追加一两千美元，这样我才能替你持有婆罗洲锡矿公司的股票。”

她最终选择了第二个方案，然后在经纪人办公室踱来踱去。眼看着市场行情越来越差，就跑到我看报价板的地方来找我，告诉我她有话要说。我俩进了一间隐蔽的办公室，她和盘托出。说完了之后，我对她说：“你这个笨女孩，以后别再插手这种交易了！”

她对我发誓，以后再也不敢了。然后我给了她 500 美元，她欢天喜地地走了。那天股价差不多跌到 100 美元了。

其实我知道整件事情的来龙去脉。维森斯特恩是个很狡猾的人，他猜到利文斯顿夫人会转告我他的话，然后我就会去研究这只股票。他也知道股票交易异常吸引了我的注意力，而我是出了名的横扫千军式重仓操作。我猜，他肯定以为我会买一两万股股票。

这是我见过的最厉害的传布谣言的策略之一。但是他彻底走错了路。一开始，我妻子收到了比平时多出来的 500 美元，就比平常更加冒险激进。她希望靠自己的努力赚钱，而且女人与生俱来的情绪化心态波动决定了这种行为不可避免。她知道我是如何看待门外汉做股票投机的，因此不敢对我提起这件事情。维森斯特恩压根儿就没有抓住她的心理弱点。

而且他在预测我的交易风格方面也是大错特错。我从来不听信道听途说的消息，更何况当时我在做空整个市场。他自以为会引诱我上钩购买婆罗洲锡矿公司股票的手法、异常的市场交易活动以及当天异常上涨 3 个点，反而让我在决定做空市场的时候，直接选中婆罗洲锡矿公司股票作为战争的首发目标。他真是搬起石头砸了自己的脚！

听完妻子的故事后，我更加坚定地卖空婆罗洲锡矿公司股票。每天早上一开盘，一直到下午收盘，我都固定地卖空一部分。直到我发现出现了合意的平仓机会，才停止卖空。

在我看来，靠小道消息做交易简直就是愚蠢之极。我没有小道消息投机者的习惯，所以对这些人的所作所为嗤之以鼻。这些人没法抵御贪婪的诱惑，总是期待着那些小道消息，而且觉得有了这些消息，下半生的幸福生活就要开始了。张开耳朵听进小道消息不是什么难事，毕竟，一旦发现有人指出通往幸福的道路在哪里，人就会陷入各种套路；接下来要发生的事情却是漫漫亏损路，你怎么能满足心理的欲望？这种被欲望驱使的盲目贪婪，其实就是希望不做任何思考而暴富的心态。

除了交易所外的公众中会有这种根深蒂固搜集小道消息的人之外，交易大厅的职业交易员同样也会是这种人。如果他们一直盯着我的一举一动，我会格外警惕，因为我从来不给任何人小道消息。如果我告诉一个平庸的投资者赶紧卖空 5 000 股美国钢铁公司的股票，这个人会立即去做这笔交易。但如果我告诉他，我现在做多整个市场，并详细陈述了我的理由，这个人很快就听得不耐烦了；等我讲完了，他会盯着我看，觉得我浪费了他的时间，因为我陈述了对整体走势的看法，却没有给他最直接、最精确的消息。我的所作所为就像是一个真正的慈善家，在华尔街上赚了很多钱，然后喜欢广施善缘，接济朋友、熟人以及完全陌生的路人。

所有人都希望遇到可预见的无风险的成功奇迹，这种妄念根植于对希望的渴求和无节制的幻想中。有些人定期要来一次幻想狂欢，而人人都知道，站在他们面前的这种愚蠢的慢性希望幻觉症患者，往往是乐观主义的病态案例。小道消息投机者的所作所为完全符合他们的特征。

我在纽约证券交易所有一个做经纪业务的熟人。很多人都认为我是一个自私自利、冷酷无情的坏蛋，原因无非是我拒绝给他们提供小道消息或者怂恿朋友去做什么交易，而这个熟人正是其中的一员。许多年前的一天，他跟一个新闻记者聊天，这个记者说，他听到一个消息，G. O. H. 股票要大涨。我的这个经纪人朋友立即买入了 1 000 股，然后眼睁睁地看着股价大跌。在止损前，这位朋友已经损失了 3 500 美元。过了几天，这个朋友在街上遇到了这位新闻记者，而他余怒未消。

他抱怨道："你那天给我的消息真不怎么样！"

这个记者完全忘了怎么回事，疑惑道："什么消息啊？"

"G. O. H. 股票！你说你有可靠的消息来源！"

"哦，是有这么回事。这是在公司财务委员会担任要职的高管告诉我的。"

经纪人朋友抓狂地问道："到底是哪个委员？"

记者说道："如果你一定要打破砂锅问到底，那我就告诉你，是你的岳父，韦斯特莱克（Westlake）先生。"

这个经纪人朋友怒吼道："那天你为什么不告诉我是他告诉你的？你让我亏损了3 500美元！"他压根不相信家族内的小道消息，他的这个岳父离真正的消息源差了十万八千里。

韦斯特莱克先生是个富裕的成功银行家，同时也是一个股票销售员。某日他在路上遇见了约翰·盖茨。盖茨问他最近有没有什么消息。韦斯特莱克神气十足地说："你要是立即照办，我就跟你说一个。否则，我还是保密为好。"

盖茨兴奋地发了誓："那我肯定会立即照办呀！"

韦斯特莱克先生语重心长地说："立即卖掉雷丁铁路公司的股票。你估计能赚到25个点，要是你厉害的话还能赚得更多，但是25个点是妥妥的。"

幻想一本万利的盖茨热情洋溢地向韦斯特莱克先生招手再见，说道："我实在是太感谢你了！"说罢就走向他的经纪人的办公室。

韦斯特莱克尤其熟悉雷丁铁路公司的股票。他对这家公司了如指掌，而且天天跟内部人士混在一起，所以股票市场对他来说简直毫无任何秘密可言，股市上的人都知道这一点。而今天，他建议有"西部饿狼"美名的盖茨先生来做空这只股票。

接下来，雷丁铁路公司的股价一路飙升。几周之内，股价应该涨了100多个点。又过了几天，韦斯特莱克先生在街上又碰见了约翰·盖茨，但是他假装没看见他，继续往前走。约翰·盖茨一把抓住他，一脸笑容，双手不放开他。韦斯特莱克先生使劲地摇摆着自己的手，试图摆脱。

盖茨说："韦斯特莱克先生，我真得好好感谢你那天给我的关于雷丁铁路公司股票的建议。"

韦斯特莱克皱起眉头说："我可没给你什么建议。"

"你真的给了建议。我赚了 6 000 美元！"

"你赚了 6 000 美元？"

约翰·盖茨亢奋地说："没错！你真的不记得了？那天你让我去做空雷丁铁路公司的股票，所以我就买了雷丁铁路公司的股票。我常常靠你给的建议进行反向操作，韦斯特莱克先生。"

韦斯特莱克先生看着这位神气十足的西部牛仔，满意地点头承认了当初说的话："盖茨呀盖茨，你说说我要是有你的头脑，现在该赚多少钱呀！"

某天我遇见了罗杰斯（W. A. Rogers）先生，他是位著名的漫画家，当时他的作品在华尔街广受欢迎。《纽约先驱报》每日刊载的他的漫画，给无数人带来了乐趣。那天，他给我讲了一个故事。故事发生在美西战争爆发前。一天晚上，他和一个经纪人朋友聚会，走的时候，他从衣帽架上取走了他的圆顶礼帽。当时他以为这是他的帽子，因为形状一模一样，而且他戴着也十分合适。

那时华尔街上天天在热议美西战争会不会爆发。如果会爆发，市场就会转头下跌。美国人虽然不会卖太多，但是持有美国国债的欧洲投资者会带来卖出压力。如果战争不爆发，那么买入股票就会赚钱，因为讨论战争的情绪性波动已经让股价下跌了很多。接下来，罗杰斯先生把剩下的故事讲给我听：

"我这个做经纪人的朋友，就是之前跟他吃了晚宴的那位，第二天站在纽约证券交易所门前焦虑万分，脑袋里两个小人在争吵应该站在市场的哪一边。他不停地来回思索，但是没法区分出什么是谣言、什么是事实。此时此刻一点儿可靠的新闻报道也没有。这一刻他还断定战争不可避免，下一刻他就努力说服自己这事绝对不可能。思考的复杂性让他的体内温度急剧上升，因为他已经开始脱帽扇风了。他无法预测应该是买入还是卖出。"

"很凑巧，他往帽子里看了看。里面绣着三个字母：WAR①。那一刻，他

① WAR 即 W. A. Rogers 的名字缩写。——译者注

感受到了所有需要的能量附体。这难道不是上帝的旨意通过我的帽子传递给了他吗？所以他赶紧做空了一大批股票，紧接着宣战公告发布出来了。他在股票大跌时迅速平仓，狠狠地狂赚了一笔。”然后罗杰斯先生说：“当然了，最后我那顶帽子也没要回来。”

但是我的压箱底故事还是要在这里分享给读者，是关于纽约证券交易所赫赫有名的经纪人之一 J. T. 胡德（J. T. Hood）的。事情起源于另外一个大厅交易员——伯特·沃克（Bert Walker）。伯特告诉胡德说，他刚刚跟大西洋与南方（Atlantic & Southern）公司的某著名董事聚会，帮了该董事一个忙。而作为回报，这位董事很慷慨地告诉伯特，要尽其所能买入大西洋与南方公司的股票。原因是董事会成员打算搞点大动作，把股票价格向上拉 25 个点以上；不是所有的董事都会赞成这件事，但是会保证大多数人投票支持这件事。

伯特认为，这家公司的派现率肯定会提升。他告诉胡德说，他俩可以总共买入 12 000 股。在他们买入之前和之后，股市表现得很弱。但是胡德说，他十分愿意帮助这个内部团体①来协助买入，因为小团体是由伯特的这位董事朋友主导的。

第二天是周四，股市收盘后，大西洋与南方公司的董事们开会，没有通过分红议案。接着周五早上，刚开盘 6 分钟，股价就下跌了 6 个点。

伯特·沃克愤怒到了极点。他拨通了董事朋友的电话，而这位董事的声音听起来伤心欲绝、万念俱灰。董事说，他已经忘记了曾经告诉伯特要赶紧买入的事情，所以忘了打电话告诉伯特董事会投票结果发生了重大变化。这位董事懊悔万分，又迫不及待地给了伯特一个小道消息。董事很热心地解释道，他的几个同事打算在更低的价位买入点儿股票，这有违自己的判断。为了赢得他们的投票，这位董事被迫做出让步。但是现在所有的董事会成员都已经满仓股票，所以接下来没有什么能阻止股价大涨。现在买入大西洋与南方公司的股票，赚钱简直就是板上钉钉的事，有双重保险。

① 内部团体，本书的其他地方会翻译作“内部人”“局内人”等。在本书讲述的年代，内部团体特指知晓商业非公开信息、与公司高管等紧密相连的群体或同伙。——译者注

伯特不仅原谅了这位董事朋友，而且再次热情洋溢地与他握手言和。然后，他迫不及待地找到自己的好朋友兼队友，胡德，把这个让人亢奋的消息告诉了他。俩人一合计，打算干场大的。股价之前已经涨过了一波又打住了，然后他们又买入了。但是现在股价又跌了 15 个点。要是再买入的话，简直就是赚定了。所以他们用共有账户买入了 5 000 股。

无巧不成书。这两人一进场，股价就一路狂跌，而且显然是内部人在卖出。这两位专家很认真地确认了这个骗局。胡德卖出了他俩持有的 5 000 股股票。当他遇见伯特·沃克的时候，伯特说："要是前天这个罪该万死的骗子没去佛罗里达的话，我现在就把他的皮给撕下来！没错，我真打算这么做！而且你也得跟我一起去撕。"

胡德问道："那你现在去哪儿？"

"去电报局！我要给这个骗子发一封电报，让他永生难忘。走吧兄弟！"

胡德挪动了脚步，而伯特则快步奔向电报局。在电报局里，满怀着被骗买入 5 000 股股票的巨额损失的悲怆心情，伯特起草了一篇史诗级檄文。他给胡德朗诵了一遍，然后问道："这篇檄文生动细致地刻画了我是如何看待他的。"

就在他把文章递给等待接受的电报员时，胡德说道："等等，伯特！"

"怎么了？有事吗？"

胡德严肃地说道："咱们最好别发这篇电报。"

伯特吼道："为什么不发？你给我个理由！"

"这会让他暴跳如雷的。"

伯特一脸疑惑地看着胡德，问道："咱们不就是追求这个效果嘛！怎么了？"

胡德否定地摇了摇头，一脸严肃地说道："你想过没有，如果你把这封电报发了出去，那么我们就再也没有机会从他那里获得内幕消息了！"

这句话竟然出自专业交易员之口！现在，再去谈如何定义小道消息又有什么用？这些家伙之所以毫不保留地全盘接受小道消息，并不是因为他们都是笨蛋，而是因为他们就是刚才我所定义的幻想症患者。老巴伦·罗斯柴尔德（Baron Rothschild）的致富圣经远比任何投机行为更有生命力，所以当有人问他在伦敦交易所赚钱是不是特别难的时候，他回答说，相反，他觉得赚钱很简单。

对话者大声抗议道：“那是因为你已经很有钱了，所以才觉得很简单。”

“真的不是这么回事。我很早之前就发现了致富圣经，然后一直在遵循其教诲。在赚钱方面，我从来都是不遗余力的。如果你愿意听，那么我就告诉你这个秘密。秘密就是：我从来不在市场底部买入，但从来都提早卖出。”

投资者是一群不同的人。他们中的大部分人喜欢看存货清单、盈利统计以及各种各样的数字，因为这样可以说明事实、增加确定性，同时人性因素被最小化到极点。只有很少的人愿意看人操盘。但是我认识的一个聪明的投资者却是如此，他是在宾夕法尼亚州的荷兰后裔，后来到华尔街进一步做大，甚至见证了罗素·塞奇的投资大案。

他是一个伟大的投资者。他相信通过问自己各种问题，借助自己的眼睛来观察整个问题，从来不依靠别人的信息做判断。这是很多年以前的事情了。那会儿他持有很多艾奇逊公司股票。过了一段时间，他读到了一些关于这家公司和管理层的报告。有人跟他说，公司总裁莱因哈特（Reinhart）先生并不是传说中神一般的存在，而是一个特别喜欢吹嘘的经理人，做事鲁莽，已经把公司搞得一团糟。

这种消息对这位宾夕法尼亚州的荷兰后裔来说，简直就是让人无法呼吸的重大新闻。他立刻驱车前往波士顿见莱因哈特先生，开始仔细询问他。他把自己听到的各种负面新闻不停地重复，拿这些问题询问艾奇逊公司的总裁。

莱因哈特先生不仅否认了所有的指责，而且还透露了更多的消息：他打算采取行动，通过公司业绩证明这些造谣者都是无耻的骗子！这位宾夕法尼亚州的荷兰后裔问到底有什么消息，这位总裁把报表拿了出来，告诉他这家公司运作得如何顺利，而且财务上表现得十分出色，数字都精确到美分了。

这位荷兰后裔道别了莱因哈特总裁，然后赶回纽约，立即清空了所持有的艾奇逊公司股票。又过了一周，他用自己的闲散资金大笔买入德拉瓦尔·拉克万纳与韦斯顿（Delaware，Lackawanna & Western，DLW）公司的股票。多年后，我们谈起了自己的策略互换，他引用了这次案例。他解释了一下为什么自己迅速地转变。

他说："原因很简单。那天我去见他，发现莱因哈特总裁在给我写财务数字的时候，从桃木桌子上的文件夹拿了几张信纸。这些纸都是高档布纹纸，用两种颜色在信头上做了镂空装饰。这种纸不仅昂贵，而且并不值这么高的价。他在上面写了几个数字，向我表达这家公司的某些部门盈利有多么好，以及证明他们正在努力削减成本。写完之后，他就把几张纸搓成一团，直接扔进了垃圾桶。过了一会儿，他还想让我了解公司引进了一些更加经济实惠的妙招，接着又拿了几张做工精美的便笺纸，纸头上同样是用两种颜色做的镂空装饰。画了几幅图，他又把纸扔进了垃圾桶。这个人浪费了这么多钱居然一点都不心疼！如果总裁是这种人的话，他就不会雇用物美价廉的下属。想到这一点，我就震惊了。所以我选择相信别人对他是个浮夸型高管的评价，而对他自己所说的辩词完全不理会，而且卖掉了所持有的艾奇逊公司的股票。"

"很偶然的一次机会，我走进了 DLW 公司的办公楼。公司的总裁是萨姆·斯隆（Sam Sloan）老先生。斯隆先生的办公室紧挨着入口，办公室大门始终开着。在那会儿，任何人走进 DLW 公司的办公室后，都会发现这位公司的总裁坐在办公桌旁。任何人都可以随意走进去，和他谈各种生意。财经记者经常告诉我，他们实在找不到对萨姆·斯隆先生不利的新闻，只好问各种问题，而且会从他那里得到'是'或者'不是'的直接答案；不管股市上的其他老板会如何急迫，他从来都是如此。"

"等我走进了办公室，发现斯隆先生十分忙碌。一开始我以为他忙着打开所有的信件，但是过会儿，等我走近他的办公桌才发现他在忙什么。等所有信件被归类后，他没有把空信封扔掉，而是带回了自己的办公室。后来我才知道这是他的日常习惯。等他闲下来的时候，他就会剪开这些信封，这样就有两摞纸，每一摞都有空白面。他把这些纸整理收拾好给摞起来，然后分发出去，比如有些部门可以用作画图的纸，与莱因哈特先生在精致的信纸上画图不一样。这样做，既没有浪费空白的信封，也没有浪费总裁的闲暇时间，物尽其用!”

“看到DLW公司总裁居然是这么一种人，我震惊了；这家公司的各个部门该会多么经济高效！这位总裁肯定知道这一点！当然了，之前我就知道这家公司定期派息，而且业绩非常好。接下来，我买了所有能买的DLW股票。没过多久，股价翻倍了，接着又翻了一倍。现在每年的派息收入额，就是当年我的初始投资额。直到现在我还在持有DLW股票。艾奇逊公司则在几个月之后流入了他人之手。此前我还清晰地记得，它的总裁是如何浪费做工精良的信纸的，随便画了几幅图之后就扔掉，以证明自己的管理是如何节俭。”

事情的美好之处在于：这位来自宾夕法尼亚州的荷兰后裔再也找不到能与买入DLW股票相媲美的投资项目了。这事千真万确。

第十七回　沉淀价值于市场
观察经验胜直觉

有位密友十分喜欢讲各种故事，谈论我在他眼中的神秘第六感。他把我描述成不用分析就有能力做准判断的人。他吹嘘说，只要利文斯顿遵循自己神秘的直觉，就能够在精确的时机离场。他的压箱底故事是：在我的早餐桌上，有一只黑猫告诉我，赶紧卖掉所有的股票；我听到这只猫的消息后，马上卖光了所有做多仓位才变得没那么紧张了。在现实中，我的确在最高点卖出了股票，这当然强化了那个榆木脑袋朋友对神秘直觉的看法。

我曾经去过华盛顿，试图说服国会议员，让他们相信征税太高并不是件好事，但是没怎么注意股票市场的情况。我的清仓决定做出得突然，证实了朋友的怪论。

我承认，在某些时候的确有不可抗拒的灵感，让我赶紧在股市上操作，但这与当初我是在做空还是做多没关系。当灵感来的时候，我必须尽快清仓，否则就会感觉很不舒服。我的直觉认为，当时是因为自己看到了很多警告性的事情，才决定进行清仓操作。或许一两个信号还不足以让我清晰而强有力地决断，成为让我必须做某件事情的最终理由。或许这一切加起来就是人们所谓的“交易灵感”，这是早些年的交易员如詹姆斯·基恩（James R. Keene）等所推崇和发展的。而且我也承认，在很多情况下，这些警告不仅正确，而且能精确到分钟。但在上面这个例子中，的确没有什么神秘的事情，跟那只黑猫更是一点关系也没有。朋友告诉人们，说那天早上我突然很急躁地站起来；而实际情况是，那天我是被自己的沮丧给惹怒了。华盛顿之行，我没有说服国会议员，而且税收委员会也没有审查我对股票交易课税改革的提案。我并不是试图取消股票交易的印花税，而是提出自己的看法，那是在股票操盘实战中遭遇的不公平税收。我并不想让美国政府杀死下金蛋的鹅。或许因为自己没能成功做成这件事，我不禁恼羞成怒，而且自己对未来不公平的税收社会产生了负面看法。接下来，我会告诉你到底发生了什么事情。

牛市刚开始发力的时候，我十分看好钢铁和铜的前景，因此做多与这两种商品相关的股票，并不断增加头寸。一开始，我买入了 5 000 股犹他铜业（Utah Copper）股票，但是发现不对头，就没再加仓。它没有按照事先预料的走势波动，这让我感觉买入并不明智。我认为股价应该在 114 美元。我用同样的价格买入了美国钢铁公司的股票，第一个交易日买入了 2 万股，因为它的走势完全符合我的预料。根据此前描述的策略，我按照以前说过的方式操盘。

美国钢铁公司的股价按照预期在波动，所以我继续加仓，最后共计持有 72 000 股。但是犹他矿业的头寸还是一开始买入的那些，始终没有超过 5 000 股。这只股票的走势让我兴趣全无，我没有任何动力去加仓。

接下来所有的读者都知道是怎么回事了：牛市来了，整个市场都在疯涨。经济形势十分有利，股价已经涨得很快了，我的账面利润也在不停增加，但是股票价格收报机依然在传着喜讯：还没到顶！还没到顶！等我到达华盛顿的时候，它还在传着喜讯。值得一提的是，虽然我依然看多股市，但那天并没有增加头寸的动机。当时整个市场在按照预期波动，因此我也没有整天都坐在报价板前。在撤退的号角吹响前，市场应当出现徘徊迹象，或者暗示投机形势已经逆转，不然的话我早就准备策略逆转了。而这也就是我对与国会议员的谈判毫无牵挂的原因。

与此同时，股价继续上涨，这也就意味着牛市的顶部快要到了。

我不会去预判价格在哪一天到顶。有些事是超出我的能力范畴的。但是我也不否认自己一直在盯着危险信号的出现。自始至终，这都是我关注的事情，已经成为我的职业习惯之一。

在清仓的前一天，我看到高价后开始权衡账面利润及持仓量，又想到了自己没能说服国会议员公平睿智地对待华尔街的事情。估计在那时，决策的种子就潜入到了我的脑海中。整晚，我的潜意识都在进行思考。到了第二天早上，我重新审视整个市场，然后思索当天股市会怎么波动。走到办公室后，我发现股价还是很高，而且利润还在高涨。但同时，我也发现了市场交易量十分庞大，能够吸收任何买卖的股票。在市场上，我想卖多少股票就可以卖掉多少；毕竟，一个满仓操作的交易员，肯定不停地寻找机会把账面利润变成实实在在的现金。在实现这种转换时，每个交易员都尽可能地让利润少损失一点。多年的大风大浪教育我，每个交易员都能找到机会卖出股票赚回利润，而这种机会通常是在波动的最后。这不需要阅读股票交易记录或者依靠灵感就能知道。

结果，等确定那天可以在市场上随意抛售股票而不会造成太多扰动时，我毫不犹豫地清盘了。当真正的行动开始时，智勇双全的做法是先慢慢卖出50股，而非5万股。卖50股，在牛市的环境下，股价一点儿都不会下跌；但要换成卖掉5万股，情况就完全不一样了。我持有72 000股美国钢铁公司的股票。这个头寸看起来没那么大，但是不可能毫无损失地就全部出手；否则账面利润就会受损，反而不如当初就把这笔资金存在银行里安全。

我总共赚到了150万美元的账面利润。在合适的时机，我绝对不会放过这笔钱。但是，当卖出股票的时候，虽然我准确判断出了卖出时机，但是神秘灵感却不是主要原因。市场最后证明我判断正确了，这的确让我感到十分满意。我的操盘结果是：在当日交易最高价的1个点内，我将72 000股美国钢铁公司的股票全部卖出，毫发无伤。最后的结果证明，我的判断准确到了分钟。但是在当天同一时刻，当我打算卖出5 000股犹他铜业的股票时，股价却下跌了5个点。之前我提到过，这两只股票同时建仓，而且我很明智地把美国钢铁公司的头寸从2 000股加到了72 000股，同样很明智地把犹他铜业的股票头寸控制在了一开始的5 000股。而我之所以没有清空犹他铜业，原因是我看好铜业贸易。鉴于当时牛市行情不错，即使赚不到大钱，犹他铜业也不会让我损失太大。但这跟直觉判断一点儿关系都没有。

股票交易员的修炼之路如同接受医学教育。医生需要花费很长的时间去学习解剖学、生理学、药理学，以及相关的十几门学科。医生学会这么多理论后，才开始将毕生的时间用于实践，观察、分类名目繁多的生理现象，学习望闻问切。如果诊断正确并且诊断依靠的是精确观察，他的治疗效果应该不错。此外还要谨记，人性的不完备以及不可预知的事情会让他无法实现100%的完美。但日积月累，他在实践中进步，不仅知道如何做出正确的判断，而且可以迅速地行动，以至于很多人都认为他依靠直觉做出了判断。世界上没有什么事情是自动发生的。医生依靠连续数年对某类病例进行诊断，自然而然地，就会依靠经验法则对此类病例进行恰当的治疗。你可以传递知识，如那些进行编号后的卡片记录的事实，但是却无法传递经验。如果行动不够迅速，那么即便知道了怎么做，也会亏损。

成功的交易员的看家本领包括深度观察、总结经验、超强记忆力以及敏锐的数学功底。他必须精确观察各种现象，同时记住所观察的事情。不管他个人对于不可理喻的事情多么信赖，也不管他如何确信所发生的不可预料的事情，他绝对不能打赌某件不可思议的或无法预料的事情不会发生。他必须时刻以概率形式预测它们。他长年累月在操作中实践，坚持学习、反复记忆，这样交易员就可以依靠直觉来判断，尤其是在遇到意料之外的事情时，或者是在已经预料的事情发生之后。

某些天才交易员哪怕有超强的数学计算能力以及异于常人的精准观察力，只要还没有经验和记忆，在投机上也会处于常败境地。打个比方，睿智的交易员就如同不停跟进最新科学进展的医生，不停地研究市场状况，追踪各个地方的发展情况，因为这些都可能影响市场的进展状况。在竞争中奋斗了几年之后，交易员就习惯了不停地获取信息，然后自动判断类似交易。一旦交易员获得了价值连城的专业素养，他就可以在任何时候都所向无敌了！职业选手和半吊子玩家之间的差别之大，再怎么强调也不过分。比如说，我发现超强的记忆和数学能力对我帮助很大，而华尔街的赚钱逻辑都是以数学为基础的，也就是说，要通过不停地研究数字和图表才能赚到钱。

刚才我提到了，交易员需要时刻保持消息灵通，而且对市场上的进展要保持一个纯粹的专业态度。这种说辞只是为了强调：所有的灵感、神秘第六感之类的东西与成功毫无关系。但是我也承认，经常有些老练的交易员下手很快，以至于没时间事先说清楚自己所有的判断理由；他们都很优秀，有各种充足的理由支撑其操盘策略，因为判断是建立在搜集、整理事实的基础上的。在职业生涯里，他们努力工作、认真思考、深刻洞察，从专业的角度来审视这一切。经过这一切后，所有的信息进入大脑就会被加工成有用的辅助判断材料。接下来，我以专业的态度来讲述上面所说的抽象信息。

如同往常一样，我一直在追踪大宗商品市场。那会儿政府发布了报告，表明今年冬天的小麦收成会跟去年差不多，接下来的春小麦收成会比1921年的情况好很多。市场整体情况好了很多，而且美国很有可能要比往年收获得早一些。拿到市场数字的时候，我不仅用数学知识把市场期望情况计算清楚了，而且也考虑到煤矿工人和铁路工人正在举行罢工。之所以能够想起这些事，是因为我一直关注对市场有重大影响的各种事件的进展。如同闪电一般我意识到，持续的罢工已影响到全国各地的货物运输，肯定会对小麦价格有巨大的影响。据此，我形成了如下策略：由于罢工导致的交通设施瘫痪，冬小麦到达市场的时间肯定会大大推迟，而等一切情况都好转的时候，春小麦也差不多该上市了。换句话说，等铁路重新恢复正常运转的时候，运送的小麦既包含了推迟运输出来的冬小麦，还包含了会提前收获的春小麦，届时会有巨量的小麦涌入市场。如果交易员联系起这些事实，再根据图表和数字计算一下各种概率，就会明白此时此刻最好不要做多小麦。交易员们现在不要买入小麦，除非价格跌到很低的程度，低到再买入小麦的确会赚钱的程度。如果市场上没有买入订单，那么价格肯定会下跌。按照刚才的思路进行演练后，我必须判断自己的推断是否正确。而正如在前文提到的帕特·赫恩所言，所有的判断都得靠真金白银来检验。做空与做多之间，没有太多时间可以去犹豫。

无数的经验表明：市场的波动方式，是交易员下一步行动的最好向导。这就如同医生在诊断病人时，一定要看看病人的体温、脉搏，或者记录下眼球的颜色和舌苔情况。

接下来，交易员就应该在 1/4 美分的价差范围内，通过买入或者卖出 100 万蒲式耳小麦来观察市场的反应。当天我卖出了 25 万蒲式耳来检验市场，价格很快下跌了 1/4 美分。因为这次下跌并没有明确透露出我想要的信息，我又接着卖出了 25 万蒲式耳小麦。但这一次，市场没有照单全收，而是分散接单，多了很多 1 万或者 1.5 万蒲式耳的零星单，不像之前的几个大单迅速被消化。大单消化可是之前市场的常态。除了顺势买入之外，小麦价格又跌了 1-1/4 美分。现在我十分肯定市场上根本没有多少买方力量。做出如此判断的原因有二：一是市场消化卖单的方式，二是前后两个不成比例的价格下跌。鉴于这种情况，我的唯一选项就是继续抛出。根据经验积累起来的准则操盘有可能自己骗自己，但是不遵循它的话，会亏得更惨。接下来我卖出了 200 万蒲式耳，小麦价格继续下跌。几天之后，看完市场上的种种迹象，我又被迫卖出了 200 万蒲式耳，价格再次狂跌。又过了几天，小麦的价格开始跳水，一蒲式耳跌了 6 美分，看起来这还不是底。小麦价格一直在下跌，中间夹杂了几次反弹。

现在看来，我并没有什么神秘直觉。没有人给我内幕消息，对待商品市场的职业习惯让我把握住了赚钱的机会，而习惯则来源于多年的打拼经验。我之所以去研究这些经验，是因为我的本职就是做交易。等交易带告诉我判断准确了，下一步操作就是增加头寸。这就是一个具体的案例。

我总结道，在股票投机这一行当，经验会逐渐给你发放稳定的股息，而深度观察则会给你最好的信息。特定股票的波动信息是你所需要的全部：仔细观察它的波动，然后研究会告诉你如何识别出它与平常波动的不同之处，接下来就可以把握机会赚取利润了。例如，我们都知道股票不会同时向一个方向波动，但是某一板块股票会在牛市集体上涨，在熊市集体下跌。这是一个很普通的投机法则，也是最常见的普通方案；所有的股票经纪公司也都知道这一条，也都将其传达给了那些原本并不知晓的客户。我认为，对这些股票进行交易的建议，会滞后于同一板块的其他股票。例如，美国钢铁公司的股票涨了，那么逻辑上坩埚（Crucible）集团、共和（Republic）集团或者伯利恒钢铁的股票也会随之涨起来。这一板块股票的交易情况和股票前景看起来都差不多，因此“一荣俱荣、一损俱损”。从理论上来说，即便没有各种数字报表，单纯依靠经验，记住“是金子总会发光的”这一格言，看到C和D钢铁公司与X和Y钢铁公司的股票已经涨起来之后，交易员也应该买入暂时还没涨起来的A和B钢铁公司的股票。

如果一只股票没有如预期那样在特定市场情况下波动，哪怕现在市场牛气冲天，我也不会买入它。例如在牛市时，我买入了某一只股票，结果发现该板块的其他股票却没有涨起来，我会迅速清仓这只股票。原因何在？经验告诉我，跟大势对着干绝对不明智，这种大势我称之为放大的群体趋势。自己不能保证每次交易都安全，因此就得依靠概率预测风险。曾经有一个经验丰富的经纪人对我说：“要是我沿着铁路走，发现了一辆货车正以每小时60英里的速度开过来，那么我还要不要继续前进？亲爱的朋友，我的做法是站到一边去。我让自己的选择睿智而谨慎。”

去年在牛市的大趋势下，我发现了某一板块中的某只股票走势与其他股票不一样，而这一板块与整个股市的情况却相当一致。我当时大量做多了布莱克伍德汽车（Blackwood Motors）公司的股票。那时全美国人民都知道布莱克伍德汽车的业务蒸蒸日上，而公司股价一天只能涨1～3个点，这吸引了越来越多的公众购买。自然而然，汽车板块的其他股票也受到关注，汽车股票价格也开始上扬。但是其中的一只叫作切斯特（Chester）的股票，始终没有涨上去。它比其他股票都涨得慢很多，没多久就吸引了公众的注意力。切斯特公司的低股价背离了布莱克伍德汽车及汽车板块股票的上涨强度和力度，这使得不少投资者相信各种小道消息以及传言，纷纷购入切斯特股票。因为他们相信，从理论上来讲，切斯特股票早晚会跟其他汽车类股票一样涨起来。

切斯特股票的价格并没有伴随着投资者的买入而疯涨，反而开始下跌。在牛市中，这只股票没涨起来十分奇怪，尤其是考虑到布莱克伍德汽车作为该板块股票的领头羊，已经率先领涨。此外，我们听到的都是关于汽车需求大涨的新闻，同时销量纪录屡屡被打破。

换句话说，切斯特公司的内部小团体并没有像其他小团体那样进行牛市操作。他们没有这么做，往往是基于两个原因。第一个是这些内部团体在股价疯涨之前没有攒足股票。但是仔细分析切斯特股票的交易量和操盘特征，就会发现这经不起推敲。第二个是内部小团体担心如果他们抬高股价，就不得不去大量买进股票。他们对此有顾虑。

可以想象，一个人原本十分想买一只股票，结果却不想买了，那我为什么要去接盘？最后我得出结论，不管其他汽车公司业务多么繁忙，上上策还是做空切斯特股票。经验再次告诉我，一定要警惕那些没有跟着行业领导者波动的股票。

没多久，我就看清了整个盘面：不仅没有任何内部买入，反而还有大量的内部卖出。虽然我只关注它与市场走势不一致这个反常特征，其实还有很多其他信号警告投资者不要买入切斯特股票。阅读股票交易带让我看到了这一切，这成为做空切斯特股票的原因。这事过去了没多久，切斯特股价就大跌了。后来我们读到了公司公告，看起来这些内部人早就开始卖出股票了，因为他们早就知道公司的基本面已经很差劲。正如往常一样，这个声明发布在狂跌之后；但是警告信号却发生在狂跌之前。我不会去发现狂跌交易，而是发现预警信息。虽然不知道切斯特公司遇到了什么麻烦，而且也没有灵异的第六感，但是我知道肯定发生不利的事情了。

后来，我们经历了一次事件，报纸上称之为圭亚那黄金（Guiana Gold）公司的轰动行情。这只股票先在场外市场中以每股 50 美元上下波动，而后登录证券交易所。一开始的时候其价格是每股 35 美元，而没过多久，就暴跌到每股 20 美元。

我从来不认为那次暴跌是异动，而是完全可以预料到的。如果你想知道为什么，那应该了解这家公司的历史。这都是公开信息。有人这么给我描述：六名超级绅士的资本家和一家赫赫有名的银行发起了一个辛迪加，其中一名成员是贝尔岛采矿公司（Belle Isle Exploration Company）的老板。贝尔岛采矿公司向圭亚那黄金公司注资 1 000 万美元，收到了公司债券，外加 25 万股公司股份；公司总股本是 100 万股。圭亚那黄金公司会定期发放股息，这一点跟广告上说的一模一样。贝尔岛采矿公司的领导层觉得是时候套现了，就把自己持有的 25 万股卖给了银行家，让他们连同银行家持有的股票一起卖出去。银行家们十分相信一个专业人士操纵股市的本领，于是跟他达成协议：如果 25 万股卖到每股 36 美元以上，那么这个专业人士可以抽佣 1/3。我对这件事的细节的理解是，合同草案都已经写好了，就在准备签署的最后环节，银行家们觉得还不如自己把这只股票卖出去，省下一大笔费用多好。所以他们就组织了一个内部人股票池。银行家们接受贝尔岛采矿公司 25 万股的价格是每股 36 美元，他们的挂牌价是每股 41 美元。也就是说，这些内部人一开始就给了银行家们 5 个点的利润。我不知道他们自己是否知晓这件事。

而对于银行家们来说，操盘有各种各样的技巧。当时市场已经进入牛市，而圭亚那黄金公司所属的股票板块也成为市场的领导者。圭亚那黄金公司生意兴隆、定期支付股息的特征，连同发起人的赫赫大名，让投资者认为圭亚那黄金公司的股票是投资级的股票。有人告诉我，40 万股股票全部卖出去了，最后股价涨到每股 47 美元。

黄金板块涨势凶猛，但是圭亚那黄金公司的股价居然开始下滑，而且下滑达 10 个点。如果公司内部人在营销这只股票，那还合情合理；但是没过多久华尔街上的人就听到传闻，说事情的发展并不如意，股票很快就承受不住发行公司的高期望。接着，股票下跌的理由越来越没什么新意。不过在这些理由被公开之前，我察觉到了警告信号，同时采取措施检测了市场对圭亚那黄金公司股票的态度。结果表明，这只股票的表现正如切斯特汽车公司的股票一样，然后我毫不犹豫地卖出了圭亚那黄金公司股票，紧接着股价开始下跌，我又继续卖空，股价跌得更加凶猛。这只股票简直就是在复制切斯特汽车公司股票的波动情况，同时也与我脑海中其他股票的经典案例一模一样。股票交易带不停地告诉我，肯定发生大事了，公司内部人才不愿买入股票，而且这些内部人很清楚为什么在一个牛市的初期还不买入自家的股票。另外，公司外部参与者不清楚发生了什么事情，还在继续买入更多的股票，原因在于股价曾经达到过 45 美元甚至更高，35 美元或更低的价位简直太有投资价值了，更何况股息还在正常支付，因此买入就是捡了个大便宜。

公司的新闻终于来了。正如以前这种重磅新闻先传到我的耳中一样，这次也不例外。我知道后，消息才传给大众投资者。从新闻里，我找到了一个自己及时卖出的合理解释。新闻报道的内容是：公司只发现了贫瘠的岩石而非富饶的金矿。我自己本身并不依靠新闻卖空，而是在很久之前就依据股票的走势做出了做空的操作。我关心的并非哲学问题，作为一名交易员，我很早就在寻找一个现象：内部买入。但是始终没有找到。在股票价格下跌的时候，这些内部人居然没有足够的想法去回购股票，这一点我即使弄不明白也无所谓。公司的市场计划压根没有操纵股价上涨的内容，知道这一点就足够了。因此，万全之策就是做空这只股票。公众投资者买入了差不多 50 万股股票，而股东的唯一变化就是从一个无知的、打算止损的外部人换成了另外一个无知的、希望赚钱的外部人。

我之所以说这么多，并不是为公众的损失或者我的利润做道德说教，而是为了强调研究板块行为的重要性，以及那些被经验尚浅的交易者所忽视的或大或小的教训。在股市上，股票交易带会向你提供警告信息。在商品市场上，它也会发出响亮的警告。

我在进行棉花交易时，有段有趣的经历。当时我的策略是看空股票，并持有大量的空头头寸。就在那时，我也做空了棉花，差不多 5 万包。股票头寸十分赚钱，而我却忽视了棉花头寸。很快我就知道自己在 5 万包棉花上损失了 25 万美元。就同我开头提到的一样，那时我的股票交易十分赚钱，以至于我的心思全部放在股票上，而忽视了其他事情。每次棉花从我脑海中一闪而过的时候，我就自我安慰："只要等到了价格下跌，我就赶紧平仓。"价格的确下跌了一点，但是当我决定要割肉平仓的时候，价格就涨起来了，而且越涨越高。所以我就打算再等等，心思再度回到股票交易上，又忘记了其他事情。最后我的股票头寸平仓的时候，利润丰厚，自己打算去一趟温泉市度假。

直到那会儿，我才有心思彻底了结一下棉花交易。交易形势十分不利。好几次价格跌到我要赚钱的价位，但接着又涨起来了。我注意到，只要有人下巨单砸盘，价格就会反弹一下。每次只要价格一反弹，下一步行动的成本就变得更高。

最后的终结到来了。到达温泉市后的几天，我已经亏损了 100 万美元，而且无法承受更高的价格。我沉下心，仔细思索了已经实施的战略和可用的工具，最后自言自语道："这次我的确错了！"认识到自己错了，我快刀斩乱麻，迅速了结了战斗。平仓后亏损了 100 万美元。

第二天早上，我出去打高尔夫球，不再想任何事情。我在棉花交易上已经犯错了，而且为此付出了代价，那 100 万美元亏损的收据还躺在口袋里，所以此刻我对棉花市场一点兴趣也没有。午饭时我回到宾馆，在交易商门口看了一下报价板，发现棉花价格已经下跌了 50 个点。这没有什么大不了的。但是我也注意到，等卖单把价格打压下去之后，棉花价格并没有重复过去几周习惯性的上涨。按照前几天的情况，这原本说明最小阻力位已经上移了，结果我看走了眼，付出了 100 万美元的代价。

但是这次不同于上次巨亏平仓的情况，因为没有了上次的支撑力和急速反弹。我试着卖了 1 万包棉花，看看市场怎么反应。没多久，市场价格跌了 50 个点。我等了一会儿，没有任何反弹。不过我饿得不行了，就去餐厅点了一份午餐。在服务员上午餐前，我又站起来走向了经纪人办公室，还是没发现任何反弹，所以又卖空了 1 万包棉花。结果就这么点压力让市场价格再次跌了 40 个点。这表明我的交易策略是正确的，所以返回餐厅，吃完午餐后再折回经纪人那里。那天，棉花价格没有任何反弹。当晚我离开了温泉市。

玩高尔夫是个很愉悦的活动，但是之前我判断错了做空了棉花，平仓时又对市场判断失误。此时我只想赶紧回到市场上，找到适合做交易的市场位置。市场消化第一笔 1 万包棉花的方式，刺激我卖出第二笔 1 万包棉花，而市场消化掉第二笔的方式，让我断定市场拐点已经到来。市场的前后表现差异很大。

到达华盛顿后，我的第一件事就是直奔经纪公司，那家经纪公司同时也负责我的老朋友塔克（Tucker）先生的业务。我看了市场情况，价格又跌了 1 个点，因此确信自己对市场的判断十分正确，也确定之前判断的确失误。等我卖出 4 万包棉花的时候，市场价格又跌了 75 个点。也就是说，现在没有托市的力量存在。当晚，棉花市场收盘价又跌了 1 个点。看来之前市场上的买方力量都走光了。虽然不知道这些力量何时再次集结以及集结力度如何，但是我确信头寸的选择。第二天早上，我乘坐汽车离开华盛顿赶往纽约。现在不需要着急了。

等赶到费城时，我开车找到一家经纪公司，发现了棉花市场上的好机会：价格急剧下跌，引起了小范围的恐慌。我等不及赶到纽约，直接给经纪人打了一个长途电话，要求把做空的头寸清仓。我拿到交易报告时，把上次亏损的钱都赚回来了。然后我继续驱车前往纽约，中间再也不需要停下来找经纪公司看市场情况了。

在温泉市，有几个朋友和我在一起，他们谈起那天我突然从午餐桌站起来卖出第二笔 1 万包棉花的典故。但是我得再强调一次，那不是灵感的作用，而是因为我十分确信卖出棉花的时机到来了，即使之前自己刚刚判断失误。正是这种坚信让我坚定卖出，这就是我的机会。有可能潜意识也在工作并帮我得出结论。但我在华盛顿做空的决定，则完全出于深度观察。多年的操盘经验告诉我，当时的市场的最小阻力位已经下移了。

棉花市场从我那里赚走了 100 万美元，我并没有因此心生怨怒；我更没有痛恨自己的判断失误。我同样没有为在费城的扭转乾坤感到骄傲。我的交易哲学产生了我的交易问题，自己能够依靠丰富经验和深刻记忆来弥补亏损，光凭这一点，就说明我的以上说法能够自圆其说了。

第十八回　繁复市场需研判　事实分析近眼前

在华尔街上，历史总是不停地重演。或许读者还记得我之前讲过的一个故事，有次在斯特拉顿逼空玉米，而我成功平了做空的头寸。后来在股市上，我用同样的策略又成功了一次。目标是热带贸易（Tropical Trading）公司股票。因为这只股票换手率较高，深受各种冒险家们的追捧。通过轮换做多和做空，我在这只股票上赚了很多钱。新闻媒体时不时地批评公司内部小团体总是把注意力放在股价波动而不是刺激持续投资上。某日，一位大佬级经纪人断言，热带贸易公司的总裁莫丽干（Mulligan）和他的手下在引导市场的某只股票方面展示出来的手法堪称一绝；即便是丹尼尔·德鲁[①]（Daniel Drew）操纵伊利（Erie）股票、哈夫迈耶操纵美国糖业的手法，也没法与之媲美。他们联手多次引导空头们做空热带贸易公司，然后使用商业智慧成功地把他们压榨干净。在这个过程中，高压或者神经质般的感觉产生的罪恶感，在其他任何地方都感受不到。

诚然，在热带贸易公司在股市的存续期中，经常有人提起某些“臭名昭著的事件”。但是我敢断言，这些评论家当初肯定饱受内部人的压榨之苦。既

① 丹尼尔·德鲁（1797—1879），美国著名蒸汽船和铁路实业家。1866—1868年，德鲁与詹姆斯·菲斯克、杰·古拉德密谋发行股票，以对抗“老船长”范德比尔特获得伊利铁路的控制权。范德比尔特没有意识到股票流通量的剧增，不停地买入伊利铁路股票，最后因巨亏而放弃铁路控制权，此即为著名的“伊利铁路争夺战”。——译者注

然如此，那为什么还会有交易员不停地参与到这场游戏中呢？有件事是可以确定的，那就是他们都喜欢不停地运作，结果正好遇上了热带贸易公司这只妖股。他们不喜欢横盘太久的股票，不希望被人问为什么，不希望浪费一分一秒，没有耐心去等待赚钱的大浪潮。他们有很多股票可供选择，但是只要某只股票的短期利益足够大，他们就愿意为之前赴后继。反正，总会有人上当的。

我说一个自己的故事。有段时间，我在佛罗里达州度假，天天钓鱼。现世安稳，岁月静好，我才懒得去关心股票市场的状况。直到有一天，我收到一打报纸，打破了这份宁静。那天早上，两周一次的邮差把报纸寄到我家，我看了一眼股票版，发现热带贸易公司的股价已经涨到了 155 美元。我转头一想，上次看报价板的时候，股价还是 140 美元。我判断市场已经转为熊市，如果不做空股票，那就是在浪费机会。而市场情绪尚不疯狂，说明时机尚不成熟，所以我还在钓鱼，没有去理会股市。但是我门儿清，等时机到来的时候，会立即杀回去参与战斗。但现在，我做或者不去做操盘，不会影响大局。

热带贸易公司的股价波动有点过分了，这是我那天早上读完报纸后的心得。这强化了我做空市场的信心，因为在我看来，鉴于市场普遍的熊市情况，公司内部人抬高股价的做法太愚蠢了，所以压榨投资者的做法时不时会停下来。而交易员没有什么有利因素可供使用，抬高股价的做法就不够明智。考虑到该股体量巨大，一般人不可能毫无代价地做出愚蠢的行为。

读完报纸我又回去钓鱼了，但是脑子里开始琢磨热带贸易公司的内部人到底想干什么。这些人抬高股价的策略肯定会失败的！想想看，一个人从 20 层楼高的摩天大楼上不带降落伞就跳下来，难道不会粉身碎骨吗？但是我想得脑袋要炸了也搞不清楚是怎么回事，所以干脆不钓鱼了，给经纪人发了一封电报，让他帮我卖出 2 000 股热带贸易公司的股票。完事后，我才安心地去钓鱼。当天，我钓了很多鱼。

当天下午，通过特快专递，我收到了电报汇报。经纪人告诉我，他们以 153 美元的价格做空了 2 000 股热带贸易公司的股票，看来情况还算不错。在熊市的时候做空股票，这个逻辑没有任何理论上的问题。但现在我不能再继续钓鱼了，毕竟离市场太远了，感受不到市场血腥的气息。我反复地琢磨：为什么热带贸易公司的股价在应该随大流下跌的时候，却能靠内部人操盘上涨？我搞明白后，就离开了钓鱼度假村，返回了棕榈海滩，直接给纽约发了电报。

在抵达棕榈海滩的那一刻，我看到那伙内部人仍然不肯罢手，便做空了第二笔 2 000 股。成交结果不错，我又做空第三笔 2 000 股。市场的表现精彩至极：我一卖，它就跌。我对各方面都挺满意，便出去兜了兜风。但是我并不开心。我想得越多越不开心，我本该卖得更多才对。于是，我返回经纪公司，又卖空了 2 000 股。

只有当做空这只股票的时候，我才会感到由衷地开心。现在我直接做空 1 万股，然后决定赶回纽约。是时候干正事了，只好等到下次闲暇时再钓鱼了。

赶到纽约后，我找人搜集了这家公司的主营业务、经营现状和发展前景。通读之后，我更加确信，这次股价上涨既不符合大盘的整体走势，也没有公司的业绩作为支撑，所以，这次内部人抬高股价，可不仅仅是鲁莽而已。

这次无厘头的股价上涨成功地吸引了普通投资者的注意力。毫无疑问，这帮内部人要开始实施他们的蹩脚战略了。我看准时机，再次大规模做空这只股票。然后内部人停止了自己的愚蠢策略。接下来，我又一次次地按照交易哲学去检验市场的反应；最后我做空了热带贸易公司 3 万股股票。彼时，股价是 133 美元。

不少人出于好心告诉我：热带贸易公司的内部人很有本事，十分狡猾，清楚地知道每一张股票权证在谁的手里，精确地知道短期力量的强度和背后人物，以及所有的投机技巧。这么说起来，要是跟他们对着干绝对会冒很大的风险。但是在我看来，事实就是事实，没有什么比市场状况更加真实。

股价从 153 美元跌到 133 美元，空头赚到了不少钱，而之前价格反弹时入手的那些人还是跟以往一样在给自己找理由：股价比 153 美元还高的时候都被评为好股票，现在跌了 20 个点，岂不是杀入场内的好时机？各位读者可以思考一下这个看起来很不错的逻辑：股票还是同样的股票，派现率没变，高管层没换，业务模式没变，然而，之前股价已经很高了，在短暂下跌之后再买入岂不就能捡个大便宜?

投资者的大量买入，减少了市面上的股票供给。热带贸易公司的内部人意识到，很多证券交易所大厅的交易员都做空了这只股票，现在是时候抬高股价收获利益了。没过多久，股价就轻易突破了150美元。很多空头都在平仓，但是我岿然不动。读者肯定问我为什么不去平仓止损。显然公司的内部人知道现在还有3万股的做空单子没被平掉，但是我的确没有什么理由担心价格会继续上涨。我从153美元开始做空，一直操作到133美元。在这个过程中，我的投资理由不仅没有消逝，反而更加强有力。这些内部人很想强迫我去平仓，但是找不到让人心服口服的理由。公司的基本面情况十分有利于我的头寸，因此我不用惊慌失措，只需要稳坐钓鱼台。作为一名合格的投机者，对自己以及自身的判断充满信心是一个必备条件。后来纽约棉花交易所的前总裁，同时也是畅销书《投机是一门艺术》(*Speculation as a Fine Art*)的作者迪克森·沃茨(Dickson G. Watts)曾经说过：投机者的勇气仅仅体现在他有信心按照自己的思维行动。反观自己，我从来不害怕犯错，因为只有犯错了我才知道自己错了。在实际操盘中，如果没法利用自己的经验智慧，那么我就没有舒畅的心情做交易。在特定时间段，市场的走势也不用非得证明我错了。能够判断我正误与否的，或者我的头寸是否合理的，唯有股价上涨与下跌的特征。能让我在股市立足的，唯有知识；若我倒下了，那肯定是因为我疏忽犯错了。

在热带贸易公司的股价从133美元飙升到150美元的走势特征里，没有包含任何可以吓得让我去平仓的信息。现在这只股票正如预期，开始再次下跌。还没等公司内部人开始介入给予支撑，股价就已经跌破140美元。凑巧内部人开始买入的时候，市场上充满了关于这只股票利好的谣言。我们听说的消息有：这家公司获利颇丰，公司的收入足以证明派现率的上涨是符合实际情况的。还有人开始断言，空头的损失巨大，世纪大屠杀会让这些空头损失惨重，尤其是某一位重仓做空该股票的大空头会输得什么都不剩。接着，他们把股价拉高了10个点。我无法告诉读者，当时市场上的谣言实在太多了。

这家公司的操盘结果对我影响不大，但是等股价上探到 149 美元的时候，我觉得不能任由华尔街的交易员们接受这些伪利好传闻了。各位也请放心，我个人或者任何其他重量级参与者绝不会说那些缺乏说服力的话，让杯弓蛇影的空头们和那些在经纪公司做交易的客户去相信。最有力的说教，就是股票交易带上印出来的代表着真金白银的记录。当股市上的玩家不相信别人说的话的时候，他们就会去仔细研究股票交易带。当他们听到一个做空 3 万股的大空头的话的时候，更愿意去看股票交易带。所以，我借鉴上次在斯特拉顿逼空玉米的经历。回忆一下，那次我卖出了燕麦来引诱交易员们做空玉米。历史就是这样反复上演。

热带贸易公司的内部人打算抬高股价，目的是吓退各路空头。我清楚他们的伎俩，但是不想通过卖出股票压制价格上涨。目前我已经做空了 3 万股，占市场可供应量很大的一部分。这个做空量对我来说比较合适。但是我也不打算乖乖地把脑袋伸进他们设下的绳套，因为第二波股价上涨马上就要开始。我的方案是，等热带贸易公司的股价上探到 149 美元的时候，卖出 1 万股赤道商业公司（Equatorial Commercial Corporation）的股票，这家公司持有不少热带贸易公司的股票。

赤道商业公司的股票本身并不是热门股，但是我一旦发出做空订单，股价就开始狂跌。这一切都在我的算计之中，完美收官。再把镜头切回到华尔街上，那些之前听信了热带贸易公司利好传闻的交易员，现在看到两幅截然相反的画面：一方面热带贸易公司股价有大量做空订单但是股价上涨，另一方面赤道商业公司股价狂跌。他们不假思索地认为：第一，热带贸易公司的强势上涨仅仅是个烟幕弹，目的是掩护赤道商业公司的内部人卖出热带贸易公司的股票，毕竟它是热带贸易公司的大股东；第二，内部人肯定同时做多了两只股票，因为热带贸易公司股票走强，不会有人想到在同一时刻大量做空这只股票。所以他们迅速卖出热带贸易公司的股票，其价格上涨的势头被打断，而内部人不愿意接手这些原本打算卖出的股票。因此内部人刚停止护盘，热带贸易公司股票的价格就狂跌。交易员和主要的经纪人也开始大量卖出赤道商业公司的股票，我趁机平了做空的头寸，赚了一点儿利润。我这么做，不是出于赚钱的考虑，而是为了阻止热带贸易公司股价上涨。

后来，每次热带贸易公司的内部人打算让其代理人在华尔街上散布利好谣言来抬高股价时，我就做空赤道商业公司的股票，然后等热带贸易公司的股票价格回调时再去平仓，继续持有赤道商业公司的股票。这一手法让内部人如坐针毡。最后热带贸易公司的股票价格跌到了 125 美元，做空的利润已经十分丰厚，而内部人也有能力让股价上涨 20～25 个点。客观上，这次股价上涨也是空头规模过大，因此上涨合情、合理、合法。我虽然预见到了股价上升，但是不打算平仓，因为得保住自己的空头立场。在赤道商业公司与热带贸易公司的股票价格上扬之前，我同以往一样，做了几个空头单子实验。在最近的几次股价狂涨之后，人们开始不停地议论热带贸易公司的股票价格是否坚挺。

到了这个时候，整个市场已经极度虚弱。前面我曾经提到过，我坚信此时是熊市，正是这个信念让我在佛罗里达钓鱼的时候开始做空热带贸易公司的股票。虽然当时做空了很多只股票，但是热带贸易公司的股票却是我的最爱。市场行情已经惨淡到让内部人无法继续护盘，最后热带贸易公司的股票价格大跳水。多年以来，它的股价第一次跌破 120 美元，接着跌破 110 美元，继续再创新低。但是我还没有平仓。直到市场行情已经惨不忍睹，热带贸易公司的股票价格也跌破 90 美元了，我才平了仓。老调新弹！不论市场是强劲还是虚弱，也不管卖家是否多于买家，我依然能抓住各种机会。也不怕读者笑话我自吹自擂，在这次战斗中，我的 3 万股做空的单子基本上是在最低价平仓的，虽然在底部平仓不是我的本意。在瞬息万变的行情中，我只是希望把账面利润尽快以最小成本变现！

我能够做到处变不惊，无非是因为知道自己的立场是正确的。我坚信，无论在任何时刻都不应该跟市场主力趋势作对，也不能做出有违基本面的判断。这使得我对热带贸易公司内部人过度自信导致失败的判断十分有把握。他们这样的小把戏之前也有人干过，但无一例外地失败了。他们自导自演让股价反复震荡吓不住我，即便有时候我知道股价的确会回升。在掌握全局之后，以静制动显然比手忙脚乱地在高位平仓再做空更有利。关于这一点，我不需要第六感、高深莫测的交易带研读术或者异于常人的勇气。这是我对自己的判断有信心的红利，而不是来自异于常人的聪明或者空虚自大。信仰就是力量，而力量在谎言面前从不会畏惧，即便股票交易带已经证实了这些谎言。价格调整很快来临。

一年过后，热带贸易公司的股票价格再次回升到150美元，并在这个价位上停留了几周。这种情况带动了整个市场反弹。虽然它的股价毫无阻碍地攀升，但也不用去做多了。我之所以这么说，是因为我用真金白银做了检验。现在，热带贸易公司所在集团饱受业绩下滑之苦，我看不到理由来看好这只股票，即使市场上的其他股票蓄势待涨。当然，在熊市之下，这些蓄势待涨也不会发生。此时，我开始做空热带贸易公司的股票，初步计划是做空1万股。刚出手，股价就开始下跌，我看不到任何支撑。但就在一瞬间，市场局势完全变了：有大笔买入。

我预感到股价的托底力量已经进入。这么说不是为了证明自己神乎其技。这引起了我的注意。因为热带贸易公司的内部人并没有道德义务来保持价格上涨，但他们却在市场趋势下跌的时候大举买入这只股票，那肯定有个让人好奇的理由。这帮人既不是无知之徒，也不是大慈善家，更不是希望利用价格上涨来卖出更多股票的银行家。价格上涨影响了我的卖空行为，也影响了其他交易员的卖空行为。在153美元的价位，我平了1万股的仓位。在156美元的时候，我做多了这只股票，原因是股票交易带上的信息显示最小阻力位已经上移。虽然我做空了整个市场，但是在某只特定股票上却遭遇到了特殊情况，这在投机的理论教科书上可没有现成的模型。股价势如破竹，突破了200美元。这在当时是年度新闻。各种坊间传闻说我在这场战斗中亏掉了800万～900万美元，这把我逗乐了。实际上，我非但没有做空这只股票，而是重仓做多，以至于后来我持股时间过长，账面利润都遭到了一定的损失。你知道我这么做的依据是什么吗？因为我换位思考，设想坐在他们的位置上自己该怎么做。但是话又说回来，那些不是我该考虑的，因为我的任务就是做交易，接受摆在我面前的具体情况，而不是去思考别人应该怎么做。

第十九回　嗜赌之徒常犯错 本能贪欲或粗心

“操纵市场”这个词是说在交易股票时，把处理商品的办法应用到大宗证券交易中。我并不清楚这个词何时被谁第一次用到这种场合。搅动一下市场以趁机低价买入目标股票，也属于“操纵”。但这两种情况需要区别对待。我认为无论何时都不能违法，但是要避免做别人看来不合法的事却十分困难。在牛市，如果你打算重仓持有某只股票，怎么做才能免于承受较高的成本价格？这就是个大问题。大家想一下有什么解决方案？方案取决于很多因素，你不可能给出一个整体方案。或许你会说：要不你想个很不错的操盘方案。那请你举个例子？其实，这取决于其他因素。基本上，你也就能得到这么个回答。

我一直对自己的操盘历史有浓厚的兴趣。我从别人和自己的经历中都学到了很多。但是交易日收盘后，我从经纪人办公室听到的操盘轶事对理解当时的操盘手法基本上没什么帮助。时过境迁，过去的操盘战术、所用工具已是明日黄花，有些已经被划归非法范畴，有些已经不能再使用。而且股票交易所规则和市场情况也发生了巨大变化；今天你听到的丹尼尔·德鲁、雅各布·利特尔[①]（Jacob Little）或者杰伊·古尔德[②]（Jay Gould）在几十年前的

① 雅各布·利特尔（1794—1865），华尔街第一代投机专家。——译者注

② 杰伊·古尔德（1836—1892），华尔街上著名的投机专家。先后经历过伊利铁路、黑色星期五黄金大恐慌等投机事件。——译者注

传奇操盘典故，对今日的操盘已经不具备任何参考价值。当今的操盘手们无须去参考这些传奇人物的操盘手法，就如同今天西点军校的学生想要深入了解导弹弹道的话，压根不用去学习远古人类是如何射箭的一样。

然而，仔细研究一下人性还是收获颇丰。其中以下几点人性尤其值得思考：人们总是去相信那些顺耳的话；人们习惯纵容或者强迫自己受自己的愚蠢影响，也会受俗人的粗心大意导致的亏损影响。恐惧和希望永远存在，因此研究投机者的心理从来都很有价值。纽约证券交易所正如战场一样，虽然武器变了，但是战略制定依然举足轻重。我个人认为，对这一切的最好的抽象概括是托马斯·伍德罗克（Thomas F. Woodlock）所总结的："成功的股票投机的首要原则是要坚信，人们在未来总是会重复过去犯过的错误。"

在牛市到来的时候，普通老百姓以前所未有的姿态杀入股市，此时不需要任何精巧的操盘手法就可以赚大钱，讨论操纵股价、投机战略都是浪费时间。打个比方，这些讨论就如同在下雨的时候，试图找出砸落在屋檐上的雨珠有何区别一样毫无价值。没有本事的人总想空手套白狼，而在牛市中，赌徒心态对这种诱惑一点抵抗力也没有。人们的幼稚和市场的虚假繁荣正是滋生这种心态的温床。普通老百姓总是试图找赚快钱、发大财的方法，但付出了昂贵的学费后才明白在地球上这种好事压根不存在。很久之前，当我听到那些年代久远的典故时，自己总以为生活在 19 世纪 60—70 年代的人要比生活在 20 世纪初的人笨多了。但是在报纸上，我依然能够读到庞氏骗局的最新故事、关于敲诈客户的经纪人的报道，以及毫无本事的人是如何损失了几百万美元从而一夜之间倾家荡产的悲惨新闻。

第一次到纽约时，我发现市面上充满了洗售①和对敲②等各种行为，而这些行为是纽交所严令禁止的。有些时候，洗售得太粗鲁野蛮以至于没有人上

① 洗售（wash sales），即如果纳税人在 30 天之内（在购买日的 30 天前或 30 天之后），反复出售或购买一只相同的股票，任何亏损都将不被认可，无法在第二年报税时抵税。——译者注

② 对敲（matched sales），指行为人意图影响证券市场行情，与他人通谋，双方分别扮演卖方和买方角色，各自按照约定的交易券种、价格、数量，向相同或不同的证券经纪人发出交易委托指令并达成交易的行为。一方做出交易委托，另一方做出相反的交易委托，依事先通谋的内容达成交易。——译者注

当。而当有人想洗售某只股票的时候，经纪人会毫不犹豫地说“现在洗售空前活跃”以解释给客户听。我之前提到过一种人，媒体经常赤裸裸地称之为“商号敢死队”。这种人的惯用伎俩是在短时间内让一只股票下跌 2～3 个点，造成股票交易带上出现股价大跌的记录，在商号里做多股票的边缘性交易员就会被震荡出局。而对敲则是另外一种玩法，有人对其理解并不正确，因为经纪人很难被协调行动一致。这些行为都违反了纽交所的规则。几年前，一位著名的操盘手撤销了卖单，但却忘了取消对敲的买单，结果在几分钟内，这位可怜的交易员把股价抬高了 25 个点，等他的买单停止时，只好眼睁睁地看着股价狂跌相同的点数。这种伎俩的初始原因是想制造交易活跃的假象。这种业务极度依靠不靠谱的操盘武器，属性恶劣。因此，只要你还打算保留纽约证券交易所的会员资格，就不能让你哪怕最亲密的经纪人一探你的核心机密。此外，与以往相比，美国政府对虚假交易征收的税高了很多。

字典定义的“操纵股价”包含了逼空行为。但是现在看来，逼空案有可能是股价操纵的结果，也可能是竞相买入的产物，譬如 1901 年 5 月 9 日的北太平洋股票逼空战显然就不属于市场操纵行为。斯图兹（Stutz）① 股票逼空手法不是一般人所能承受的，特别是所耗费的金钱和需要的号召力。但是话又说回来，那一次逼空案的构思也不是环环相扣般紧密。

客观地说，闻名遐迩的逼空案，没有几个可以给它们的始作俑者带来丰厚的利润。“范德比尔特（Vanderbilt）船长”② 的哈莱姆（Harlem）逼空案获利巨大，但这是范德比尔特老先生应得的，他是从空头投机商、不诚实的国会议员和市议员那里赚到的，谁让这些人总是想欺骗这位老先生呢！而杰伊·古尔德则在西北铁路公司逼空案中败北。迪肯·怀特在拉克万纳股票逼空案中赚到了 100 万美元，但是詹姆斯·基恩则在汉尼巴尔与圣乔（Hannibal & St. Joe）公司交易案中亏掉了 100 万美元。成功的逼空案依赖累积持有

① 斯图兹，一家汽车公司。——译者注

② 科尼利尔斯·范德比尔特，由于其庞大的蒸汽船业务，绰号叫作“范德比尔特船长”。——译者注

的股票市场价值远远大于购入成本，而空头的利益也必须高到一定程度。

我常常思考一个问题：为什么半个世纪之前的伟大操盘手们如此钟情于逼空？他们能力异于常人，作战经验丰富，时刻警惕四方，从来不轻易相信同行们的善举，所以普通人很难让他们上当受骗。然而他们却不断地在逼空案中折戟。一位老奸巨猾的经纪人告诉我，18 世纪 60—70 年代的伟大操盘手们都有一个伟大的梦想，那就是操盘一次成功的逼空案。但是沧海桑田，很多逼空案都是昙花一现，或者化为复仇的欲望。曾经成功逼空过某只股票的操盘手总结道，逼空需要满足三个条件：聪明的头脑、大无畏的勇气和海量的资金。这给予了操盘手骄傲的资本。等赚到大笔利润的时候，他只需笑纳来自同行们的崇拜。可以这么说，丰厚利润的诱惑仅仅是刺激操盘手们沉迷于这种游戏的原因之一。更主要的是，他们憧憬着把自己的丰碑建立在冷酷无情的操盘手之林，名垂青史。

在那个时代里，人人相残，冷酷无情。在前面的章节中，我告诉过读者自己多次死里逃生，依靠的不仅仅是神秘的股票价格收报机灵感，更主要的是在股市上买方力量不利于做空时，我能准确地把握住一刹那的转变时机。我通过测试来考察市场是否符合预测，而这是业界流传已久的策略之一。丹尼尔·德鲁老先生经常以此对付那些投机者，让他们为伊利铁路公司的股票付出了昂贵的代价；此前这些投机者将大量空头单子卖给德鲁老先生。而后来他本人也被范德比尔特船长打败了。① 德鲁老先生后来去向范德比尔特船长求饶，但是船长只是冷酷地引用了德鲁老先生自己的至理名言：

卖了不是自己的东西，要么买回来，要么蹲监狱。

白驹过隙，英雄暮年。不管这位英雄在他的时代里如何叱咤风云，现在华尔街上的人也很少反复提及他。华尔街的永恒职责似乎就是“给股票灌水”。

1863 年的春季，艾迪生·杰罗姆（Addison G. Jerome）被人们追捧为股市之王。人们传颂说，他的操盘建议简直就和银行的现金一样货真价实。综合各种渠道信息，他是一名伟大的交易员，赚了不下几百万美元。他这个人

① 这就是著名的伊利铁路逼空案。——译者注

口不择言，发言从来没有任何禁忌，在华尔街上拥有一大批追随者。然后亨利·基普[①]（Henry Keep）出现了，人送外号“寡言者威廉”，他在堪称经典的老南方（Old Southern）铁路公司股票逼空案中彻底击溃了艾迪生，入账几百万美元。顺便提一下，基普的妹夫是纽约州州长罗斯韦尔·弗劳尔[②]（Roswell P. Flower）。

在早期的逼空案中，操盘要防止别人关注你和他人一直卖空的股票。因此，他们瞄准的主要是同行专业人士，普通大众一般不会去做空股票。而这些精明的专业人士之所以愿意大手笔做空一只股票，其理由跟今天的差不多。我了解的情况是，除了像哈莱姆逼空案中的政治性做空，大部分操盘手做空的理由仅仅是因为股价太高了。而他们之所以认为太高，理由是以前价格从来没这么高过；他们觉得价格这么高再去买入就太危险了。这种逻辑即便到了现在也很流行。这些交易员脑子里想的是价格，而范德比尔特船长想的则是股票的价值。因此多少年后，华尔街上的操盘老手告诉我，操盘手们想描述一种艰难的处境的时候，他们就会说：“这个人简直就是在逼空哈莱姆！”

多年前，我有幸与服务过杰伊·古尔德的一位资深经纪人聊过天。他一脸真诚地告诉我，古尔德老先生不仅是一位丹尼尔·德鲁所赞誉的那种“点石成金”的天才型人物，而且远远超越了当时以及历史上的所有操盘手。要完成那般丰功伟绩，他肯定身怀金融睿智，这一点毋庸置疑。即使相隔久远，我依然能够感受到他有一种可以适应各种复杂情况的天赋，这一点是操盘手最需要的。他毫不犹豫地在攻防之间变换自己的操盘手法，因为他更加关心的是操盘的本质而非表面的股票投机，他操纵市场的目的是为了投资而非仅仅改变市场走势。他富有远见，很早就意识到伟大的利润是来源于拥有铁路，而不是在股票交易大厅里捣鼓股价。

但不可否认的是，他也经常利用股票来赚钱。而我认为，利用股市是迅速便捷的筹集到急需大量资金的廉价途径。很多人都这么干，例如科利斯·

① 亨利·基普（1818—1869），美国著名的金融投机家。——译者注

② 罗斯韦尔·弗劳尔（1835—1899），曾任纽约中央铁路公司总裁，后任纽约州州长。——译者注

亨廷顿（Collis P. Huntington）每次遇到银行没法贷给他足够的钱时，他都会毫不犹豫地去股市上狠狠敲诈一笔。雄心勃勃、富有远见的人最怕手头没钱；而有了足够的资金，就如虎添翼，成就非凡；这时候，势力也就形成，然后又会赚到更多的钱，取得更大的成就，如此循环不止。

还需要说一点，在那个时代，操纵市场可不只是大人物的最爱，市场上无数的小人物也乐在其中。我曾经遇到一位经验丰富的经纪人，他给我讲了19世纪60年代早期的股市中形形色色的故事。其中一个故事是这样的。

“我对华尔街最早的记忆，是第一次到访这个金融街区。我父亲是个商人，有不少生意都在华尔街附近。有一次他不知出于什么原因就带我去了那里。我们沿着百老汇大街走，在华尔街下车。在华尔街上没走多远，快到拿骚大街时，那里的街角有座建筑上赫然写着‘信托公司’的巨大招牌。就在那里，我看到了一群人正围着两个人。第一个人正朝东走，看起来装作什么都不上心的样子。他身后跟着另一个人，脸色绯红，一只手使劲地挥舞着自己的帽子，另一只手则握着拳头在空中摇晃。他一边吼叫，一边打着拍子，‘夏洛克！夏洛克！你觉得价格是多少？夏洛克先生！’我发现从窗户里面伸出了很多胳膊，虽然那个时候并没有摩天大楼，但是我看到二、三层的小楼房建筑都被围观的人快给压塌了！我的父亲询问是怎么回事，有人回答了一句，但是我没听清楚。那会儿我正在死死地抓住父亲的手，以防人群把我们给冲散了。人越来越多，因为周围的人不停地加入进来，这让我越来越难受。急红了眼的人从拿骚大街、百老汇大街和华尔街上冲了过来，不停地涌入。最后，我们终于摆脱了这些人群，然后父亲告诉我，那些人群口中喊的夏洛克先生，其实就是个庸才。我忘了那个人的全名，但是他可是当时全纽约最大的股票操盘手，而且在华尔街上所赚的和所亏的资金数额，应该只有雅各布·利特尔能超越。我之所以能记住雅各布·利特尔的名字，是因为我觉得这个名字起得很好笑。而另外一个人，夏洛克，则是守财奴的感觉。后来我也逐渐忘记雅各布的名字了，但是记得他身材高大，很瘦削，脸色苍白。在那个时代，这些人经常借钱后就囤积起来，或者直接减少股市上的信贷供给。股市上借钱的人来借钱，但是只能带走一张认证过的支票，而不是把真金白银给带走。当然了，这也是敲竹杠的一种方式。我觉得，也算是一种操纵市场的手法。”

我很同意这位老先生的观点。这种操纵市场的方式在今天的环境里只不过不再存在而已。

我从来没有和华尔街如日中天的股市大佬直接交谈过。这里大佬指的不是大老板，而是操盘手。他们都是比我这一代更早的人物。当我刚来到纽约的时候，他们之中最了不起的一位詹姆斯·基恩，正炙手可热。但是，我那时只是一个毛头小伙子，一心琢磨的是在一家信誉良好的经纪公司里完全再现在家乡商号里的成功。而彼时基恩正忙着美国钢铁股票案，这算得上是他的职业生涯的杰作。当时的我对市场操作没有任何经验，不知道它有什么用处，不知道它的玩法，而且也不想了解相关的知识。我把它看成了类似糖衣炮弹的高级骗术，与在商号里的那些骗局没什么区别。此后我听到的这类话题在很大程度上是由臆断、疑惑组成的，与其说是理性分析，毋宁说是猜测。

熟悉基恩的人都对我说，他是华尔街有史以来最勇猛也最厉害的操盘手。这说明华尔街曾经出现过很多叱咤风云的操盘手，只是他们的名字已经被遗忘了。但无论如何，他们在自己的时代都是风云人物，曾经红极一时。股票交易带把他们从默默无闻变得天下闻名，在华尔街的镁光灯下留下自己的印记。不过，股票交易带的作用也有保质期，不足以让他们的雁过留名变成名垂青史。话归正传，基恩是他那个时代最厉害的股市操盘手，一想到这一点就让人兴奋。

他利用对市场的洞察，辅以操盘手的经验以及天赋，所向无敌。当时他正为哈夫迈耶兄弟工作，他们要求他为美国糖业的股票创造一个市场。当时基恩面临破产，否则肯定在自己名下交易！他在美国糖业上的操盘很成功，使得股票换手率急剧上升，轻轻松松卖出大批股票。此后，不停有人请他主持股票资产池的操盘。据说他从不要求任何管理费，而是要求和股票资产池的其他成员一样，按照股份获得报酬。除此之外，股票资产池的市场运作完全由他说了算。后来有人对他议论纷纷，既有关于他的，也有关于合作方的。他和惠特尼-瑞安帮（Whitney-Ryan clique）之间的恩怨便是由这类传言而起。操盘者很容易被他的合作方误解。他们没他有本事，看不出有些事不得不为。根据自己的经验，我对这一点深有体会。

1901 年春，基恩对美国钢铁公司的股票操作大获全胜。但很遗憾，基恩没有留下记录。在我看来，基恩从来没有就此事和 J. P. 摩根先生面谈过。摩根的公司通过塔尔博特·泰勒公司（Talbot J. Taylor & Co.）交易，而基恩正是以这家公司作为自己的大本营。塔尔博特·泰勒是基恩的女婿。有人告诉我，基恩从其工作中获得的回报包括他在工作过程中体验到的乐趣。那年春天，他为行情上涨助了一臂之力，自己也获利数百万美元，这事整个华尔街都知道。他曾经对我的一位朋友说，几个星期内他通过公开市场为股票承销团卖出了超过 75 万股。考虑到以下两个因素，这个业绩实在不差：第一，该公司的股票初次发行，未经市场考验，并且其总市值比当时美国政府的全部债务总额还要大；第二，在基恩助力造成的市场上，里德（D. G. Reid）、利兹（W. B. Leeds）、穆尔（Moore）兄弟、亨利·菲普斯（Henry Phipps）、弗里克（H. C. Frick）以及其他钢铁巨头利用同一个市场，于同一时间也向公众发售了数十万、上百万股股票。

当然，总体形势对他有利。当时不仅商业环境良好，而且预期较为乐观、资金充足，可谓天时、地利、人和三者皆全。当时的牛市行情、商业景气和人们的亢奋状态，以后很少再次出现了。后来市场对这批证券消化不良，引发了大恐慌，在 1901 年基恩成交美国钢铁公司的普通股价格为 55 美元，1903 年跌到 10 美元，1904 年进一步下跌到 8-7/8 美元。我们无从分析基恩精妙的促销手法，因为找不到他的著作，也不存在足够翔实的文件记录。举例来说，如果有机会研究一下他在联合铜业（Amalgamated Copper）上的处理手法，会很有意思的。罗杰斯和威廉·洛克菲勒曾经试图在市场上把他们多余的股票销售出去，但是失败了。于是他们请求基恩来销售他们的剩余股票，他答应了。读者们可别忘了，罗杰斯是他那个时代华尔街最精明强干的商人之一，而威廉·洛克菲勒在整个标准石油公司的内部人集团中是最为大胆激进的投机者。他们拥有无尽的资源、显赫的声望，并且也在股票市场的游戏中沉浮了多年。然而，他们依然不得不求助于基恩。我之所以指出这一点，是为了向你说明，有些事务非得交给行家里手不可。这只股票曾经受到广泛的策动，其控股股东是美国最了不起的资本家，但是当时就是不好出手，除非折让一大笔价钱，再牺牲一些声誉。罗杰斯和洛克菲勒的确明智，他们决定寻求基恩的帮助。

基恩立即开始工作。当时市场适逢牛市，他卖掉了 22 万股联合铜业股票，价格是票面价格。他全部卖掉这两位大佬的仓位后，公众持续买入，价格居然又攀升了 10 个点。不可否认，当公司内部人看到公众疯狂吃入股票时，他们对卖出的股票就更有信心了。所以有个典故，说是罗杰斯先生看到此情此景，居然建议基恩做多联合铜业股票。而提到罗杰斯先生打算解雇基恩，这就更加让人惊愕了。罗杰斯先生可是顶尖精明的商人，肯定知道基恩绝不是软绵羊类型的操盘手。基恩有他自己的操盘逻辑，知道在股市大涨之后开始下跌时，大举卖出股票。有一点需要讲明白，基恩的策略性战术操盘手法是由他的需求决定的，根据每天的变化做出适度调整。股市如同战场，要时刻明白战略和战术的区别。

在基恩的密友中，有一个是我见过的最优秀的“飞钓”手。这个钓鱼手对我说过基恩的一些事情，其中有一件就是在操盘联合铜业股票时，基恩经常发现股票不够用了，就是说他发现某一天市场上用来抬高股价的股票没法继续吃入了。第二天他就会买回几千股股票；再过一天，他用成本价卖出。接下来，他就会彻底清仓，静静地观察市场的变化，以利于自己熟稔市场的运动趋势。等真正大举抛售时，他的手法就是刚才我所描述的了：在股市下跌时全部卖出。做交易的普通投资者总是在等待市场反弹，而且空头们也需要赚点钱。

那名优秀的钓鱼手告诉我，在那个操盘案中，基恩卖掉了罗杰斯和洛克菲勒的股票，拿到了共计 2 000 万～2 500 万美元的现金。随后罗杰斯给基恩寄去了一张 20 万美元的支票。这事说起来，就相当于在大都市话剧院的某位富豪太太，居然给了下人 50 美分，打发他去找到价值 10 万美元的项链一样。基恩把支票给寄了回去，声明自己不是一个股票经纪人，但是他十分乐意为他们提供特殊服务。两位大佬留下了支票，然后写信告诉他十分期待再度与他联手！没过多久，罗杰斯先生友情提示基恩，要他在 130 美元左右的价位上买入联合铜业股票。

詹姆斯·基恩是一个天才操盘手！他的私人秘书告诉我，如果股市沿着基恩先生的预期方向运动，他会表现得暴躁易怒。有人回忆说，只要是和他打过交道的人，都领会过基恩绵里藏针、暗里嘲讽的说话艺术。但是在他管理的资产亏钱的时候，基恩就会变得幽默感十足，特别像一位绅士，和蔼可亲、语言简短、平易近人。

他具备了世上任何一个顶尖投机家所具备的心智水平。比如他从来不将对错归咎于股票交易带；他智勇双全、粗中带细；如果发现自己犯错了，他能及时止损。

自从基恩时代以来，整个股市已经发生了天翻地覆的变化：交易所的规则增减许多，许多旧式规则的实施更加严格，股票交易税和资本利得税开始被征收，现在的股市游戏与早些时候比已经不再是同一回事。基恩所使用的操盘技巧已经无法使用。此外，我们也都知道，华尔街的商业道德已经提升到了新高度。尽管如此，我们还是要说，放在我们金融发展史的任何一个阶段来看，基恩都是当之无愧的顶尖操盘手，而之所以这么说，原因在于他清清楚楚地知道股市操盘的所有逻辑和细节。1922 年，他本来可以取得如 1901 年或者 1876 年时那样的操盘成就；在 1876 年，他第一次从加利福尼亚州搬到纽约，在两年之内就赚到了 900 万美元。总是有些人的步伐要快于普通大众。而不管普通大众如何波动，他们都能够领先一步。

但是各种变化又不像读者们臆想的那么彻底。操纵市场的回报已经没那么大了，因为这不再是聪明者的游戏，回报也不再丰厚得惊人。但是在某些方面，操纵市场要比过去容易，而在另一些方面，则要比基恩时代难得多。

广告宣传毫无疑问是一门艺术，而操纵股市则是借助交易带媒介来推行的一种广告宣传艺术。股票交易带应该讲出操盘手希望读者们读到的故事。故事越是读起来让人信服，广告的宣传效果就越好。比如今天的操盘手不仅要让一只股票看起来很强势，而且要让它变得的确很强势。因此，操盘必须建立在良好的交易原则基础之上。这就是基恩如何成为一名伟大操盘手的故事；他从一开始就是一个完美的交易员。

第二十回　有勇有谋成作手 无敌天下是基恩

“操纵市场”这个字眼太难听了，所以它需要一个假名字。但是在我看来，如果操盘中没有信息扭曲，即便是要大批卖出股票，也不需要在过程中间要花招。毕竟，操纵市场的人要在一批投机者中找到买家，这不是什么难题。他只需要找到那些希望利用本金赚到丰厚回报的人，而这些人也愿意接受比一般生意更大的风险。如果一个人明明知道这一点，却在亏钱的时候还要责怪别人，那么我对这种人不会抱有同情心。这种人要是赚了钱，就觉得是自己的聪明决定的；但若亏了钱，他就认为别人都是骗子，操纵市场的人罪大恶极！在这个时候，嘴里说出来的这个词（即操纵市场）就暗含着其他特别的意思。但是实际情况却并非如此。

通常来说，操纵市场的主要目标是打造一个市场的“可促销能力”，能够在任何时候以某种价格大量买卖股票的能力。一般情况下，市场因为某种原因变得很不利，一个股票池就很难顺利清仓，除非持有者愿意割肉。在这个时候，他们会雇用一个专业操盘手，认为操盘手的能力和经验足以保证他有序地卖出而不用亏损太多。

读者可能注意到了，我不怎么谈用尽可能低的价格买入大批量股票操纵市场的手法，例如大量买入股票以获得控制权。其原因是在今天的股市里，这种情况很少发生。

杰伊·古尔德有次无意中透露他打算控制西联汇款公司，所以决定大笔购入该只股票。然后华盛顿·康纳（Washington Connor）先生突然出现在了西联汇款公司的报价板前。要知道，华盛顿先生已经好多年没有出现在纽约证券交易所大厅了。接着，他开始买入西联汇款公司的股票。交易员们大声嘲笑华盛顿的愚蠢，觉得华盛顿把对手想简单了。但交易员们还是很愉快地把所有股票都卖给了华盛顿先生。这个计谋太过于粗暴，以至于很难认为华盛顿先生把股价拉起来的目的是为了对抗古尔德先生控制西联汇款公司的计划。这算操纵市场吗？对此，我只能说，既是又不是！

再重复一下我之前讲过的一个观点：在大部分情况下，操纵市场的目的是尽可能地以高价把股票卖给普通投资者。这不仅是一个卖出的问题，还涉及分销技巧。为了让市场消化，股票最好是被一千个股东持有，而不是被某一个人持有。所以，操纵市场不仅是要以高价卖出，而且是要认真思考分销的特征。

如果你没法促使普通投资者随后吃入你手中的股票，那么拉升价格就没什么意义了。因此，当有稚嫩的操盘手打算在价格高点时脱手而遭遇失败的时候，富有经验的交易员就会以过来人的姿态告诉他：虽然可以把马牵到水槽边，但是没法硬摁着让它喝水。这就是心里的原始恶魔在作怪。实际上，交易员们需要谨记基恩总结的一个道理，这个道理也被后来那些能力卓越的继任者们所熟知：尽量把股票的价格拉升到最高点，然后在股价下跌时抛售给普通投资者。

我给读者把这事从头捋一下。假设有一批股票需要在最好的价格卖出去，而卖主有可能是一个银行承销团、一个炒股团，甚至一个人。这只股票在纽约证券交易所上市，所以出售的最佳地点应该是公开市场，而最佳买家应该是普通大众。销售谈判归一个人负责，这个人或者之前的负责人已经尽其最大努力在纽约证券交易所出售，但是并不成功。通常来说，不用过太久他就会对股市操盘的基本知识有所了解，随后就意识到完成这项工作所需要的经验和才能远不是他能胜任的。接下来，他会打听到几个业内专家，他们都有过处理类似交易的辉煌战绩。下一步，他就要利用这些人的专业技能协助完成交易。这么看来，他寻求一个业内专家的帮助，就跟生病了要去找医生或者缺少某项技能就去找工程师一样寻常普通。

接下来，他可能听说我十分精通这种交易，就想尽一切办法打听我的情况。为此他要安排一场面谈，在约定好的时间里给我打电话。

当然了，我肯定十分了解这只股票的情况，也知道它背后的利益关系。毕竟这是我的本职工作。

这就是我赚钱的方法。有客户拜访我，告诉我他希望我做什么，然后问我能不能应下这笔买卖。

接下来就轮到我发话了。我仔细询问有助于理解下一步行动的信息，估测股票的价值以及出售的可能性。这些信息辅以我对市场的了解，会帮我判断这次操盘的成功概率。

如果这些信息显示前景还不错，我就会接受这个请求，并且告知购买我的服务所涉及的条款。如果客户能接受这些条款，我立即开始工作。

通常，我询价后会买入这批股票的看涨期权。我通常坚持逐步做多，从接近市价到各种可能上涨的价格。一开始的期权价格会略低于市价，然后慢慢上涨。譬如，在市价为 40 美元的时候，我会做多 10 万股；在 35 美元的价位上，我会再做多几千股；在 37 美元上再做多几千股，然后在 40 美元、45 美元、50 美元上依次做多，依此类推，直至 75 美元乃至 80 美元。

如果这个策略奏效了，股价应该上涨。假设在股价最高点时，还有很多股票需求，说明此时适合大量出售股票，我当然会继续做多股票。这样我赚到了钱，客户也赚到了钱。当然，有时候我也亏钱，但这种情况极少发生。除非能清楚地看到有利可图，否则我不会答应这笔交易。今年我在一两宗交易中就不够幸运，没赚到钱。背后的情况比较复杂，牵涉到其他事情，容我在后面的章节里再叙述。

抬高股价的第一步就是广而告之，让公众知道股价马上就要涨了。这听起来比较愚蠢，但是你仔细琢磨一下就会明白其中的道理了。把动机告知天下的最好方式，就是提高股票的换手率和价格；而世界上最伟大的经纪公关是股价记录仪，最佳广告媒介是股价交易带。我不需要向客户汇报任何策略，不需要告知每日股票的价格，也不用督促金融评论员去关注公司前景。我既不会也不需要召集跟随者。要完成以上壮举，我唯一要做的就是让股票交易更加活跃。只要交易有异动，市场就会需要一个解释。这也就意味着，广而告之的真正价值在于不需要我的帮助，信息就能实现自我供给。

大厅交易员所渴求的就是活跃度。只要有自由市场，他们就能在任何价格水平上买卖股票。而一旦发现了活跃交易，他们就大手笔介入，其交易总量十分惊人。有时候，他们也不可避免地成了操盘手收割的第一波利益。他们会跟随你的脚步一路抬高股价，因此在操纵的每一步都能帮上大忙。之前我就了解到，詹姆斯·基恩就经常雇用最活跃的那批大厅交易员，通过他们来掩盖操纵市场的行为。因为他深知，这批人既是最优秀的商业开拓者，也是最八卦的消息传播者。基恩先生经常给大厅交易员打电话，口头告诉他们各种看涨期权，这样交易员们在携带资金入场前，就能做些有用的工作。通过这种方式，基恩让他们赚到了丰厚利润。对我来说，要是想营造专业的跟随形势，仅仅需要让一只股票交易变得活跃即可，这也是大厅交易员所渴望的。回忆一下之前我说的，纽约证券交易所大厅的这些专业能手们买入股票的时候，心里想的总是获利离场。他们并不追求巨额利润，而是收割短平快的利润。

股票交易活跃的目的在于吸引投机者的关注，原因我之前已经解释过了。我买入、卖出，这些交易员就紧跟其后。假设这些卖单压力不足以吞掉市场上的买入期权，那说明市场的买方力量压过了卖方力量，普通投资者会紧跟大厅交易员的步伐。这批人进场扫货，我就满足他们饥渴的需求，方法就是卖出股票。如果需求过大，吃掉我在操盘早期积累的股票数，那我就开始卖空，卖空当然仅仅是战术层面上的。这样，我卖出了大于持有数的股票。这个手法十分安全，等于我对自己的看涨期权进行反向操作。当然，如果普通投资者的需求开始减弱，股价出现停止上涨迹象，我就开始蛰伏。

假设股价的确停止上涨，股票成交开始变得惨淡，整个市场开始掉头往下走。等我观察到操盘的股票没有买单时，几个眼尖的交易员就开始卖出，他们的同伙也紧跟着卖出。不管出于何种理由，这只股票行情已经开始往下走。此时我开始扫货买入。如果股票与其发行人一样有个好名声，那我就大力支持一下，给它做个支撑。不仅如此，我不费太多弹药就能做到这一点，更不用担心回头卖空时的数量不足。读者要记住这一点：这个步骤没有动用我的金融资源。换个角度看，我也在弥补之前高位卖出的仓位，这个高位价格是普通投资者和大厅交易员两者合力推升的。在行情下跌时，股票还是有需求的。这一点应该通俗易懂地讲给大厅交易员和普通投资者听，它有助于抵抗专业操盘手的无序卖空以及惊弓之鸟型投资者的清仓行为。股价越跌越低的时候，读者们经常会看到以上两种卖出行为，而这又反过来对缺乏支撑的股价形成打击。因此，我的补仓扫货对下跌股价形成支撑，构成了"稳定化过程"的一步。

随着市场企稳回升，我顺势卖出股票，但是力道不足以打破股价上升的趋势。这一点严格地服从了我的稳定化计划。很显然，在股价上涨时，越是以合理有序的方式卖出股票，我就能吸引越多的保守型投机者。这些人在数量上远胜过粗暴野蛮的大厅交易员。并且，我趁此机会还能在股价疲弱时给予更大的支持力度。借助做空，我一箭双雕，可以做到支持股价而不会伤及自己。我的操盘临界点是，一旦出现账面利润就开始卖出。但有时候还没出现利润时我就卖出，目的是形成和加强无风险购买能力。我做生意的原则，不仅是为客户抬高股价或者卖出大批股票，还需要为我自己赚钱。这就是为什么我不让客户来为我的操盘融资的原因。报酬大小直接取决于我是否取得成功。

不可否认，以上所述并非我的一贯做法。我不会坚守一成不变的手法，而是会具体情况具体分析，修改服务条款和要求。

一只即将派息的股票应该被操纵一下，以在最高点将其卖出。我在这里再次重复的原因是，这既是一个基本常识，也是鉴于普通投资者想当然地要在最高点时全部清仓。有时某只股票的价格跌入谷底，看不到上涨的迹象。在这种情况下，你肯定要卖出，而在卖出的时候，股价会跌得比你预期的还要低；但是你通常可以把股价慢慢拉回来。在我买入某只股票后，只要股价开始上涨，我就知道自己太走运了。如果有必要，我会继续买入，使用自己的资金而完全不用担心任何风险。这就是最小阻力位的位置。读者可以回忆一下之前我讲过的交易理论。只要最小阻力位的价格已经形成，那我就紧跟其后，原因并不在于我必须在某个时刻对某只股票进行操纵，而是因为我时刻都是一名股票操纵家，必须抓住最小阻力位的机会。

如果买入后价格并没有上扬，那我就停止买入，转而卖出以打压股价。这与我不操纵股票时的做法一模一样。股票卖出主要在股价下跌时完成。你们大概都想不到在股价下跌时，一个交易员会处理掉多少股票。

我再次重申一下：在操纵市场的每一分钟里，我都谨记自己是一个股票交易员。毕竟，作为操盘手，我面临的问题一如交易员所面临的问题。如果操盘手没法让一只股票的走动达到预期，那么这次操纵也就到头了。如果这种情况发生了，谨记尽快离场。千万不要跟股票交易带辩论，也别幻想利润会再被赚回来。该离场时尽快离场，这是一个低成本的高效行为。

第二十一回　交易顺时求稳妥
脉搏形势渐分明

带有普遍性的投资哲学听起来一点也不引人入胜。世事素来如此。如果应用具体的案例，或许我能把抽象的理论讲得更清楚。那现在我就讲一个案例，关于如何仅通过交易 7 000 股就使股价上扬 30 个点，并形成了一个市场，将全部股票都成功卖出。

主角的名字是帝国钢铁（Imperial Steel）公司。这只股票是由声望卓著的名流人士首发的，被市场投资者视为价值股的典范。公司资本的 30%通过华尔街经纪人出售到普通投资者手里，但自从上市后，这只股票没有交易异象。当有人对这个现象迷惑不解时，原始承销团的人会站出来，说这家公司的盈利好于预期，业务前景喜人。这个解释听起来很不错，足以让人信服，但是却不够让人解馋尽兴。这只股票没有投机性的诱惑，对于投资者来说，价格稳定、派息守时的优势有待进一步研究。这是一只从来不会上蹿下跳的股票，走势如此中规中矩，以至于就算是有内部人散播出很靠谱的消息，股价也不会迅速拉升。相反，股价下跌的时候也是如此。

帝国钢铁公司就是这么一只默默无闻、无人推荐、朴实无华的股票，满足于做一只永不下跌的股票，因为没有人做空它。之所以没人做空它，是因为没有人会去做空一只流通股太少的股票。空头能否赚钱，取决于持有重仓的内部人怎么思考。同样，场上也没有几个人受不了诱惑去做多这只股票。因此，对投资者来说，这只股票就是只投机股；而对于投机者来说，这只股票就是毫无生气的泥潭，投资者可以仅仅通过做多操作就能让空头陷入万劫不复之境。因此，有谁要做空头的话，基本会被套牢一两年，损失的钱远大于股价下跌的价差。而在行情向好的时候，他会发现自己被彻底束缚住了手脚，再无额外财力。

某日，帝国钢铁辛迪加里面一位颇有声望的人，代表他和他的合伙人来拜见我。他们控制了70%的未流通股，想给这只股票营造一个市场，希望我以一个理想的价格处理掉这批股票，价格最好高于在公开市场直接销售的点位。如果我愿意答应这门生意，他们希望了解我的合作条款。

我需要几天来做决定，并开始研究这只股票，派专业调查人士去搜集这家公司在工业、商业和金融业方面的业务情况，然后做出中立性报告。我不是刻意寻找公司的优势或劣势，而是了解公司的实际情况。

报告显示这是一只很有价值的股票。根据公司前景信息，投资者如果耐心再等一等，就可以用很合理的市价买入这只股票。在这种情况下，股价上扬符合正常规律，而且合理合法。因此，我找不出理由去拒绝这笔生意，特别是这笔生意要让我去操纵抬高帝国钢铁的股价。

我通知那位先生，说答应这门生意。他又打电话到我的办公室，商谈了一下合作的细节，我也如实提出了各种要求：我不接受现金报酬，但要求10万份帝国钢铁股票的做多期权，期权的行权价位是从70美元上升到100美元。这是一笔很昂贵的报酬，但是他们肯定会考虑到如下这一点：靠他们自己，在70美元这个价位上，不要说10万股股票，就算是5 000股也未必能出售成功，因为一般人根本没法营造这个市场。要知道，之前所有关于美好的盈利前景的传言并没有带来任何买单，这可是不容否认的事实。此外，如果客户没有赚到几百万美元的话，我也拿不到那笔报酬。毕竟我所要赚的可不是销售佣金，而是一笔有条件的期权。

目前看来，在市场整体状况好转的情况下，这只股票价值较好，有利于股价上扬。我估计了一下，认为可以做得不错。这位客户被我的看法鼓舞了，立即同意了我提出的条款，然后这笔生意就在其乐融融的环境下开始运转了。

我必须尽可能地保护我自己。整个辛迪加控制了全部流通股的 70%，我让他们将这些股票全部放入一个信托合约。我这么做并不是要做个大庄家。如果 70%的股票被稳定地控制住了，我只需要考虑其余散户持有的 30%，但这里面暗含着一个风险。毕竟老练的投机者不会期待世上有无风险的免费午餐，所有没进入信托合约的散股同时全部在市场上涌出来的可能性，与所有寿险公司的客户在同一天、同一小时集体死亡的概率差不多。虽然没被明确罗列出来，但是股市也的确存在风险概率，如同保险公司计算的人类精算表。

做好万全的措施，防止上面提到的股市风险后，我才开始操纵股市。操纵目的是让我的期权价值上升。因此，我必须把价格抬高，然后营造一个市场，以方便脱手持有的 10 万份做多期权。

第一件事是测算股价上升后，会有多少股票冒出水泡。这事通过经纪人很容易做到。他们可以轻松锁定当股价等于或者高于市价的时候，股票的出货量是多少。我并不清楚交易员有没有告诉经纪人他们的账上还有多少单子在挂着。目前的市价为 70 美元，但是鉴于目前的情况，在这个价位上我不可能卖出哪怕 1 000 股股票；在小于等于 70 美元的价位上，我不知道具体的需求量是多少，所以只好相信经纪人告诉我的数字。但这已经足够了，我差不多知道有多少股票在出售，也知道市场上对这只股票的需求的确很小。

我在这个点位建好仓，静悄悄地吃进了所有在 70 美元以及更高价格上的股票。在这里的“我”特指“经纪人”。这些单子都是原本由小股东持有的，因为我的客户在交割股票到信托合约的时候，肯定会撤掉之前已经挂出来的卖单。

我不需要吃进太多股票，因为这种程度的上涨既会吸引买单，也会吸引卖单。我没有告诉任何人帝国钢铁这只股票要上涨的小道消息，因为的确没有这个必要。我的工作是通过最好的公关手段来影响市场情绪，但这并不意味着要否认宣传牛股的做法。公开宣传一只新股的价值十分合理，而且满足了市场需求，这跟宣传羊绒、鞋子或者汽车对人们生活的价值是一回事。在这个过程中，普通投资者需要获得精确可靠的信息。但在我看来，股票交易带完全能达到这个宣传目的。前面我提到过，那些著名的新闻报纸总是想给市场的波动找出一些理由；结果，新闻就这么被创造出来了。报纸读者迫切地想知道股市里发生了什么事，还想知道前因后果。所以即便市场操纵者还没动一根手指头，财经记者就已经准备好了各种素材和传言，而且认真地分析了盈利报告、交易形势和波动前景。简而言之，财经记者会写任何跟股价上涨相关的信息。无论何时，只要有新闻记者或者亲朋好友咨询我关于某只股票的消息，哪怕我手头的确有，也不会急于告诉别人。我不会主动提供投资建议，也不会散布小道消息，即使严守操盘秘密无利可图。我意识到，最优秀的小道消息传播者以及最会营销的销售员，就是股票交易带。

在 70 美元一直到略高的价位上挂出来的卖单，我全盘吃入并缓解了市场压力。这样，市场自然而然地就清楚了帝国钢铁这只股票的最小阻力线，并且认为股价显然还要大幅上扬。当交易大厅那些敏锐的交易员感受到这个形势的一刹那，就开始理性分析，一致认为这只股票价格肯定会上涨，但没法判断上涨幅度。这已经给了他们足够的买入动力。股票交易带上吐露出来的上涨信息，让人意识到这只股票的上涨不可阻挡，而交易员们的需求就这样被制造出来了。我迅速挂出卖单。而挂出去的卖单，就是一开始我从那些对此毫无兴趣的买家手里吃入的股票。当然，这一切的行为都是合法的，我十分满意自己能为市场需求提供股票供给，这简直是雪中送炭。我也没有急于抬高股票价格，制造快速上涨的效果并不是我所期待的。在这个阶段，卖出去 5 万股可算不上是笔多好的买卖，毕竟欲速则不达。我的任务是要制造一个市场，可以卖掉全部持仓股票。

即使我只卖出交易员们所需求的股票，市场也会短暂地耗干我之前的股票储备而停止上涨，这是我一直在稳定实施的计划。或许在某一刻，交易员们的购买量突然停止，股价上扬停止。一旦这种情况发生了，市场会出现大量卖单，这些卖单是心情恐慌的多头或者找不到继续买入逻辑的交易员挂出来的。此时上扬趋势就被扼制住了。但我对这种情况早有准备。在股价下跌时，我开始吃入股票，而这些股票也是早些时候我以高价卖给市场的。现在买入股票有助于止住下跌趋势，而股价止跌了，也就没什么卖单了。

我继续重复以前的操作。在股价上涨时，我吃入所有挂出来的卖单，数量也不多，接着股价开始第二波上扬，起点往往高于原来的 70 美元。我得提醒一下读者，在股价下跌时，有很多股票持有者希望卖出自己的股票，但是在离高点仅差2～4个点时，他们会死死捂住股票不卖出。这种人就是这么善变，嘴上喊着股价上涨时一定会全盘卖出；挂出卖单后，只要股价趋势发生变动，他们就开始转变主意撤单。但是无论如何，从快进快出型投资者，到落袋为安型投资者，都免不了沦为被收割利益的命运。

有时候，我吃入所有挂出来的卖单，股票价格快速上升。在股票操纵界，这种情况叫一飞冲天，是很不错的宣传机会，因为这制造了坊间话题，吸引了专业交易员和相当多普通投机群体。我认为，投机群体的比例还是很大的。在操纵帝国钢铁这只股票的时候，上述手法营造出来的市场需求刺激我供应更多的股票。在股价下跌时，我买入；在股价上扬时，我卖出。几个回合下来，不论是广度还是速度，我的卖单都让价格保持了上扬态势。在这一买一卖中，我不仅抬高了价格水平，也给股票营销创造了氛围。

自从我开始操盘后，任何一个投资者都可以自由地买卖这只股票。也就是说，任何人都可以交易一笔合适数量的股票而不会造成股价的剧烈波动。投资者不用担心高点买入或者低点卖出带来的恐慌。这些专业交易员和普通投资者观察到帝国钢铁的市场表现，逐步形成了一种信任，一种对股价走势的信任。这些交易活动也彻底打消了其他的做空力量。最后，通过买入、卖出数千股股票，我成功地将股票以100美元的协议价格卖出。在100美元一股的情况下，人人都想买入帝国钢铁股票。为什么？因为每个投资者现在都知道这是只绩优股，随时买入都不算晚。结果股价进一步上涨。很多人相信这只股票既然能从70美元上涨30美元，那么肯定还会再涨30美元。

在把股价抬高30美元的过程中，我仅仅使用了7 000股股票。这些股票的平均建仓成本大约是85美元，也就是一股赚了15美元。但是全部操盘账面利润更高。我创造了一个可以卖掉所有股票的市场，带来了丰厚利润。通过合法手段，股价当然可以更高。在股价从70美元通往100美元的路上，我先后卖掉了10万份看涨期权。

当时的情况没有让我得偿所愿，账面利润没有转化为现金钞票。但不可否认的是，这是一个教科书式的操盘案例，严格遵循了法律规定，最后我大获全胜。这家公司的资产十分值钱，股价即使再高点也不算太高。最开始的辛迪加中的一名机构成员想保留住公司的控制权，因为有家实力雄厚的银行想接手。对于一家银行来说，像帝国钢铁公司这样拥有光明前景和良好成长性的公司，其价值远大于个人投资者眼中的价值。最后，这家银行向我提出要约，要买入我持有的所有期权。我觉得利润相当不错，所以立即答应了。能一次性收获丰厚利润，我十分乐意全部卖出。我对这笔交易十分满意。

在处理掉 10 万份看涨期权之前，我听说这些银行家雇用了很多专家，对公司的资产做了进一步分析。结论显示，这些价值仍然高于我的期权价格。我对他们的结论深信不疑，所以保留了几千股用作投资。

这次帝国钢铁股票的操纵案，整个过程并没有不法之处。只要买入股票时股价还在涨，我就知道操盘没有出问题。这只股票也从来没有一跌不复返，很多其他股票都出现过这种情况。如果股票对操盘手的买入行为没有任何反应，这就说明已经不需要琢磨更好的办法来出售股票了。读者要谨记，只要这只股票还有内在价值、整体市场走势还算不错，那你总会有办法在股价下跌之后再把它给培育起来，哪怕是 20 个点的空间。但是迄今为止，我还从来没有再应对过与帝国钢铁股票类似的情况。

在操盘过程中，我从来没有忘记基本的交易原则。有人比较好奇，为什么我总是不停地强调从来不跟股票交易带辩论，或者因为市场走势而大发雷霆。肯定不止一两个人这么想：这些狡猾的交易员在华尔街上多次成功操盘，已经赚了几百万美元了，肯定深谙不带感情色彩来玩这场游戏的智慧。那我告诉你们实话吧！你们要是听说我们这些最成功的操盘手中有几个十分易怒，肯定会非常吃惊！他们发怒的原因很简单，往往是因为市场并没有如他们预期的那样在运动。他们用主观的眼光来看待这些变化，而一旦没控制好自己的脾气，他们就开始亏损了。

坊间传言说我和约翰·普伦蒂斯（John Prentiss）不和。普通老百姓总是被误导，心里想看一出股市戏剧般的演出，觉得在这场戏里肯定有人因判断失误亏掉了几百万美元，要么是我要么就是普伦蒂斯会如此；更有甚者，还在期待更精彩的故事。事实远非如此。

普伦蒂斯和我是多年的朋友，他经常提供各种有用的信息给我，都是可以赚钱的那种消息。我也经常给他各种投资建议，他有时候听，有时候不听。如果他听从了的话，那肯定也赚钱了。

普伦蒂斯先生在组织发行石油工业公司股票一战上起了重大作用。这只股票经历了华丽登场后，就碰上了市场行情恶化，结果这只新股并没有如普伦蒂斯和经纪公司所预期的那样华丽转身。等基本面稍微好转后，普伦蒂斯先生建立了股票池，打算在石油工业这只股票上操练一番。

恕我这里没法展开讲他的操盘手法。他没有告诉我他是如何操盘的，当然我也从来没有问过。但是不管他过去的辉煌战绩和过人智慧在华尔街上是如何被人传唱的，他不得不面临一个尴尬的事实：传言中的光环在这次操盘失败中已经开始褪去。没过多久，他发现无法处理掉股票池的大部分资产。我相信他必然尝试过所有能试的办法，因为他最后不得不找我帮忙。要知道，除非股票操盘手知道自己能力不足了，否则是不会让一个外人有机会展示碾压自己的能力的。最后他找到我，稍作寒暄之后，就要求我接管操盘石油工业这只股票的一切事务，处理掉股票池的所有资产。股票池差不多有 10 万股，他要求在 102～103 美元的价位上卖掉。

我对这件事把握不大，所以拒绝了他的合作主张。但是他还是坚持我必须接受。最后，他用我俩的私人交情来跟我谈，我没办法只好妥协了。我不喜欢做没有信心的事情，但是我认为一个人应该帮助朋友，所以就告知我会尽自己最大的努力，但是也明白无误地说自己对这件事没什么把握，而且还列举了可能的各种不利因素。但是普伦蒂斯告诉我，他并没有要求我许诺要给股票池的所有人赚到几百万美元的利润。他很确信，只要我答应下这门买卖，那我肯定会给他赚到足够合理的回报。

我被迫答应下这件事，有违自己的风格。随着市场恐惧感的增加，我发现这件事情相当麻烦，起因在于普伦蒂斯操盘时犯下了很多错误，而最主要的因素就是时机问题。我很确信，市场正在接近牛市的尾声，市场上的任何机会都可能转瞬即逝，而这种所谓的机会让普伦蒂斯做出了错误判断。我担心在卖掉石油工业的股票之前，市场已经彻底转为熊市。但是我已经做出了承诺，就只好努力克服所有的困难。

我开始抬高股价，并且取得了一定的成功。股价上升到 107 美元以上，我平本卖掉不少股票。虽然数量不多，但是我很高兴没有增加股票池仓位。当时还有很多内部人没有参与股票池，等待着一次上涨，然后搭便车全盘卖出，所以他们都视我为救世主。如果市场行情再好一点，我能干得更漂亮，但是他们没有早点找我，算是他们又一个重大失误。而现在我能做的就是，在尽可能减少股票池损失的情况下，迅速清仓。

我去拜访普伦蒂斯，告诉他我的想法。他一开始时拒绝我的建议，然后我向他解释道："普伦蒂斯，我能切身体会到市场的脉搏。现在已经没有人追捧你的股票了，不信你就看看普通投资者对我操盘的反应，可以说无动于衷。所以你听我说，在你之前的努力下，石油工业这只股票已经深受交易员们的喜爱，而且你也会给予所有可能的支持以保证操盘顺利，但结果是普通投资者对它一点儿兴趣都没有。所以你必须意识到，不是这只股票操盘出问题了，而是市场趋势要变了。公无渡河！你要是硬来，最后受损失的只是你自己。如果股票池的经理看好这家公司，他就应该去买入股票。但是，当他变成市场上唯一的买家时，他再买入那就是犯糊涂了。现在每当我从普通投资者那里买入 5 000 股，普通投资者居然没有跟进买 5 000 股，这就说明市场趋势马上要发生改变了。但你放心，我肯定不会去买入所有的股票的。要是我这么干了，那我就是满仓持有没人想要的股票。所以现在唯一能做的事情就是卖出股票。"

普伦蒂斯问道："你的意思是说，卖掉所有的股票？"

"没错！"我回答。看得出来，他准备拒绝这个提议。我继续说，"如果我卖掉所有股票池的仓位，你就可以下定决心，让股价跌破成本价，然后……"

"那可绝对不行！"他怒吼道。你可以想象一下，他觉得我这是让他去自杀。

我告诉他："普伦蒂斯，股票操纵的核心原则是，为了卖出股票必须得抬高股价。但是在股价上涨时你不能大批卖出股票，巨大的卖盘需要在股价冲高回落的时候完成。我没法把你的股票提高到 125 美元或 130 美元。虽然我努力过，但是真的没法做到。所以你现在要做的，是在目前的价位上开始卖出。在我看来，所有的股票都面临下跌，石油工业也不例外。现在主动把股票池卖掉让股价下跌，总比等着被砸盘强吧？股价下跌在所难免。”

我不记得当时说过骇人听闻的话，但是他怒吼的声音是如此之大，以至于地球另一侧的中国人估计也听到了。他压根不答应我的建议。他认为退一万步也不能那么操作，否则这简直就是拿股票记录来开玩笑，更不用说这些股票是给银行贷款充当抵押品的，会带来很多不便之处。类似的托词说个不停。

我告诉他，在我的判断里，没有什么支撑因素能够阻挡石油工业下跌15～20个点，因为整个市场大势是下行的，而且我一再强调，认为这只股票会逆流上涨是个天大的错误。但是我枉费口舌，普伦蒂斯坚持要我护盘。

各位读者都看看这位当时最成功的操盘手的状态吧。他是个十分精明的商人，在华尔街上叱咤风云赚了几百万美元，其金融投机经验可比一般的普通投资者多得多了，但依然坚持在熊市里要为一只股票护盘。虽然说这是他的股票，但是这种做法却有悖于赚钱目的。我不停地跟他争辩下一步的操作，但是徒劳无功。他坚持我必须下单护盘。

唯一的解释就是，普伦蒂斯先生不认为熊市马上就要降临。我很有把握认为目前的牛市已经结束；而且我不仅在石油工业这只股票上，还在其他股票上做买卖测试以检验猜测，结果证实了我的判断。我不会等到熊市真正开始后才大举卖出。当然了，我并没有卖掉一股石油工业，但是做空了其他股票。

石油工业的这个股票池就一直僵持在我刚接收时的状况，努力维持着他们费尽心思去护住的价位，一切如我所预料。最后，他们的确清仓了，但是股价远远低于我跟普伦蒂斯提出建议时的价格。这件事也没有什么意外之处。但是普伦蒂斯先生依然认为自己判断无误。他认为，我给他卖出的理由，其实是因为市场要马上上涨而我需要做空其他股票。也就是说，他认为当初我卖出石油工业股票背后有阴谋，是想帮着我去做空其他股票。

这简直就是一派胡言！第一，我做空市场，并不是因为我要做空这些股票，而是因为我看准了市场的走势。第二，我只有在多转空之后才开始做空股票。要是事情做错了，有再多的钱也无法挽回败局，在股市中也不例外。

过去20年的经验让我判定，彻底清仓股票池的计划不仅可行而且准确。普伦蒂斯本来应该有足够的交易员智慧来看透这一切。然而，大错已经铸成，任何的亡羊补牢都于事无补。

我认为普伦蒂斯和成千上万的局外人一样，认为操盘手都是无所不能的。但事实骗不了任何人。1901年春季，基恩先生完成了操纵美国钢铁普通股和优先股的壮举。他的成功并不是因为他的智商过人或资金充足，也不是因为他的背后有一群资金大佬等次要原因。主要原因是他对市场形势判断准确，而且对普通投资者的心态把握也到位。

与经验和常识作对是商战大忌。华尔街上商战的败家也不尽然都是局外人。普伦蒂斯对我满腹牢骚，在此不赘述。他感到灼心的原因，是实际操盘策略并不是我建议的，而是他要求的。

如果某次操盘并没有被故意曲解的话，那么大批卖出股票的背后不会有神秘力量、见不得人的勾当或者骗人的手法。良性操盘肯定是建立在良性交易原则基础上的，但股市上的人们过多强调传统操盘手法，如洗售等。我负责任地告诉你，这些骗人的把戏所占比例很低。股市操纵和柜台交易股票及债券的区别在于客户的性质，而非交易的性质。J. P. 摩根公司向普通大众发行一款债券产品，卖给的是投资者，而股市操纵者需要把一大批股票卖给普通大众，但是这里的普通大众却是投机者。投资者寻求的是安全性和回报的持久性，而投机者则是寻求赚快钱。

只要投机者发现了一本万利的机会，他们甘愿冒着巨大的风险去交易。而只要这些投机者存在，股市操盘手就能找到属于他的一片市场。我从来不相信盲目赌博。不管大杀四方还是只买入100股股票，我必须有一个合适的交易逻辑。

我很清晰地记着自己是如何进入操纵股市这场游戏的，也就是为他人的股票创造一个可供出售的市场。这给了我无限的乐趣，无比美妙地展示了华尔街对于专业操纵股市的尊重态度。这是发生在我回归股市之后的事，也就是1915年伯利恒钢铁交易之后。自此，我就踏上了财务复苏之路。

我交易风格稳健，而且运气还不错，但是从来不寻求在媒体上出风头。

但不管我怎么做，都无法让自己游离于大众的视野之外。此外，读者们也喜欢听华尔街上的精英们吹嘘自己的成功和别人的失败，特别是当红人物们的交易失误。当然了，媒体也仅仅听说了这些消息而不去求证，就迅速付梓。根据某家媒体的传言，我曾经破产无数次，而这家媒体又在另一个场合报道我赚了上千万美元。我好奇的是这些报道是怎么产生的，又是被谁散布出来的。后来我发现没法阻挡传言的蔓延。一个接一个的经纪业务线的朋友找到我，把相同的故事讲给我听，不同的只是些微细节做了改进，显得更加翔实。

我讲了这么多，就是为了告诉读者，我是如何第一次开始承担为别人操盘股票业务的。媒体上印刷着我如何给客户赚了几百万美元的故事，而这些故事也给我带来这些业务。我的成功和失败都被这些媒体给放大了，这些媒体又总是谈论我在华尔街上的是是非非。往昔一个操盘手交易 20 万股就可以左右市场格局，但这些日子已经过去了。不变的是，普通投资者总是想找到谁是老国王的新任太子。结果，基恩先生被挑中了。他享有老练股票操盘手的盛名，靠自己的本事赚了几百万美元，这些都让银行家等客户希望基恩先生可以帮他们处理掉大批股票。简而言之，因为华尔街上都在口口相传他过去的辉煌战绩，所以现在他的操盘服务供不应求。

但是基恩先生已经过世多年，他曾经说过除非爱驹塞森比[①]（Sysonby）在天堂等着他，否则他一分钟也不愿意在那儿待。其他若干曾在几个月内创造股市操盘历史的人物，也很快归于沉寂。我特别愿意提及几个折戟的西部人士，他们于 1901 年来到华尔街，在美国钢铁股票操盘案赚了几百万美元之后，在华尔街上继续活跃。他们是现实中的超级营销专家，而非基恩先生那种类型的操盘手。他们能力很强、资金充足，在几只股票上斩获颇丰，这几只股票也是受他们及他们的朋友控制的。他们不是如基恩先生或弗劳尔州长那样伟大的操盘手，但是华尔街依然在他们身上挖掘到了不少小道消息，所

① 詹姆斯·基恩（James Keene）先生拥有多家赛马场，并养育了科林、彼得·潘、突击员以及塞森比等著名赛马。这些赛马为基恩先生获得了很多奖项与荣誉。——译者注

以他们依然在专业操盘手和经纪公司中收获了很多粉丝。等他们偃旗息鼓后，华尔街上的人士就再也找不到操盘手了；或者说，人们再也没有在报纸上读到过关于他们的报道。

读者们或许还记得1915年纽约证券交易所重新开张时的冲天牛市。随着市场规模不断扩大，协约国在美国的采购量数以亿计，整个国家经济高度繁荣。即便是股票操盘，也不需要深思熟虑便可趁着战争的机会创造一个无穷大的市场。很多人仅仅依靠远期合约或者合约意向书就赚了几百万美元。借助银行家的帮助或者利用场外市场交易让公司上市，这些人成为超级发行人。在这种背景下，普通投资者疯狂地买进市场上的所有产品。

时过境迁，股市由盛转衰后，这些发行人中的部分成员发觉自己需要股市专业销售员的操盘帮助。普通投资者被各种证券深度套牢，其中很多人高位接盘，在这种情况下，要处理掉新股票并非易事。牛市过后，普通投资者相信没有继续上涨的股票了。究其原因，并非买方变得更加挑剔，而是盲目购买的时代已经结束，投资者的心态已经转向。市场不用往下走，整个投资情绪就已经很悲观了。如果市场继续低迷，并且延续一段时间，那么这足以让悲观情绪弥漫到整个市场。

每次在熊市里，都有各种公司上市，它们的动机并不排除是为了利用普通投资者对各种股票的爱好。当然还有一些公司的股票发行姗姗来迟。股票发行人之所以会犯这种错误，主要原因还是人性，他们不愿意看到熊市的终结。更何况，只要利润足够大，抓住这个机会上市也算是个好买卖。当欲望战胜了理智的时候，最聪明的人也会陷入短视。一只价格在12美元或14美元左右的没有任何市场需求的股票，面临上涨机会的时候，在普通人眼里最多能涨到30美元，而在顶尖高手的眼里可以涨到50美元。刚有人说这个价位绝对是上涨的末尾了，但很快这只股票就涨到了60美元，接着突破了70美元、75美元。不出所料，这只几周前15美元都无人问津的股票涨到了这个价位，所有人再次坚决地认为股价不可能再涨了。可是眨眼间，股价又突破80美元、85美元。普通投资者总是被自己的恐惧心理而非市场情况给把控了，从来只看到股价而未去思考股票的内在价值。结果他们选择思考捷径，否认任何上涨都会有极限。很多局外人看起来很聪明，虽然没在高点买入，但却没有及时获利平仓，也没赚到任何钱，其中的原因就在这里。股市繁荣启动的时候，丰厚利润总是被第一批投资者赚到了，但是有可能在很长时间里那也只是个账面利润罢了。

第二十二回　操纵内盘抬股价 传播利多谋利私

某日，吉姆·巴恩斯（Jim Barnes）给我打电话。他不仅是我的主要经纪人，还是多年的密友。他希望我能帮他一个忙。之前他从来没求过我，所以我问他我在什么方面能帮到他。我心想最好是有的确能帮到的事情，毕竟内心愿意助他一臂之力。他告诉我，有家公司对某只股票特别感兴趣，而他们是这家公司股票的主承销商之一，并且持有这只股票很大的比例。市场行情已经发生变化，这使得他们很难创造一个市场来处理掉这一大批股票。巴恩斯希望我能帮着他做点市场销售的工作。股票的名字叫作联合炉业（Consolidated Stove）。

我本来不想参与这件事，原因有好几个。但是我有点儿亏欠巴恩斯，而且他坚持用私人帮忙的方式处理，这就让我无法拒绝了。他是一个不错的人，一个友善的朋友，而他的公司深陷困境，所以我同意尽自己最大的努力帮他。

战争繁荣和其他繁荣最明显的区别在于，股市里出现了一种新的角色，这个新角色叫“青年银行家”。

战时繁荣来得十分猛烈，其中的原因已经众所周知。与此同时，美国最大的银行和信托公司都在竭尽所能地帮助股票承销商和军火商融资，一夜之间造就了无数百万富翁。后来各种奇葩的事情都发生了，如一个人只要说他的一个朋友认识协约国委员会的一名要员，就可以获得大量资本完成之前根本没能力交割的合约。我还听说过一个让人难以置信的故事。一个白领职员摇身一变成了一家公司的总裁，向信托公司借钱来做几百万美元的生意，随着合约在不同的人手里传来传去，每次转手都被揩油。彼时，大量的黄金从欧洲涌入美国，这些银行必须想办法把它们留在美国境内。

过去，这种做生意的办法是危险度较高的，但是如今根本就没人担心里面的风险。头发花白的银行总裁是和平时期的银行标配，但是在当时烈火烹油的日子里，年轻才是最合格的配置。年轻总裁把持的银行因此赚到了天量的利润。

吉姆·巴恩斯和他的合伙人深受马歇尔国民银行总裁的信任，这位总裁年轻气盛、风华正茂。巴恩斯一伙决定重组三家著名的炉业公司（格里炉业、中土炉业、西部炉业），然后向普通投资者兜售这家新公司的股票。在过去的几个月里，普通投资者一直买入有股票许可的传统产业证券，因此这个策略并无不妥。

但是麻烦之处较多。第一，炉业生意正蓬勃发展；第二，这三家公司都宣布了历史上首次普通股派息；第三，控股股东并不想分享控制权；第四，这几家公司的股票比较适合在路边市场交易；第五，大股东也认为自己出让的股票数已经够多了，很满足于现状而不愿合并。单独来看这三家公司，市值都太小，不足以造成大的市场波动。就在此时，吉姆·巴恩斯杀入了场内。咨询报告指出，合并后的公司市值足够大，可以在纽约证券交易所上市交易，而且新发行的股票价值要比合并之前高很多。通过变换股票凭证上的颜色，从而使得股票价值更高，这是华尔街上玩了很多年的老游戏。例如一只股票不容易以票面价值出售，但是让股票数量翻四倍，你就可以用 30～35 美元的价格卖出新股。这相当于以 120～140 美元的价格卖出一股老股票，但是在120～140美元的价位上很难卖出对应数量的股票。

巴恩斯和他的合伙人成功地让一些朋友入伙，这些朋友已经投机性地持有了格里炉业公司的不少股票。但是一个大的问题也来了，根据目前的行情，新成立的联合炉业公司的四股股票才抵得上一股格里炉业的股票。中土炉业和西部炉业紧随格里炉业的步伐，要求一股换一股。在路边的场外交易市场里，它们的股价已经涨到每股 25～30 美元，而格里炉业由于名声更好、派息稳定，已经上涨到每股 125 美元。

巴恩斯他们必须筹集足够的资金才能继续前进，但目测资金缺口至少有几百万美元。缺口原因有几个：一是要买入这些持有人的股票需要大笔资金，因为持有人要求现金交割；二是需要额外的营运资本来改进设备、支付股票营销费用。随后巴恩斯拜会了马歇尔国家银行，总裁很痛快地答应巴恩斯及其辛迪加共计 350 万美元的信贷支持，抵押物是新成立公司的 10 万股股票。巴恩斯及其辛迪加向银行总裁保证，股价绝对不会低于 50 美元。真假不知道，反正巴恩斯是这么告诉我的。这只股票的价值巨大，会是一个很赚钱的买卖。

股票发行团犯的第一个错误是错失时机。新股发行的饱和点很快就达到了，他们理应看到这一点。但是如果他们没有全盘清仓的话，还是能赚到很不错的利润的。然而在牛市的最高点，他们跟其他承销团一样很不合理地在抛盘。

或许读者会轻易得出结论，认为吉姆·巴恩斯和他的合伙人是智商不足或者是没经验的新手。而实际上他们都是极为精明的商人。他们很熟悉华尔街的套路，其中的几个人还是非常成功的股票交易员。但是，他们的确有点儿高估普通投资者的市场购买力了。毕竟，市场容量只有通过实际测试才能确定下来。他们的犯错成本之所以不断攀升，是因为他们预期牛市的时间会比实际情况还要长。在我看来，这些人之前都经历过成功而快捷的重大操盘事件，因此毫不怀疑自己有能够在牛市转熊前清仓的能力。他们都负有盛名，而且有一群专业交易员和经纪公司跟随他们的操盘步伐。

整个交易的市场宣传做得很精彩。报纸都为他们的报道预留出了巨大的版面，之前对联合炉业的担心都烟消云散，因为他们的产品世界闻名。这是一个爱国的工业综合体，每天的报纸都在报道来自世界各国的订单如雪花一样多，特别是来自亚洲、非洲和南美的市场需求非常强劲。

公司的董事都是在金融版面经常读到的巨头的名字。整个发行工作进展得很顺利，未署名的内部承销团自信地许诺股价可以到达的价位，而且让人不得不相信，整个市场对这只股票的巨大需求被拉动了。等簿记过程结束后，他们发现在 50 美元的价格上这只股票被超额认购了 25%。

读者们发挥一下想象力吧！发行人原本期望的是在操盘几周后，让股价上涨到 75 美元以上，这样新股出售的平均售价就可以达到 50 美元了。股价达到 75 美元就意味着三个成分公司的股价平均上涨了 100%！这就带来危险了：它们本来能够达到这个价位，但是最后却没有达到。这个事件说明，每项业务都会有它的社会需求，也就是说“闻道有先后，术业有专攻”。对每一行业浅尝辄止，其收获的所谓“普遍性智慧”与特定行业的专业技能相比，价值小多了。这些没有多少股市经验的发行团惊喜于意料之外的超额认购，于是错误判断普通投资者会在任何价位上购入所有可能的股票量。但实际上，他们又犯了愚蠢的错误，故意没有向普通投资者提供足够的股票。等承销团控制不住自己的欲望的时候，至少应该做得更加聪明一点，而不是做这种傻事。

他们应该做的事，是为市场配售申购的股票数量。这么做是有好处的：对于市场超额认购的 25%，他们完全可以拿过来做空，在未来有必要的时候，他们还可以有能力为股价提供支撑，成本几乎为零！他们原本不费吹灰之力就可以处于居高临下的战略地位，这可是我在操盘时梦寐以求的情况。他们原本可以阻止股价下跌，以此提振股市对新股价格稳定性的信心，还可以让市场相信承销团的支持力量。当他们把股票卖给普通投资者的时候，就应该记住其实工作还没有完成，这只是他们必须经历的一部分。

他们认为取得了巨大成功，但是没过多久，资本运作的这两个错误的结果很快就显现了。市场不再买入这只新股，而且下跌走势形成。此时，内部人感到恐慌，不再对联合炉业提供护盘支持；如果他们都不买入股票去护盘，谁还敢去买？内部人支持的缺乏，被视为标准的股价跳水的前兆。

根本不用去深入研究各种统计数字就能明白一切。联合炉业的股价一路下跌，再也没有突破过 IPO 的价格，而 IPO 的价格仅仅是 50 美元多一点。巴恩斯和他的合伙人最后不得不以买家的身份进场护盘，努力让股价维持在 40 美元以上。在新股上市的一开始没有护住股价已经让人扼腕痛惜，但是在市场出现超额认购的时候居然还没有全部卖出股票，那简直错得无可复加。

最后，股票如期在纽约证券交易所上市，价格也如期地保持下跌趋势，直到停在37美元。银行给吉姆·巴恩斯他们的贷款本金是每股35美元，所以他们要努力让价格维持在这个价位以上。如果银行想抽贷的话，那么毋庸置疑，股价会直接崩盘。本来打算在50美元买入的投资者，现在在37美元的价位上都不愿意出手了，有人甚至说27美元也不愿意买。

随着时间的流逝，信贷展期也开始遇到银行方面的麻烦，这让市场想入非非。青年才俊撑起银行的时代已经过去。银行业务现在处在转入保守的危险边缘。即便关系再亲密的朋友，也不得不面临偿还贷款的危险，情况之严峻，好似他们从来没有跟银行老板一起玩过高尔夫一样。

既没有必要从贷方的角度去威胁借款人，也没有必要从借方的角度去乞求展期。现在情况对双方都不利。吉姆·巴恩斯与之前一起做生意的银行家们的关系还算和善，但实际上，这些银行家们心里却是这么想的：看在老天爷的分上，请一定把贷款还上，不然我们都要玩完！

情况越来越恶劣，潜在后果的危害性太大，这让吉姆·巴恩斯不得不找我寻求帮助。他希望我能帮他处理掉这10万股股票，以便偿还银行的350万美元的贷款。吉姆现在已经不期望还能赚点利润了。如果整个承销团的损失可以控制在很小的规模内，他们就谢天谢地了。

这是个不可能完成的任务。市场现在交易并不活跃，走势也不够强劲，仅仅偶尔出现几次上涨。而每次上涨，也是因为有些人很激动，以为大牛市马上就要到来了。

我回复巴恩斯，说需要仔细研究一下这个问题，等我判断好在何种情况下可以接受这个委托后，会让他知道的。然后我仔细研究这只股票，但并不是分析最新年报，而是集中研究股票营销阶段的问题。我的目的不是靠盈利或者业务前景刺激股票上涨，而是要在公开市场上处理掉这批股票。因此我脑海里想的全是关于会帮助或者阻碍我完成这项任务的因素。

我发现了一个重要线索。大部分股票都被少数几个人所持有。在这种情况下，我的操盘会遇到很多麻烦。克利夫顿·凯恩公司（Clifton P. Kane & Co.）持有7万股联合炉业股票，它既是一家银行，也是一家经纪公司，同时还是纽约证券交易所的会员。这家公司的老板凯恩是巴恩斯的亲密朋友，在合并过程中发挥了重要作用，而且他对炉业股票已经关注很多年，他的客户也跟着买了不少优质股票。戈登兄弟（Gordon Bros.）公司持有 7 万股股票，前参议员塞缪尔·戈登（Samuel Gordon）是这家公司的重要合伙人，公司是他外甥开的。大名鼎鼎的乔舒亚·沃尔夫（Joshua Wolff）持有了 6 万股股票。这群华尔街老兵合计持有了联合炉业 20 万股股票，他们不需要任何人来告诉他们是否需要卖出这些股票。假设我为诱惑投资者而买入这只股票引发了任何仓位变动，如股票走强、换手率增加，凯恩、戈登和沃尔夫就会立即发现并且迅速建仓，一点也不会留情面的。他们的 20 万股会如尼亚加拉瀑布一般泄入股市之中，想想就觉得可怕。此外也别忘了，考虑到已经没有人有做多的实力，即便有通天本领，我的操盘也不会带来排山倒海般的需求。吉姆·巴恩斯压根不知道这份操盘是如何凶险。他简直就是给了我一只铁定要下跌的股票，要我在熊市里趁还有最后一口气给卖掉。当然了，报纸上没有关于牛市即将终结的传言。但是我知道，吉姆·巴恩斯知道，而且银行肯定也知道。

尽管如此，我还是答应了巴恩斯的要求。接下来我挨个去拜见凯恩、戈登和沃尔夫三位大佬。他们持有的 20 万股是这次行动的扎莫克利斯之剑。我的策略是把大家变成一条绳上的蚂蚱，而方式是达成互惠协议。如果他们愿意在我卖出巴恩斯的 10 万股时按兵不动，我愿意随后给他们创造一个市场，再把他们的 20 万股给卖掉，这样大家就都解脱了。否则，哪怕他们卖出持仓的十分之一，联合炉业的股票就会大跌。我对他们的要求是精准把握卖出的时机，不要犯损人不利己的错误，一定要保持聪明的无私之心。在华尔街或其他任何地方，让嗜血者乖乖地当一条顺犬绝对是件不可能的事情。我要说服他们，单个任何提前或者考虑欠周的清仓行为都将导致集体无法彻底清仓。时间紧急，容不得他们不配合。

我希望这个建议可以让他们感兴趣，毕竟他们都是久经沙场的老战士，对联合炉业股票有多少实际需求心中有底。克利夫顿·凯恩先生是一家生意兴隆的经纪公司的老板，其分支机构遍布美国的 11 个城市，服务的客户群体数以万计。过去，他的公司不止给一个股票池项目充当过经理人。

戈登议员持有 7 万股股票，他本身就是个极其富有的人。都市出版界的读者对他的名字可能比较熟悉，因为他曾经被一个 16 岁的美甲师起诉过，原因是违背诺言。这个美甲师拥有一件 5 000 美元的貂皮大衣和 132 封被告写给他的信。他让他的外甥先成立了一家经纪人公司，然后他成为这家公司的特殊合伙人，多次参与过股票池处理业务。他继承了中土炉业公司的一大笔股票，然后获得了联合炉业的 10 万股股票。在市场开始转熊前，他的持有量较高，完全无视吉姆·巴恩斯的疯狂利好消息，一股脑地抛售了 3 万股。他曾经告诉一位友人说，要不是其他的大佬劝说他不要继续卖了，他压根就不会停下来，毕竟这些大佬都是老朋友，关系极为亲密。实际上最主要的原因是市场没法消化新的卖单了。

第三位大佬是乔舒亚·沃尔夫。对于华尔街的交易员来说，他是最有名的一位了。二十年来，每个人都知道他是交易大厅的大鳄之一。在推高股价或者拉低股价的操盘中，他几乎没有对手，处理掉一两万股简直跟处理一两百股一样简单。在我来到纽约之前，已经听说了他的股市大鳄的盛名。他还追随一家无极限体育俱乐部，他们在体育场和股市上都这样操作。

很多人认为沃尔夫是一名赌徒，但是他是有真本事的，而且对投机活动十分清楚。此外，对高雅文学的冷漠态度也让他成了人们的热门话题。有一次在一个名流汇集的游艇上召开了晚宴，乔舒亚被邀请作为客人。他称这次晚宴为果腹聚餐。不一会儿，几名客人开始讨论文学作品，高谈阔论、滔滔不绝。一位坐在乔舒亚身边的女孩从来没有听说过他的大名，发现他只吃不说，于是转向他，想听一下这位伟大金融家的高见，“沃尔夫先生，你怎么看待巴尔扎克的作品?”

乔舒亚礼貌地停止咀嚼，接着咽下嘴里的食物，这才回答道：“我可从来没有在路边的场外交易所买卖过这只股票!”

这就是持有联合炉业仓位最多的三位大佬。我告诉他们，如果大家能够齐心协力组成一个辛迪加，给我一点资金，再给我一点高于市场价的做多期权，那么我就尽我所能创造一个市场。他们迫不及待地问我到底需要多少钱。

我回答道：“你们持有这只股票有段日子了，但是你们对此束手无策。你们三位合计共持有 20 万股，所以心里很清楚除非现在能够制造一个市场，否则根本没有机会卖掉这些股票。如果创造的这个市场足够大，可以吸收你们的卖单。而只要有人来买这只股票，你们肯定不会拒绝。但是，目前看来要去启动这个交易不可能，因为市场上没有足够的资金。我的建议是，你们形成一个辛迪加，然后筹集 600 万美元的现金给我。此外，我需要你们的辛迪加给我 20 万份在 40 美元行权的看涨期权，最后把你们的股票放入一个信托账户。如果一切进展顺利的话，你们都可以卖掉这些半死不活的股票，而你们的辛迪加还能赚到丰厚的利润。”

华尔街上充斥着关于我操盘时妙手生花的传说。我认为这会奏效，因为成功是最好的广告，而且我也不需要费口舌去跟他们解释太多。孤军奋战的结果是什么，他们心里跟明镜似的。他们一致认为我的提议是个很好的方案。走的时候，他们说会立即形成一个辛迪加。

他们没怎么费工夫就成功地说服了更多朋友加入这个辛迪加。我觉得他们跟别人交谈时，提到我的时候肯定比提到辛迪加的预期利润更有底气。根据我的眼线，他们的确相信我的方案，所以他们对别人说的话也不一定是毫无良心。辛迪加在几天之后成立。凯恩、戈登和沃尔夫合计给了我 20 万份在 40 美元行权的做多期权，他们也把所有的股票放到一个监管账户，这样在我抬升股价的时候，不会有任何一只股票突然冒出来。我必须保护好自己。资金池或小团体无法信守诺言导致有潜力的交易案流产，这种事屡见不鲜。在华尔街上，互相残杀的事从来都不少见。有次美国钢铁和电缆公司又一次被放在大众面前，原因是内部人相互起诉没有信守诺言进而竞相抛售股票。约翰·盖茨及其合伙人与塞利格曼（Seligman）家族及其银行合伙人之间曾经达成过一次君子协议，然后，我就在经纪人的办公室里听到有人在背诵一首诗，据说是约翰·盖茨先生所写：

狼蛛一跃蜈蚣背，
残忍毒辣仰天笑。
我若不除此毒种，
他日必遭之毒手。

我并不是说华尔街上的朋友没有在股票问题上欺骗我的计划，而是强调作为一个普遍现象，万事要思考周密，要谋划各种可能发生的事件。这是个常识。

沃尔夫、凯恩和戈登告诉我他们已经组成辛迪加，而且筹集到了 600 万美元的现金。我听后什么事也没干，就等着这笔钱打入我的账户。我已经强调了时间的紧迫性，但是钱还是断断续续地才到账。我算了一下，他们应该是分 4～5 次打给我的，其中缘由是什么我也搞不清楚，但是记得最后没法了，我只好给这三个老家伙打紧急电话。

那天下午，我收到了几张巨额支票，这下手里可以支配的有 400 万美元了。他们许诺其余的 200 万美元会在一两天内到账。现在这个辛迪加终于想在牛市结束之前做点大事了。这里面没有什么取巧的成分，我越早开始操盘，效果越好。现在市场还不清楚这些换手率较低的股票即将开始的新动向。而我手握 400 万美元的现金，可以在任何一只股票上拉起巨大的需求热潮，足以吸收任何的卖单。我前面也提到，因为时间的确紧急，我没有工夫去等最后的 200 万美元到账。股票越快到达 50 美元的点位，对辛迪加越有利。这一点谁都看得清楚。

第二天早上刚开盘，我惊奇地发现联合炉业的换手率罕见攀升。前面我提到过，这只股票已经持续下跌好几个月了，股价在 37 美元左右波动，这还是吉姆·巴恩斯努力的结果，以防止跌破银行贷款时的抵押底价 35 美元。至于股价能够走多高，我可以打个比喻：要想看到联合炉业出现哪怕一丁点儿爬升行情，那简直就是如幻想直布罗陀巨石移动起来一样虚幻。

今天早上出现了对这只股票的海量需求，股价一下子涨到 39 美元。交易开始后第一个小时的成交量，已经高于整个半年的量级。当天整个市场的每个角落都充斥着牛市的激情。后来我听说，经纪人的客户大厅里听不到其他股票的八卦或小道消息了。

我不清楚这意味着什么，但是这没法影响我看到联合炉业价格上涨的美好心情。与以往一样，我不需要过问股票上的任何异动，因为交易大厅那些为我效力的朋友和交易员不停地向我传递消息。他们认为我想知道最新战况，所以一旦收到什么新闻或者八卦，就立即给我打电话。当天我听到的信息是，联合炉业的内部人在大举吃入股票，而且没有任何洗盘的行为，所有的行为都是真实的！买家吃掉了从 37 美元到 39 美元的所有卖单，而有人想打听一下发生了什么事的时候，我们拒绝给出任何消息。这就让那些狡猾而又敏锐的交易员得到一个结论：肯定要发生什么事情了，而且这件事情还不小！当内部人持续购买一只股票却不让其他投资者跟随买入的时候，股票计价器都开始琢磨什么时候公司要正式发出公告了。

我按兵不动，继续观察、思考，追踪着所有的交易。

到了第二天，交易不仅开始放量，而且更加激进。之前连续好几个月，股价徘徊在 37 美元，现在任何高于这个价位的卖单都毫无压力地被市场消化了，甚至没有足够的卖单来阻止价格上涨。没过多久，价格就逼近了 40 美元。现在股价已经开始试探 42 美元的点位。

等价格一旦上探到 42 美元，我就意识到，自己可以出售银行用来抵押的这批股票了。当然了，我也很清楚，只要一开始卖，股价就要下跌；但是如果我的全部建仓成本是 37 美元的话，那就没什么可以担心的。我知道这只股票物有所值，而且从几个月缺乏交易量的观察中，我也总结了一些关于让成交量上升的想法。直到卖出去 3 万股股票之前，我一直谨慎地出货。结果，股价上涨的趋势居然没发生变化！

那天下午，有人告诉了我这次幸运而又谜一样上涨的原因。看起来，昨天晚上收盘后、今天早上开盘前，大厅交易员听到了一些小道消息，说我要大举做多联合炉业，并且打算将股价抬高 15～20 个点位，中间不带回调。这看起来像是我的交易习惯，这些习惯可是那些从来都不关心我的交易记录的人传出来的。最有可能散布消息的是乔舒亚·沃尔夫。其实是他的买入导致了昨天的价格上涨。大厅交易员都知道他的好朋友有跟随他的交易习惯，因为他知道很多消息，从来不会给他的同伙指错方向。

结果，市场没有如之前担心的那样承受不起股票出售的压力。想一下，我卖出了 3 万股的心情，你就会发现之前的恐惧并非空穴来风。我之前担心抬升股价的工作困难重重，现在看来没那么难。弗劳尔州长说的一点都没错，每当有人起诉他在操纵股票，如芝加哥天然气股票、联邦钢铁股票或者 BRT 股票时，他就会说：“我所知道的唯一操纵股价上涨的方式就是不停买入。”这也是大厅交易员操盘的不二法门，股价也总是应声上涨。

第三天早餐前，我在报纸上读到一些新闻。这些新闻已经被无数读者阅览了，而且已经通过无线电传送到成千上万的分支机构和经纪公司处。新闻说，拉里·利文斯顿正积极地操纵联合炉业这只股票。各家的细节版本有所不同。一个版本说，我已经构建了内部人资金池，打算惩罚那些过度做空的投机者。还有一个版本暗示说最近就要开始派息了。而又有一个版本说我一旦决定做多一只股票，通常的做法是要让人们牢牢记住这场残酷的战役。还有人指责这家公司故意隐藏资产，目的就是让内部人提前积累仓位。不管怎么说，他们都不约而同地认为股价上涨还远远没有结束。

等我到达办公室阅读邮件前，有人告诉我，现在整个华尔街都在盛传要不惜一切代价买入联合炉业股票。我的电话响个不停，接电话的秘书听到的都是同一个问题，一个被问了几千遍的问题：联合炉业要上涨的消息是否属实？我必须承认，沃尔夫、凯恩和戈登，还有可能包括吉姆·巴恩斯这些人在散布小道消息方面做得实在太优秀了。

我完全不知道自己居然有这么多追随者。为什么这么说？因为整个早上来自全国各地的买单，都希望买下成千上万股股票；而这只股票在三天前可无人问津！另外，也不要忘了，市场所追随的是媒体给我打造的名声：所向无敌的股市大鳄！我必须得感谢那些富有想象力的几个记者给我塑造了这么个形象。

各位读者请注意，在股价上涨的第三天，我继续卖出联合炉业的股票；第四天、第五天，我做的事都是为吉姆·巴恩斯卖出那 10 万股抵押给马歇尔国家银行的股票。卖了股票，才能偿还欠这家银行的 350 万美元的贷款。如果操盘最理想的结局是成本最小化，那么操盘联合炉业案简直就是我从业以来最成功的手笔。为什么这么说？因为从头到尾，我都没有买入一股股票。我不必像以前一样先买入为以后的卖出做准备，也不必把股价抬到高位上才开始真正的抛盘，更不必在股价下跌时才将最大量的股票卖出，而这次我是在股价上升时完成的。这简直就跟到了伊甸园一样，我不用动一根手指头、费一点工夫，市场就自动产生了足够的购买力量，特别是考虑到这次操盘的时间比较紧。我曾经听弗劳尔州长的朋友说过，最伟大的牛市操盘中当属处理 BRT 股票操纵案，股票池中的 5 万股被抛掉而且有所盈利，但是弗拉尔公司（Flower & Co.）也斩获了交易 25 万股的交易佣金。汉密尔顿[①]（W. P. Hamilton）认为，为了分销 22 万股联合铜业股票，詹姆斯·基恩先生在操盘过程中，至少交易了 70 万股股票。这些佣金简直就是天价！没有对比就没有伤害！再回过头来看看我的操盘，唯一的佣金就是处理掉 10 万股股票的费用！这 10 万股一股不多、一股不少，正是吉姆·巴恩斯要求我处理掉的数额。我节省了巨额的佣金费用。

我顺利地结束了替吉姆·巴恩斯处理股票的业务，辛迪加也收割了之前我许诺的利润。我不打算买回那些已经卖出的股票，决定出去给自己放个短假。我不记得度假的细节了，但是很清楚地记得，我撒手这只股票没过多久，股价就开始下跌。再到后来，整个市场行情疲软，一些备受打击的多头想尽快处理掉联合炉业，但是他们的挂牌价远远低于我的看涨期权价 40 美元。看来市场上没有人愿意接盘。我自己并不看涨整个市场走势，这让我无比感恩之前出现的奇迹，让我能够顺利脱手 10 万股股票，而不用费尽心思把股价抬升 20～30 个点。多亏了好心的小道消息散布助我一臂之力。

股价失去了支撑，便开始一路下跌，直到下探到 32 美元。这是这只股票有史以来的最低价。读者们估计还记得，之前吉姆·巴恩斯和他的合伙人费尽心思地把股价维持在 37 美元左右，为的就是防止他们质押在银行的 10 万股股票被强制平仓。

后来有一天，我安静地在办公室里研究股票交易带，助手告诉我乔舒亚·沃尔夫先生来了。我说可以见他。他直接冲进我的办公室里来。他个子不高，但是看起来怒气充满了身体的每个细胞。

---

① 威廉·彼得·汉密尔顿是一名财经记者，与查尔斯·道处于同一个时代。汉密尔顿在《股市晴雨表》中提示了道氏理论的精髓和复杂性。——译者注

他冲到我身边的股票价格收报机，然后怒吼道："今天你告诉我到底发生了什么事?"

"你先坐下来，沃尔夫先生。"我礼貌地说，然后自己坐下来，尽量让他用平静的语气说话。

"我不想坐下来！我想要知道你到底是什么意思?"他的声音哭丧到了极点。

"什么叫我是什么意思?"

"就是你到底在做什么?"

"你到底想问什么?"

"那只股票！我问那只股票是怎么回事!"

我问他："你到底想问哪只股票?"

我这么一反问，反倒让他脸红脖子粗了。他怒吼道："联合炉业！你到底做了些什么?"

"我什么也没做！我对天发誓，什么也没做！发生什么事了?"我问道。

他盯着我看了足足有五秒钟，然后继续爆发："你看看股价！你看看股价都成什么样子了!"

他无比暴怒，我不得不站起来，然后看看股票交易带。

我说，"现在的股价是 31-1/4 美元。"

"没错！31.25 美元！我可是持有这只股票的!"

"我知道你持有 6 万股股票。你很早之前买入的，因为你最早买的是格里炉业的股份。"

但是没等我把话说完，他就说道，"但是我后来买得更多。有部分的建仓成本是 40 美元！在那个价位上我也买了些!"

他盯着我看，简直是要吃了我一样。我说："我可没有让你买入啊!"

"你没有让我干什么？再说一遍!"

"当初操盘时，我没有让你对这只股票加仓。"

"我没说你让我加仓。但是你当初说要把股价抬高!"

"我为什么要这么说?"我打断他的话语。他盯着我看，因为生气而说不出一句话来。等他缓过气来了，继续说："你打算把股价抬高，因为你有资金可以买入。"

"你说的没错啊，那会儿我手头的确有资金，但是我当时一股也没买。"我告诉他。

这是压死骆驼的最后一根稻草了。

"你居然没有买入一股？你当初可是有 400 万美元的现金可以买入呀！你居然一股也没有买？"

"是的，一股也没买！"我重复了一遍。

他当时已经丧心病狂，没法心平气和地说话了。最后他努力说道，"你觉得这场操盘应该算是哪一种？"

他内心深处正在给我编制各种无法说出口的罪名。我从他的眼睛里已经读出了一系列长长的罪名。于是我说："沃尔夫先生，你真正想问我的是，当你以低于 40 美元的价格买入股票时，为什么我不在 50 多美元的时候接手，对不对？"

"恩，就是这个意思！你当时有在 40 美元上的看涨期权，而且手握 400 万美元的现金可以把股价抬得更高。"

"你说的没错。但是我后来没有动那笔钱，而且在整个操盘过程中，你们那个辛迪加一分钱也没有损失。"

"问题就在这里，利文斯顿……"他又要展开论述。

但是我没有让他继续说下去。

"你听我给你前后分析一下，沃尔夫先生。你很清楚地知道，你、戈登和凯恩合计持有 20 万股股票，被锁在信托账户了。如果我去抬高股价，估计不会有很多流通股挂出来卖。而我要完成的是两件事：一件是为你们所有人的股票抛售提供一个市场，另一件则是利用 40 美元的看涨期权赚点自己的利润。但是你贪心不足，感觉 6 万股的股票在 40 美元的价位上被卖掉收获的利润太小了，虽然你已经觊觎这笔利润好几个月了。所以，你决定在 40 美元以下的价位上再买入股票，等我用辛迪加的资金抬高股价时，再抛售给我，我对你这个手法有百分百的把握。你在我买入之前买入，在我卖出之前卖出；

最后，我就成了接盘侠、倒霉鬼。你肯定以为我能把股价抬高到 60 美元，你毕竟考虑到我手握 400 万美元，这简直太轻松了。所以你又买入了 10 万股，就等着回头抛售出去，即使我没去接盘，也会有其他人来背上这个包袱。你就琢磨如何从美国、加拿大和墨西哥的投资者身上赚钱，却从来不考虑这给我带来的操盘难度。你所有的朋友都知道我下一步的行动。在他们和我相继买入的时候，这可是你赚钱的好时候。接下来，你把这个消息告诉你最好的朋友，他们建好仓后又接着告诉他们最信得过的朋友，这个击鼓传花的游戏就这么开始了。到了最后，等我要交易股票的时候，发现自己已经被几千名极为狡猾的投机者给看透了，一切尽在他们的掌握之中。当然，你为自己和朋友谋福利的出发点是好的，这一点我必须承认。在我还没有买入一股联合炉业之前，它的股价居然飙升了。你绝对想象不到我观察到这个现象时的吃惊程度。话又说回来，当我给承销团许诺的在 40 美元出售的 10 万股已经完全被售出的时候，那些人买过来后，打算在 50～60 美元的价位上再卖给我。最后，我没有用那 400 万美元来操盘，看起来特别傻对不对？毕竟，这笔钱是用来买股票的，但是更准确地说，有必要的时候才用这笔钱来买股票，你说我说得对不对？”

沃尔夫毕竟在华尔街上走过的桥比大部分人走过的路还要多，所以没有让怒气扰乱自己的生意。他听完我说的话，就立即冷静了下来。然后，他用十分友善的语气问我：“拉里，咱俩的交情可不是一般的深，这会儿你帮帮我吧！你说我们该怎么办？”

“该怎么做就怎么做。”

“拜托，讲点交情。你要是处在我们现在的位置上，会怎么操盘呢？”

“我要是处在你们的位置上，”我冷峻地说，“你真想知道我的做法？”

“嗯，你会怎么做？”

“我会全部抛售。”我告诉他。

他看了我一下，然后一句话也没说扭头走出了我的办公室。从那以后，他再也没进过我的办公室。

没过多久，前参议员戈登先生也给我打电话了。他的口气也是怒气冲冲的，责怪我把事情弄得一塌糊涂。最后，凯恩先生也加入了骂战。他们都忘记了当初三人成立辛迪加的时候，他们持有的股票压根就卖不出去。现在，他们只记得我拿到他们凑的几百万美元时，股价涨到了 44 美元，而我却没有买入他们的仓位。现在股价降到 30 美元了，而且继续一泻千里。在他们看来，我早就应该全部买入赚上一笔钱了。

当然，他们没过多久都冷静下来了。他们这一伙没有卖出一股，主要的问题还是要处理掉这批股票。几天后，他们又折回来找我，希望我能帮他们摆脱困境。戈登先生尤其执着，最后我也只好答应他们，但是要求他们把所有股票集合在一个账户下。报酬是，不管我最后卖出的价格是多少，他们必须支付给我 1.5 个点的佣金。此时，股票的价格是 30 美元左右。

接下来，我需要把他们的股票全部清仓。鉴于当时的市场行情和联合炉业这只股票的走势，唯一的出路就是在股价下跌时不停地减仓，务必不要试图先把股价给抬高再出货。当然对我来说，在股价上涨时，我可以趁机买入股票，但是在股价下跌时，我可以将货卖给那些自我感觉不错的投资者，他们总是以为从高点回落 15～20 个点就是抄底的好机会，特别是高点刚过去没多久。在他们看来，触底反弹是早晚的事。他们判断，当股价低于 30 美元的时候，离反弹回 44 美元的价位就不远了。

历史上，这招的效果经常很不错。喜欢捡便宜的投资者大举买入，这让我很轻松地就把股票池的仓位给清空了。但是你觉得戈登、沃尔夫和凯恩会心存感激吗？一点儿都没有。他们仍然对我很恼火，这是他们的朋友告诉我的。他们经常对别人嚼舌根子，说我是如何置他们于不管不顾的境地的。他们从来没有原谅我当初的行为；根据他们的计划，我应该用那笔钱把股价抬得更高。

而实际上，要不是沃尔夫和其他人不停地散布让这只股票炙手可热的消息，我根本不可能那么顺利地卖掉 10 万股股票。如果按照往常的操盘手法，顺其自然地处理这批股票，最后我肯定得去接受任何买单的价格。当时的市场行情马上就要转熊了，要在这种行情里处理掉大批股票，唯一的方式就是不仅要野蛮卖出，而且不能考虑价格；其他的方式不可能行得通。但是我猜他们几个不会相信这一点。他们依然怒气冲冲，但是我保持了平静，因为发火不会给人带来任何好处。我不止一次见识过那些管不住自己脾气的人，后来在股市里也慢慢消失了。这一次，没有留下什么后遗症，但是我还要同读者们分享一个有趣的故事。有一天，我的妻子利文斯顿夫人去一家别人隆重地向她推荐的服装店。这家店的老板头脑精明、善于抓住客人的心理，十分懂得在这一行该如何脱颖而出，同时她的性格还相当不错。去那边买过三四次衣服后，逐渐变得熟络的店老板对我的妻子说："我希望利文斯顿先生能把联合炉业的股价给抬起来。因为有人告诉我们他要抬高股价，所以我们才跟风去买的。据说他很善于这种操盘。"

实话实说，看到这些无辜的百姓因为听信所谓的内幕消息而亏钱的事，我心里很难过。或许你们现在懂得了为什么我从来不告诉别人关于我的任何事情。这个店老板的经历让我对沃尔夫先生的不满又多了一层。

第二十三回　股价下滑终是果 空头压打并非因

股市江湖中从来不缺少投机者的身影。存在即是合理，他们不会因为看到危险警告就全身而退。但不管这个人的能力或经验有多好，谁也不能保证他永远不会判断失误。例如，精心制订的操盘计划可能会因为预期之外甚至无法预期的事情而流产。这些意外因素可能是火山爆发或天气突变，可能是人性贪婪或自大，还可能是内心恐惧或白日梦。但是除了这些因素，投机者在股海遨游还要面临各种特定的事件，这些事件可能是道德上难以抵抗的，也有可能是纯粹的商业利益。

回过头去看，对比 25 年前我第一次踏足华尔街时伎俩无处不在的氛围，今天的股市已经改进了很多，而且可以变得更加美好。虽然古老的商号已经没有了，但是传承“压榨客户”传统的经纪公司又开始遍地生花，去榨取那些幻想一夜暴富的善男信女们。纽约证券交易所在两方面做出了杰出的贡献，一是将各种骗子逐出市场，二是坚持让会员遵守其交易规则。许多完整的监管和限制性规定时至今日依然有效，但是也还有很大的改进空间。各种不法行为泛滥的原因，主要是华尔街根深蒂固的保守主义而非道德无情。

在股票投机中要想赚到利润，从来都不是一件容易的事情，而现在困难更是与日俱增。现在的交易员得对公开交易的每只股票都了如指掌，但这种情况也只是最近才出现的。1901 年，J. P.摩根把美国钢铁公司成功上市的时候，这个巨无霸也仅仅是兼并了不少年龄不到两年的各种钢铁联合体而已，而当时纽约证券交易所里才只有 275 只股票，还有 100 只处于“非上市状态”；此外，交易员也不需要对每只股票都很了解，一方面是因为不少股票的发行量很小，另一方面是因为大股东控盘或保息股①等缺乏投机新引力。当时，大部分股票好几年都没什么成交量。而今天股市上有 900 只正常交易的股票，经常被交易的就有 600 只。并且，老式的股票分组、分类的工作量不大，很容易做好追踪工作；当时股票数量较少、市值也不大，所以一个刚入门的交易员不需要掌握很广泛的知识。但是今天，交易员需要交易所有行业中的股票，几乎世界上存在的产业都有上市公司。这种变化，就需要投入更多的时间和工作来跟进信息，股票的投机工作也变得十分困难，对操盘智力的要求也越来越高。

成千上万的人在股票市场上做着投机性交易，但是能够获利的投机者数量并不多。因为始终有普通投资者在市场参与交易，每次他们都被收割利益。谨记，投机者的致命死敌是无知、贪婪、恐惧和幻想。世界上所有的法律文本和交易所的准则本质上都没法将这些人性中的兽性根除。而那些精心构思的“事故”也往往利用中立的经济学家和热心肠的慈善家来躲避监管。此外，另一个导致亏钱的原因是精心编制的误导性信息，这有别于小道消息。这种误导性信息经过修饰和变形，很容易传到交易员的圈子里，其性质更加隐蔽，其危险性更加巨大。

总体来说，资质平庸的外部人士就是靠小道消息或者谣言来做交易的。这些谣言或是口头的或是白纸黑字的，或者是直接听到的或间接传播的，让你无法抵御。例如，你的一个发小真诚地告诉你他买入了或者卖出了何种股票，希望你也能一样发大财。他的出发点是好的，但是如果这个消息是错的，你该怎么办？此外，普通投资者要对专业人士或者故意歪曲的小道消息产生免疫，无异于要求他们对金砖或者美酒免疫一样困难。

即便抵抗住了华尔街上谣言的诱惑，普通投资者去做投机交易，既不会获得保护，也不会获得补偿。批发经纪人、操盘手、股票池持有者和个人交

① 保息股（guaranteed stock），后来被叫作优先股。——译者注

易者都在利用不同的工具来处理掉手头上的额外仓位，以收获可能的最高价格。因此，报纸上和股票计价器上散布出来的利好消息往往是最有害的。

只要看一眼某一天的财经新闻，你就会很吃惊地发现，如此多的报道充满了暗示性的、半官方的、似是而非的信息。有关机构采访了“行业内的资深专家”、“极负盛名的业务主管”、“某高官”或者“某政府机构的人员”，先入为主地假设读者知道这些大人物都是谁。我信手拈来一个今天的例子。上面写道：“一位业内名列前茅的银行家认为，现在预言市场转熊还为时尚早。”

我不禁要问：这位名列前茅的银行家真的这么认为吗？如果是的话，他的思考逻辑是什么？他为什么不允许自己的名字出现在报纸上？他是不是担心名字被挂出来的话，没有多少人去相信他了？

这儿还有一则关于另一家公司的消息，消息说这家公司的股票本周内交易比较火热。这次出来发表声明的是“公司一位重要的业务主管”。这家公司有 12 名重要的业务主管，是哪一位发布的？如果根据这则消息来操盘，亏钱的话你根本不知道该找谁去说理。

除了要对华尔街上各种投机行为进行深度研究外，股票交易员还必须考虑到与华尔街的交易活动紧密相关的一些事实。除了要研究如何赚钱，交易员也必须学会如何止损。知道什么该做与知道什么不该做同等重要。从事股票交易的人应该知道，操盘的仓位会被提前建好，进而操纵股价攀升，因此这些股价上涨都是被内部人操纵的，目的有且只有一个，那就是获得最大化的卖出利润。但是，资质平庸的某位客户要是不停地听到为什么某只股票要上涨的分析，就会相信自己真的是一位正经商务交易人士。其实，操盘专家会对股价上涨的原因做出有目的的解释，以此更好地分销股票。我坚定地认为，如果严格禁止匿名发表利好消息的话，普通投资者的损失会小很多。这里，我特指那些用来诱导普通投资者买入或者卖出股票的各种公开声明。

新闻媒体报道了诸多利好消息，这其中的绝大多数都署名为某机构的匿名主管或者内部人，向普通投资者传播了不可靠的、具有误导性的信息。普通投资者听信了这些所谓的半官方、让人将信将疑的公开声明，每天都损失上百万美元。

举个例子。一家公司的业务经历了一段时期的萧条，股票换手率低迷。股票报价大体代表了市场对它的真实价值判断，而且比较准确。然而，如果股价低于其内在价值，肯定会有人发现而且买入，导致价格上涨。反之，如果太贵的话，也会有人发现而卖出，导致价格下跌。如果没有好事、坏事发生的话，也不会有人去谈论它，就不会有人去交易这只股票。

公司业务的突然好转也会体现在价格里。问题是，谁会第一个知道这件事？公司的内部人还是普通投资者？大家都知道肯定不会是普通投资者。既然如此，接下来会发生什么？如果盈利继续改善，公司就会准备派发股息；或者派息没有停止过的话，他们会提高派息率。然后，股票的价值就会提升。

假设盈利状况不停地改进。你觉得管理层会让普通投资者都知道这件事吗？公司总裁会告诉股东吗？你会期望有个慈祥的高管找到报社发布一个署名声明，告诉普通投资者赶紧去财经专栏找找这则利好消息吗？或者，你认为会有多少内部人会匿名发表公告分析公司的经营前景是如何光明？上面问题的答案都是否定的。不会有人出来说任何一句话，而且你通过报纸或者股票价格收报机也读不到任何相关公告。

这样，能带来巨额财富的信息就对普通投资者隐匿了，而沉默寡言的“重要内部人”正进入股市，买入所有廉价的股票。这些提前知道信息的人闷声买入越来越多的股票，股价上涨了。财经记者觉得这些内部人应该知道股价上涨的理由，就去采访他们。这些一向追求匿名发言的内部人再一次声明，他们没什么信息可供发布。他们也不知道这次上涨的背后力量是什么。有时候，他们甚至会说公司不是特别在意股价的异动，也不关心股票投机者的交易行为。

股价继续上涨，终于迎来了好日子：这时那些知道内部信息的人终于买入了期望的股票数目。华尔街上立即开始散布关于这家公司的利好传闻。股票价格收报机的信息，让交易员们感觉到了“官方的善意声明”：这家公司的业务要迎来拐点。之前一直匿名声明不知道股价为何上涨的那些内部人，此时依旧匿名发表声明，说股东应该对公司的业务前景和股价走势充满信心！

利好消息迅速扩散，普通散户按捺不住也加入阵营，不停地买入股票，进一步助推了股价上扬。这时候，之前某匿名高管抛出来的言论被证实，公司重新派息，或者宣布提高派息率，简直与之前的传言一模一样。一下子，利好消息进一步蔓延。现在这些消息不仅在量级上增大，而且也变得更加富有煽动力。一位“核心高管”被问到关于公司的经营状况时，告诉媒体，说现在公司的盈利在进一步改善。“一名重量级内部人士”撒了无数的谎之后，在一名新闻记者的引诱下，终于坦陈盈利的改善绝对不是短暂的，而是长久的。接着，一名与这家公司有业务关系的“著名银行家”认为，这家公司销售量的增长是整个经济史上都罕见的。如果没有其他交易员继续捧场，这家公司还会没日没夜地吹上几个月的牛皮。一名“金融委员会的成员”在一份公告中说，他对普通投资者过于吃惊股价的上涨，表达了更加的吃惊。实际上，唯一让人吃惊的事情是，这只股票的持仓在不断攀升。任何一个分析即将发布的年报的人都会轻而易举地发现，市场价格已经比账面价格高太多了。

但是自始至终，传话的这些大善人的名字都没有被曝光过。

只要盈利向好的趋势继续，内部人就不放弃任何一个渲染公司蒸蒸日上的机会，他们会牢牢地持有在低价买入的股票。反正市场上没有什么力量拉低股价，何必去做损人不利己的事？但是等到公司的业务开始恶化的时候，你们猜他们会怎么做？你觉得他们会站出来发表公告或者暗示业务开展不利吗？绝对不会。等到股价开始下跌，他们开始悄悄卖出，手法一如在公司业务好转时他们不会大张旗鼓地说自己在吃入股票一样。在内部人这里，卖出股票自然会拉低股价。接下来，散户就会听到熟悉的“解释”。一名“核心高管”重申公司的一切业务正常，股价下跌主要是由一些大空头想影响市场卖出股票造成的。在股票价格持续下跌几天后，如果某天行情好转，接下来会发生一次暴跌，因此市场上会迫切地需要各种“背后原因”或“合理解释”。要是没有人站出来说几句话，散户的恐惧感会迅速膨胀。所以，新闻报务机经常会印刷出这样的语言：“我们的记者采访了一位公司的核心高管，希望他能解释一下为什么股价如此疲弱。他认为，目前唯一的问题是，市场上一些大空头在拉低市场价格。公司的基本面依然没有改变强劲的前景，公司的业务继续保持蒸蒸日上。除非市场上发生不可预测的事件，否则在下一次派息会议上，我们很有可能会提高派息率。现在市场上的做空力量越来越激进，股价疲软给了他们甩掉持仓的可乘之机。”估计新闻记者也会“好心好意地”报道，说他们已经被“告知”在当日的股价下跌中，大部分被卖出的股票被内部人购买了，而空头们很快就发现他们自己陷入了泥潭，这简直就是大赚特赚的好日子。

散户遭受的损失有两个方面：一是相信那些利好公告从而买入股票遭受的损失；二是想卖却被劝阻而遭受的损失。当那些“位高权重的高管”不想支撑股价的时候，原本他们还在忽悠散户不停买入，现在转为劝阻散户不要抛售股票。散户们读到这些“位高权重的高管”发布的公告，会去相信多少？普通的散户会怎么看待这些事？当然了，他们相信股价不会一直下跌，而且也相信股价下跌是空头做空造成的。他们相信只要空头不再做空，内部人会继续把股价抬高的，甚至会逼得这些空头在高点平仓。散户们相信这些胡说八道的事情，因为在实际操盘中，在空头突袭造成的股价下跌之后，的确会发生上面的那些事情。

即便空头们全部被打败，这只股票的价格还是不会上涨，而是会一路下跌，这是大势所趋。内部人有太多的股票要提供给市场来消化。

之前被“核心高管”或“重要内部人”卖出的股票，成了职业交易员之间的足球被踢来踢去，股价不停下跌，而且根本看不到止跌的迹象。这些内部人深知目前的交易状况会极大地影响公司的未来盈利，因此在下一次公司业务好转之前，不会去给股票足够的支持。而等下一次业务好转时，这些内部人又会默默地提前买入建仓。

我从事交易很多年了，而且一直在股市保留着交易记录，但是我敢说自己从来没有经历过一次空头突袭就能让股价连续大跌的情况。我能想起来的反而是，空头大多对实际情况有了精准分析后才会采取行动。但是对外宣布股票被内部人卖出或者停止买入，也没有什么实际作用。每个人都在急忙抛售；在这种只有卖、没有买的行情下，市场一塌糊涂。

散户们要牢牢记住这一点：股价持续下跌的真正理由绝对不是空头突袭。当股价下跌趋势形成的时候，肯定有大事发生了，要么是市场出了错，要么是公司出了错。如果股价下跌没有合理的依据，就算股价快速跌破其真实价值，随后的买单也会止住下跌的趋势。而实际上，空头唯一能赚钱的时机，就是在股价过高的时候做空。所以，你把握住如下这一点就能战无不胜：内部人士是不会公开说实话的。

当然，一个典型的例子就是纽黑文（New Haven）公司①。如今这个故事已经家喻户晓，但是当时的确没几个人知道。1902 年纽黑文的股价为 255 美元，是新英格兰地区②的优质铁路投资项目。那个时候，衡量一个新英格兰人在当地的受尊重程度和社会地位，看的就是他持有多少纽黑文公司的股票。要是有人说这条铁路要清算破产了，他倒不一定会被送到监狱去，但是人们会认为这人脑子绝对进水了，跟疯子没什么区别。后来，摩根先生任命了一位新的激进型总裁来管理这家公司，这位总裁的名字是查尔斯·梅林（Charles Mellen）。梅林提出公司建设新政，主要措施是兼并沿线的铁路线和电车线，而后公司开始土崩瓦解，因为从一开始新的政策会把铁路建造在哪里就不清楚。随着物价飞涨，一座座建筑开始成为铁路公司的沉重负担，少数明智的观察人士开始怀疑梅林新政的合理性。譬如，一个电车系统的原买入价是 200 万美元，但是被卖给纽黑文公司的售价却为 1 000 万美元。开始有一两个人站出来说公司的管理层决策过于鲁莽。这句话等于是说，纽黑文公司压根没有能力来支持这么迅速的扩张，没法跟直布罗陀巨石的力量相媲美。

结果，又是内部人士成为第一批观察到股价即将下跌的人士，这一点都不出人意料。他们很清楚公司的真实运营情况，开始逐步减少对公司股票的持仓。就在他们不停地卖出又不提供买入支持的时候，这家新英格兰地区光芒万丈的铁路公司的股价开始下跌。各种各样的问题被抛了出来，因为人们一如既往地需要各种合理解释。接下来，各种惯例的解释迅速地传到了市场上。“接近高层的内部人士”说，据他们所知，公司的运营并没有什么问题，股

① 纽黑文公司，全称为“纽约纽黑文哈特福德铁路公司”，其铁路在 1872—1968 年运营，是 20 世纪上半叶该地区最核心的运输力量。摩根先生自 19 世纪 90 年代起试图兼并该公司，并且在 1903 年加速该过程，目的是垄断新英格兰地区的交通运输，而方式则是兼并纽黑文公司旗下的 50 家企业。摩根先生的这项计划激起了社会舆论，最终导致高额的兼并价格和建设成本，债务从 1903 年的 1 400 万美元飙升至 1913 年的 2.42 亿美元。——译者注

② 新英格兰地区包括美国东北部六州，其中最主要的是马萨诸塞州及其首府波士顿，拥有全美乃至全世界最好的教育机构。——译者注

价下跌主要是因为无序的做空力量。结果，新英格兰地区的“投资者们”依然持有纽黑文公司的股票。散户们会问，为什么要去卖股票？难道内部人士不是刚刚说了没什么问题而且主要是做空力量在捣乱吗？难道不会再派发股息了？

与此同时，打击空头的许诺从来没有被兑现，反倒是抛售量再创新高。内部人士的减仓越来越紧急，已经揭下了遮遮掩掩的面具。但是，波士顿那些群情激昂的投资者却被诬蔑为投机分子、蛊惑分子，仅仅是因为他们希望公司能对股票的大跌给出一个真实的解释。要知道，新英格兰地区视投资纽黑文公司是安全的，投资者所追求的是稳定的派息，而如今却因为股价大跌遭受了重大损失，这种要求并不过分。

股价从 255 美元崩盘至 12 美元，这可绝对不是空头所能完成的历史性壮举，而且这既不是做空引发的，也不是做空所延续的下跌行为。内部人士一路抛售，如果他们主动或者被动讲出事实真相，那抛售的价格要低得更多。因此，股价是 250 美元、200 美元、150 美元，还是 100 美元，甚至是 50 美元或者 25 美元，对内部人士来说都无所谓，因为这都要高于股票的内在价值。这一点，内部人士都深刻地意识到了，而散户一无所知。如果一家公司的具体情况只有少数几个人能掌握，普通散户在考虑买入或者卖出这只股票的时候，就应该从获利的角度来思考一下自己所处的信息劣势。

在过去的 20 多年里，最猛烈的股价下跌都不是空头突袭导致的。但是，要给散户亏损的上百万美元找个合适的理由，空头突袭却是最容易接受的理由。如果散户们认为空头停止做空后，股价不会回到原来的价位上，那么他们必然会全部清仓。但是这个理由的存在，却让散户们打消了清仓的念头。在过去，我常常听说基恩先生是股市的万恶之源，而在他之前，查利·韦里斯霍费尔①（Charley Woerishoffer）和艾迪生·坎马克先生②（Addison Cam-

① 查利·韦里斯霍费尔（1843—1886），德裔美国人，华尔街上著名的操盘手，以做空股票著称。1883 年，查利先生成功做空 Villard 公司，最后得益于摩根先生出手相助，该公司才幸免破产。——译者注

② 艾迪生·坎马克（1826—1901），华尔街上著名的操盘手和经纪人，以做空股票著称。其至理名言是“Never sell on strike news”，即绝对不要靠头条新闻来投资，这一名言成为华尔街上的投资箴言之一。——译者注

mack）是众矢之的，而没过多久，我就继承了这些骂名。

这里举一个石油公司的例子，因特沃石油（Intervale Oil）公司。有一个投机团伙建仓后，把股价抬升，发现股价上升时有不少买家也跟着杀入。操纵团队将股价抬到50美元，接着全盘抛售，造成股价大跌。紧接着，市场对这一大跌的原因开始追问：为什么因特沃石油的股价如此疲软？问的人实在太多了，以至于这个问题的重要性越来越大。一个财经新闻记者打电话问各个经纪人，经纪人对这只股票价格上涨的原因很清楚，因此记者认为他们应该也知道为什么股价会大跌。你们猜，当新闻记者采访这些经纪人，希望能搜集到可以让全国读者都读到的理由时，这些经纪人怎么回答？他们回答说：原因很简单，因为拉里·利文斯顿在做空这只股票。这么回答还不够，他们又加上一句：我们正在竭尽全力把他搞定！但是不用多说，因特沃石油的这个投机团队继续卖出股票，股价跌到了12美元。他们又继续卖，结果跌到了10美元以下。而这个团队的平均售价仍然远高于建仓成本。

这些内部人士在股价下跌时逐步减仓，是个很明智的举动。但是对于那些在35～40美元建仓的局外散户，这就是另外一个故事了。他们读到新闻媒体的采访，继续持有股票，期待着拉里·利文斯顿从内部股票池里获利后股价会回升。

在牛市行情里，特别是股价蹿升时，普通散户一开始还是会赚钱的，但是没过多久，就因为在牛市里待的时间过长开始亏损。这种空头突袭导致股价下跌的解释，也助长了他们坚守股市的决心。普通散户应该意识到，这些所谓的解释只是匿名的内部人士希望散户们去相信的理由，而非实际原因。

第二十四回　成功满是荆棘路 谨慎投资变坦途

普通散户总想获得各种小道消息，导致制造和散布小道消息如此常见。对于经纪人来说，通过公开市场信和口头传授的方式传达投资建议比较合适，但是经纪人不应该过于依赖实际经济情况来制定投资建议，因为市场往往领先实际经济状况 6～9 个月。

如果在未来的 6～9 个月里，公司无法保证还能保持与历史相同的盈利能力，那么经纪人就不应该用今天的盈利作为向客户提供投资建议的基础。如果展望未来，经济发展的不确定性足以改变今天的判断，那么今天股价过于便宜的言论就根本站不住脚。交易员必须靠前瞻能力来判断，而经纪人只关心落入口袋的佣金。因此，经纪人提供的公开市场信就不可避免地充满了平庸之词。经纪人的收入来源就是从普通散户处赚取的佣金，他们会竭尽全力地通过公开市场信或者口头建议，让普通散户多做交易，而交易的股票往往是内部人士或者操盘手的卖出对象。

内部人士也经常约见经纪公司的主管，告诉他："我希望你能帮我创造个交易市场，让我处理掉 5 万股股票。"

经纪人就会咨询一下合作细节。假设当时的股票报价为 50 美元。那么内部人士就会告诉他："第一，我给你 45 美元的 5 000 股的看涨期权。第二，对所有 5 万股股票，股价每上升一个点，我再给你 5 000 股作为报酬。第三，我给你 5 万股的看跌期权。"

现在，经纪公司可以轻松收钱入账。如果这家经纪公司还有一大批追随者的话，这简直就是内部人士的理想合作对象。一家与全国各地的分支结构和合作机构有直接电报联系的经纪公司，可以让一大批投资者跟随自己的投资步伐。这里要谨记：无论任何情况发生，经纪公司都可以绝对安全，因为它有看跌期权。如果它能让普通散户听从自己的投资建议，那么除了一大笔佣金之外，它还可以通过处理掉持仓而获得额外利润。

说到这里，我脑海里立即浮现出一位著名的华尔街内部人士和他的一次获利经历。

他会主动联系一家大的经纪公司的客户主管，有时他会更加激进，直接联系这家公司的低级别合伙人。接下来，他会说如下的话：

“老兄，之前你帮了我大忙，这次我要好好地感谢你，所以要给你一次赚大钱的机会。我们刚成立了一家新公司，打算把我们旗下一家公司的资产转移过去，所以我们在股价上涨时，要吃下所有的股票。现在我给你班特姆商店（Bantam Shops）500 股股票，成本价是 65 美元。现在的股价是 72 美元。”

这位出手阔绰的内部人士简直就是位慈善家，他又把同样的消息讲给了几家大经纪公司的客户主管。现在，内部人士已经把蛋糕分配给了这些客户主管，而且他们获赠的股票已经显示账面利润了，你觉得他们会怎么做？不用多说，他们会联系每一位客户去买入这只股票。而这位内部慈善家更是深知这一点。他们齐心协力创造了一个市场，这位慈善家就可以在高价时把他的股票抛售给可怜的散户投资者了。

此外，还有很多种发行股票的工具应该被禁止使用。股票交易所应该禁止使用部分付款办法在公开市场上发行股票。公开上市股票的报价让人们感觉这是官方批准的事情。再加上自由市场的股价经常波动，普通投资者不上当才怪呢！

另外一个常见的发行工具，会让不爱思考的散户损失上百万美元而没有人会受到审判，原因在于这个工具是合法的。这个工具就是，根据市场紧急情况增加存量股票数（即拆分股票。——译者注）。这个过程并不会像改变股票凭证的颜色那么显眼。

每 2 股、4 股或者 10 股新股可以换 1 股老股，这种做法是为了让老股票更容易被负担得起。老股票的股价是 1 美元，市场没人买卖；但是每 1 股换成 4 股，售价变成 25 美分，很多人都能负担得起了。或者，你可以将其拆分成每股 27 美分或者 30 美分。

或许有人好奇，为什么普通散户不去问一下，这么做为什么会导致股票变得更容易交易？这里又得提到华尔街上那些慈善家们的操盘手法了。但是精明的交易员看到拆股，立即意识到这是一个市场警告的信号，做空的机会又来了。普通散户忽视了这一点，结果每年都要损失几百万美元。

法律向来都是严惩对信用、个人业务以及公司经营造成恶劣影响的谣言的制造者和传播者的。在股市上，通过故意诱导市场卖出从而打压证券价值的行为就属于此类。一开始，这项规定是为了在市场压力较大时，惩罚质疑银行偿债能力的人，以减少市场恐慌带来的危险。但是，它客观上也阻止了普通散户在股价低于价值时的抛售行为。结果，法律惩罚了会带来市场转为熊市的风险的信息散布者。

那么问题来了，当股价高于其真实价值时，如果散户买入股票，谁来保护他们的利益？又有谁来惩罚那些毫无根据的利好消息的散布者？没有任何人会来惩罚他们。因为利空消息导致股价低于其真实价值时散户遭受的损失，远远小于普通散户听从匿名内部消息买入时遭受的损失。

如果法律能像惩罚利空假话一样去惩罚利好谎言，我相信普通散户能省下几百万美元的损失。

发行公司、操盘者以及其他匿名乐观信息的受益者肯定会说，那些靠谣言和不署名公告信息来交易的人，损失了钱只能怪他自己。这话没错，因为你可以说那些愚蠢至极的人居然会成为小道消息的“瘾君子”，那他活该无法受到任何保护。

证券交易所应该站出来帮助普通散户，让他们免受各种不公平待遇，这也是证券交易所乐于去做的事情。交易所应该规定，如果一个人想让普通散户接受他散布的公告和观点，就应公开署名。因为署名发布利好消息，不会让一些虚假信息成真，但是会让所谓的“内部人士”和“高级主管”言行更加谨慎。

普通散户需要时刻牢记股票交易的基本原则。如果股价上升，不要去苦苦思索股价上涨的原因。股价如果持续上涨，需要不停地买入；而只要这一点没有变动，那么即使偶尔出现小的回调也不用担心，可以继续安全地买入这只股票。但是，股价在稳定持续上涨很长一段时间后，开始逐步下跌，那么即使是偶尔的股价上涨，也说明股价的最小阻力位已经从上涨变为下跌。如果事实是这样，为什么还有人不停地要求给予解释？或许，股价下跌会有一个真实的原因，但是这些原因只有少数几个人掌握，但他们绝对不会吐露给其他人，因为如果将其传递给普通散户，股价就彻底跌入谷底了。所以这场游戏的本质规则就是，普通散户必须认识到真正的情况是不会被传播到市场的每一个角落的。

许多所谓的公告都是内部人士或者官方人士制造出来的，毫无事实依据。有时候，这些内部人士甚至都没有被要求发布公告，不管是匿名的还是署名的。结果，某些在特定股票上有重大利益关系的人就会编造一些故事。在股价上涨的特定阶段，重仓的内部人士并不反对这些职业操盘手的帮助，因为这方便交易股票。但是当这些内部人士告诉市场狙击手要在合适的时间建仓时，你就会明白他们绝对不会告诉狙击手们何时建仓。结果，这些职业操盘手的境遇与普通散户没什么区别，更何况他们还得创造一个市场好让自己脱身。这就是你如何获得那些带有误导性的“内部信息”的。当然了，有些内部人士在这场游戏的任何阶段都不能去相信。作为一个业内规则，大公司的部门主管可以利用他们的内幕信息在市场上操盘，但是不能撒谎。所以他们什么都不说，因为他们早就发现沉默是金。

我曾经无数次地说过，现在也愿意再说一次：纵横股市几十年的经历让我明白，没有人会持续地、不停地打败市场，尽管他会在特定时刻在某只股票上获利颇丰。不管这名交易员如何老练，他炒股赔钱的概率始终存在，因为没有投机是百分百安全的。华尔街上的职业操盘手如果依靠内部消息操作，他死亡的概率肯定比饥荒、瘟疫、缺粮、政治整肃或其他正常事故带来的死亡率更高。在华尔街或世界上的任何地方，没有成功的捷径。所以，为什么还有这么多人源源不断地重复这个错误？

译者后记

恰逢《股票大作手回忆录》出版 95 周年，我有幸与余洁兄翻译此书，以飨读者。

2015 年夏，A 股发生重大动荡后，我从华盛顿返回国内工作。当时我正处在回国调整期，同为中国人民大学校友的余洁兄找到我一起翻译此书。我正好借此机会更好地了解资本市场运作，便欣然答应了这门差事。

不了解历史，无法看清未来。本书从大作手的成长视角，讲述了美国股市在 19 世纪末 20 世纪初的发展历程。令我们惊讶的是，散户云集、消息炒作、羊群效应等今日 A 股所表现出来的特征，均可以在 100 年前的华尔街上发现。国内外资本市场的发展过程竟然如此相似，尽管有很多不同之处。对 100 年前华尔街历史的窥探，更有助于理解当下我国资本市场发展所面临的各种困难。

但一本书能流传至今，靠的不是英雄史诗般的战役再现，而是从资本市场理论中升华出来的普遍哲学。在近两年的翻译过程中，我和余洁兄多次基于利弗莫尔所提到的从趋势中寻找机会、依靠个人逻辑体系做出独立判断、从纷乱人心中把握投资时机等资本市场实践，体会到哲学无处不在。同样，毛泽东提出的“论持久战”等军事政治思想，与此有共同的哲学思维。面临波诡云谲的资本市场，初步搭建自己的投资框架，然后在成败实践中锤炼完善，并经受住考验而升华为自己的投资哲学，最后在市场的重大转变中坚守自己的判断，这从来就不是一条人人都能够走完的漫漫长路。

无论何时何地，无论中国还是海外，无论过去抑或将来，资本市场永远都是云谲波诡、跌宕起伏的。除了投资者能通过阅读本书有所“修炼”外，我国的监管机构和金融研究人员或许也能得到一些启迪。从投资者结构和风气来看，本书中记录的这段历史中的美国股市，与我国当前散户特征明显的股市大体相同。相应地，这也引发了我们对于如何培育投资者长期投资理念、我国资本市场如何走向成熟、投资者如何走向理性等问题的思考。

对此，我和余洁兄有一个长期共同的研究领域——房地产信托投资基金(REITs)。我们都一致认为，未来我国的权益型 REITs 有利于我国资本市场走向理性，转变投资者行为。REITs，作为一种证券化的产业投资基金，通过发行股票或者基金单位，聚合公众投资者资金，由专业化管理人员将募集的资金用于房地产投资组合，通过选择不同地区、不同类型的房地产项目进行组合投资，能够在有效降低风险的同时，将出租收到的租金等收入，以派息的方式分配给股东，从而使投资者获取长期稳定的投资收益上。REITs 的发展将投资者的注意力重新吸引到长期租金收益，以减少短期投资的过度投机行为。我们认为，发展 REITs 市场尤其是未来推出公募型 REITs，可以使普通居民通过资本市场参与房地产投资，盘活存量资产，加快去库存进程，特别是对于个人难以单独投资的商场、工业园区、仓储基地、医疗保健用房等，有助于疏导资金进入多元化的地产投资领域，追求长期、稳定的租金回报收益，而非短期的价值提升。所以，我们认为，可以借助具备专业能力的资产管理机构，通过未来的 REITs 新金融工具和市场，引导公众投资者（散户）在中国股市外进行其他选择。同时，政府要借鉴国际市场经验，以税收政策来推动此转变。

最后，再次感谢提供帮助的各位老师和朋友。

冯国亮

2018 年 6 月于北京新保利大厦